Schriftenreihe der Juristischen Fakultät der Europa-Universität Viadrina Frankfurt (Oder)

Herausgegeben von
Professor Dr. iur. Dr. phil. Uwe Scheffler, Frankfurt (Oder)

Springer
Berlin
Heidelberg
New York
Barcelona
Hongkong
London
Mailand
Paris
Singapur
Tokio

Umweltplanung im internationalen Vergleich

Springer
Berlin
Heidelberg
New York
Barcelona
Hongkong
London
Mailand
Paris
Singapur
Tokio

Martin Jänicke   Helge Jörgens (Hrsg.)

Umweltplanung im internationalen Vergleich

Strategien der Nachhaltigkeit

Unter Mitarbeit von Kristina Hahn und Claudia Koll

Mit 6 Abbildungen und 9 Tabellen

Springer

Herausgeber
Professor Dr. Martin Jänicke
Freie Universität Berlin
Forschungsstelle für Umweltpolitik
Ihnestr. 22
14195 Berlin

Dipl.-Pol. Helge Jörgens
Freie Universität Berlin
Forschungsstelle für Umweltpolitik
Ihnestr. 22
14195 Berlin
E-mail: joergens@zedat.fu-berlin.de

ISBN 978-3-540-66707-0 ISBN 978-3-642-56953-1 (eBook)
DOI 10.1007/978-3-642-56953-1

Die Deutsche Bibliothek - CIP-Einheitsaufnahme
Umweltplanung im internationalen Vergleich: Strategien der Nachhaltigkeit / Hrsg.: Martin Jänicke; Helge Jörgens. Unter Mitarb. von K. Hahn; C. Koll. - Berlin; Heidelberg; New York; Barcelona; Hongkong; London; Mailand; Paris; Singapur; Tokio: Springer 2000

Umschlaggestaltung: Fa. de'blik, Berlin
Satz: Reproduktionsfertige Vorlage der Herausgeber

SPIN: 10717138 30/3136xz - 5 4 3 2 1 0 - Gedruckt auf säurefreiem Papier

Geleitwort: Umweltplan – Griff in die Mottenkiste oder innovative Strategie?

Nach der Planungseuphorie der 70er Jahre (ökonomische Globalsteuerung, Bildungsplanung, Verkehrsplanung, Raumplanung als Instrumente technokratischer Reformpolitik) ist der Begriff der „Planung" spätestens seit der finalen Implosion der sozialistischen „Planwirtschaften" an der Börse der öffentlichen Meinung stark im Kurs gefallen. Er riecht nach Expertokratie und Bürokratie.

Weshalb jetzt ein Vorstoß für einen „nationalen Umweltplan"? Die 1992 in Rio de Janeiro verabschiedete Agenda 21 betont in Kapitel 8 die Bedeutung nationaler Umweltpläne. Sechs Jahre danach droht sie in erfolglosen internationalen Konferenzen steckenzubleiben. Auf der Sondergeneralversammlung der Vereinten Nationen in New York 1997 wurde der Bundesrepublik, wie allen anderen Staaten, die noch keine nationale Nachhaltigkeitsstrategie umgesetzt haben, eine Frist bis zum Jahr 2002 gesetzt. Ein nationaler Umweltplan wäre ein entscheidender Schritt in diese Richtung: Umweltschutz endlich zur politischen Querschnittsaufgabe werden zu lassen. Ökologische Ziele wie die Verminderung der CO_2-Emissionen, die Vermeidung giftiger Abfälle oder der Schutz naturnaher Landschaften sollen zu konkreten, verbindlichen Zielvorgaben für Wirtschafts- und Technologiepolitik, Verkehr und Energie, Landwirtschaft und Wohnungsbau werden.

Dabei geht es nicht um immer neue gesetzliche Vorschriften, Verordnungen und Reglementierungen, sondern um einen großen gesellschaftlichen Dialog darüber, welche Umweltziele wir uns setzen wollen, in welchen Zeiträumen sie erreicht werden sollen und wer dafür Verantwortung übernimmt. Diese Vorgaben sollen in einem „nationalen Umweltplan" als einer verbindlichen Selbstverpflichtung von Politik und Gesellschaft gebündelt werden.

Ein solcher Plan wäre ein doppelter Fortschritt: Die Integration der Umweltpolitik in andere Politikfelder führt zu einer allmählichen Ökologisierung des gesamten politischen Handelns. Umweltschutz wäre nicht länger eine Spezialfunktion, sondern hätte einen ähnlich übergreifenden Stellenwert wie heute die Finanzpolitik. Andererseits bewirkt die Integration anderer Politikfelder in die Umweltpolitik eine zunehmende Kohärenz in politischen Entscheidungsstrukturen und im Regierungshandeln.

Wie die vereinbarten Umweltziele umzusetzen sind, soll nicht im Detail vorgeschrieben werden – die Umsetzung bleibt in der Verantwortung derjenigen, die als Politiker, Unternehmen, Ingenieure, Akteure von lokalen Agenda-21-Bündnissen oder Verbraucher handeln. Sie kennen sich in ihren Metiers am besten aus und wissen, wie kostengünstige und sozialverträgliche Lösungen gefunden werden können.

Was es aber geben muß, sind periodische Überprüfungen, wie weit wir auf dem vereinbarten Weg gekommen sind – und verstärkende Maßnahmen, falls die angestrebten Ziele nicht erreicht worden sind. Auf diese Weise kann auch in der Praxis erprobt werden, wie weit „freiwillige Selbstverpflichtungen" der Industrie – z. B. zur Reduzierung klimaschädlicher Abgase oder zur Entwicklung wiederverwertbarer Materialien – greifen.

Wir sind überzeugt, daß eine solche Selbstverpflichtung auf Umweltschutzziele gleichzeitig als Treibsatz für umfassende technologische Innovationen und neue, zukunftsfähige Arbeitsplätze wirken würde. Die Ökonomie des nächsten Jahrhunderts wird den Übergang zur „nachhaltigen Entwicklung" vollziehen müssen, und wer an der Spitze dieser Entwicklung vorangeht, wird auch die soziale Wohlfahrt am besten sichern können. Umweltplanung ist deshalb auch ein Instrument ökonomischer Modernisierung.

Weil andere Industrienationen andere Wege als die Bundesrepublik eingeschlagen haben und wir ihre Erfahrungen zumindest zur Kenntnis nehmen sollten, haben wir die diesem Band zugrundeliegende Tagung als internationale Fachkonferenz angelegt.

Kurz nach, um nicht zu sagen in der Folge der Tagung kam es zum Regierungswechsel in Bonn. Die rot-grüne Allianz hat in ihrer Koalitionsvereinbarung folgendes beschlossen: „Die neue Bundesregierung wird eine nationale Nachhaltigkeitsstrategie mit konkreten Zielen erarbeiten. Dies geschieht im Dialog mit den wichtigen gesellschaftlichen Gruppen."

Bisher war davon noch nicht allzuviel zu hören und zu sehen. Aber was nicht ist, kann noch werden. So verstehen wir die in diesem Tagungsband zusammengefaßten Informationen auch als einen Beitrag, um diesen Prozeß in Deutschland auf der Grundlage der international gemachten Erfahrungen voranzubringen.

RALF FÜCKS
Vorstand
Heinrich Böll Stiftung

Vorwort der Herausgeber

Seit Ende der 80er Jahre gehen Pionierländer des Umweltschutzes neue Wege. Es geht um das Konzept der nachhaltigen Entwicklung, wie es in der Agenda 21 in Rio de Janeiro beschlossen wurde. Im Kern handelt es sich um eine strategische Umweltplanung mit weitreichenden Konsequenzen für andere Politikfelder. Vorreiterländer mit langer umweltpolitischer Tradition wie die Niederlande, Dänemark und Schweden haben mit der nationalen Umwelt- oder Nachhaltigkeitsplanung zugleich eine ökologische Steuerreform und eine umfassende Reform des Umweltschutzes durchgesetzt, die diesen auf eine breite gesellschaftliche Basis stellt. Andere Länder wie Südkorea, in denen ein systematischer Umweltschutz erst in den 80er Jahren einsetzte, haben mit einem strategischen Ansatz von Umweltpolitik in vergleichsweise kurzer Zeit erhebliche Verbesserungen erzielt. Bis zum Jahre 2002 sollen alle Unterzeichnerstaaten der Agenda 21 eine nationale Nachhaltigkeitsstrategie formulieren.

Deutschland steht gerade erst am Anfang dieses Prozesses einer strategischen, d. h. langfristigen und zielorientierten, Neuausrichtung der Umweltpolitik. Im April 1998, noch unter der alten Bundesregierung, legte das Bundesumweltministerium einen interessanten, allerdings nicht im Kabinett abgestimmten und von der Regierung beschlossenen „Entwurf für ein umweltpolitisches Schwerpunktprogramm“ vor. Und die neue rot-grüne Bundesregierung hat das Ziel der Formulierung einer nationalen Nachhaltigkeitsstrategie explizit in ihren Koalitionsvereinbarungen festgeschrieben.

Gerade aus deutscher Sicht lohnt sich daher der Blick über die Grenzen. Was tut sich in den Vorreiterländern einer strategisch orientierten Umweltpolitik? Was sind die Vorzüge einer kooperativen Umweltplanung? Und was ergibt sich daraus für Deutschland?

Diese Fragen standen im Vordergrund einer von der Forschungsstelle für Umweltpolitik der Freien Universität Berlin in Kooperation mit der Heinrich Böll Stiftung veranstalteten internationalen Konferenz, die im August 1998 in Berlin stattfand. Politiker, Wissenschaftler und führende Vertreter von Umweltministerien, Verbänden und umweltpolitischen Beratungsgremien haben in Länderberichten, vergleichenden Analysen und Stellungnahmen zur deutschen Situation umfassend die Möglichkeiten und Restriktionen strategischer Umweltplanung diskutiert.

Wir freuen uns, die auf der Konferenz gehaltenen Vorträge nun in Buchform vorlegen zu können. Die Beiträge in diesem Band entsprechen weitgehend den auf der Konferenz gehaltenen Vorträgen. Inhaltlich spiegeln sie den Stand der Diskussion im August 1998 – fünf Wochen vor den Bundestagswahlen – wider.

Nach dem Regierungswechsel im Oktober 1998 dominierten zunächst Themen wie der Atomausstieg und der Einstieg in eine ökologische Steuerreform die umweltpolitische Agenda. Inzwischen haben jedoch sowohl der Bundestag als auch das Umweltministerium erste Schritte zu einer deutschen Nachhaltigkeitsstrategie eingeleitet. Dieser Prozeß, soviel ist abzusehen, wird ein zentrales Thema der Umweltpolitik in der laufenden Legislaturperiode und darüber hinaus bilden. Der vorliegende Band mit seinen vielfältigen Anregungen soll einen Beitrag zu der aktuellen Debatte um die Entwicklung einer deutschen Nachhaltigkeitsstrategie leisten.

An dieser Stelle möchten wir allen Personen herzlich danken, die zum Gelingen der Konferenz und dieses Buches beigetragen haben: Michael Alvarez, Gundula Fienbork, Jörg Haas und Holger Wettingfeld von der Heinrich Böll Stiftung; Dr. Kirsten Jörgensen, Dr. Kristine Kern, Dr. Lutz Mez und Roland Zieschank von der Forschungsstelle für Umweltpolitik; Astrid Geese hat die schriftlichen Beiträge von Robert Donkers, Daniel Fiorino, Jon Kahn, Felix Luitwieler und James Meadowcroft für diesen Band übersetzt und Sylvia Theodos (FFU) hat wichtige Hilfe bei der Manuskriptgestaltung geleistet.

Schließlich danken wir den über 150 Besuchern, die durch ihre aktive Beteiligung entscheidend zum Gelingen der Konferenz beigetragen haben.

Berlin, August 1999

MARTIN JÄNICKE
HELGE JÖRGENS

Inhaltsverzeichnis

Autorenverzeichnis

Abildgaard, J.
Danish Energy Agency
44 Amaliegade
DK-1256 Copenhagen K
Dänemark

Bulmahn, E.
Bundesministerin für Bildung und Forschung
Platz der Republik
11011 Berlin

Donkers, R.
European Commission
Directorate-General XI
Environment, Nuclear Safety and Civil Protection
200 Wetstraat
B-1049 Brussels
Belgien

Fiorino, D., Ph.D.
Emerging Strategies Division
U.S. Environmental Protection Agency
401 M Street S.W.
Washington, D.C. 20460
USA

Foljanty-Jost, G., Prof. Dr.
Universität Halle-Wittenberg
FB Geschichte, Philosophie und Sozialwissenschaft
Seminar für Japanologie
Postfach 8
06099 Halle

Fücks, R.
Heinrich Böll Stiftung
Hackesche Höfe
Rosenthaler Str. 40/41
10178 Berlin

Fülgraff, G., Prof. Dr.
Technische Universität Berlin
Institut für Gesundheitswissenschaften
TEL 11-4
Ernst-Reuter-Platz 7
10587 Berlin

Hustedt, M.
MdB
Bundestagsfraktion
Bündnis'90/Die Grünen
Luisenstraße 32-34
10117 Berlin

Jänicke, M., Prof. Dr.
Freie Universität Berlin
Forschungsstelle für Umweltpolitik
Ihnestr. 22
14195 Berlin

Jörgens, H.
Freie Universität Berlin
Forschungsstelle für Umweltpolitik
Ihnestr. 22
14195 Berlin

Kahn, J.
Committee on Environmental Objectives
Swedish Ministry of Environment
Tegelbacken 2
S-103 33 Stockholm
Schweden

Koll, C.
Freie Universität Berlin
Forschungsstelle für Umweltpolitik
Ihnestr. 22
14195 Berlin

Lee, Y.H., Prof. Dr.
Technische Universität Berlin
Sekr.: FT 6
Einsteinufer 25
10587 Berlin

Lehrack, D.
Bund für Umwelt und Naturschutz Deutschland e.V. (BUND)
Bundesgeschäftsstelle
Im Rheingarten 7
D-53225 Bonn

Luitwieler, F., Dr.
Generaldirektion Umweltpolitik
Ministerium für Wohnungswesen, Raumplanung und Umwelt
Postbus 20951
2500 EZ Den Haag
Niederlande

Meadowcroft, J., Dr.
Department of Politics
University of Sheffield
Elmfield
Northumberland Road
Sheffield, S10 2TU
Großbritannien

Rudolph, J., Dr.
Hüls AG
45764 Marl

Sandhövel, A., Dr.
Rat von Sachverständigen für Umweltfragen
Postfach 5528
65180 Wiesbaden

Schuster, B., Dr.
Abteilung N, Naturschutz und nachhaltige Naturnutzung
Bundesministerium für Umwelt, Naturschutz und Reaktorsicherheit
Bernkastelerstr. 8
53175 Bonn

Simonis, U.E., Prof. Dr.
Wissenschaftszentrum Berlin
Reichpietschufer 50
10785 Berlin

Wiggering, H., Dr.
Rat von Sachverständigen für Umweltfragen
Postfach 5528
65180 Wiesbaden

Strategien der Nachhaltigkeit – Eine Einführung

Martin Jänicke

> „By the year 2002, the formulation and elaboration of national strategies for sustainable development that reflect the contributions and responsibilities of all interested parties should be completed in all countries...Countries that already have national strategies should continue their efforts to enhance and effectively implement them."
>
> (Beschluß der UN-Vollversammlung zum Rio-Prozeß, Juni 1997).

Einleitung

Nachhaltige Entwicklung betrifft nicht nur das Ziel, diese Erde für künftige Generationen bewohnbar zu erhalten. Es geht auch um einen neuen, strategischen Ansatz langfristiger Umweltpolitik. Dieser Ansatz ist in seinem Kern eine neue Form von Umweltplanung. Sie wurde auf der Rio-Konferenz 1992 für alle Länder empfohlen und soll spätestens im Jahre 2002 überall vorliegen.

Zu unterscheiden sind folgende *Planungsvarianten nationaler Umweltpolitik*:

- *„National Sustainable Development Strategies" (NSDS):* eine strategische Planung über die Umweltpolitik hinaus, die durch die Agenda 21 (1992) festgelegt ist.
- *„Green Plans" oder „Environmental Policy Plans":* Umweltpläne im engeren Sinne, die es seit 1987 (Südkorea) bzw. 1989 (die Niederlande) gibt.
- *Programmatische parlamentarische Zielvorgaben,* die in skandinavischen Ländern seit 1988 zur Umsetzung der Strategie nachhaltiger Entwicklung vorgelegt wurden und in einem geregelten Prozeß evaluiert werden.
- *National Environmental Action Plans (NEAPs):* Seit 1988 (Madagaskar) vorliegende nationale, meist durch die Weltbank geförderte Strategien und Aktionspläne zur Integration des Umweltschutzes in die Wirtschafts- und Sozialplanung. Seit 1992 ist dies Bedingung für die Vergabe von IDA-Krediten. Bis 1996 gab es NEAPs in 28 afrikanischen Ländern.
- *National Environmental Action Programmes (NEAPs):* Umweltaktionsprogramme für Osteuropa und die Nachfolgestaaten der Sowjetunion mit dem Schwerpunkt auf Gesetzgebung, Institutions- und Kapazitätsbildung. Sie gehen auf die „Environment for Europe"-Ministerkonferenz in Luzern 1993 zurück. 16 von 24 Ländern haben ein solches Programm vorgelegt oder sind unmittelbar dabei, dies zu tun.

- Erwähnt sei auch die ältere Variante der *National Conservation Strategies (NCSs)*, die der World Conservation Strategy (WCS) der IUCN, der UNDP und des WWF aus dem Jahre 1980 folgte.

Die Planungsvarianten haben sich im Zuge ihrer Fortschreibung zunehmend der ersten Variante angenähert und können – soweit sie sektorübergreifende, kooperative und zyklische Planungen darstellen – auch dem Oberbegriff der NSDS unterstellt werden (GTZ 1995).

Idealtypisch läßt sich diese in der Agenda 21 beschriebene Planungsform durch folgende Merkmale kennzeichnen:

- Einvernehmliche Formulierung mittel- und langfristiger Umweltziele *(Konsens)*,
- Einbeziehung wichtiger anderer Ressorts *(Querschnittspolitik)*,
- Beteiligung der Verursacher an der Problemlösung *(Verursacherbezug)*,
- Breite Beteiligung von Kommunen, Verbänden und Bürgern *(Partizipation)*,
- Berichtspflichten über erzielte Verbesserungen *(Monitoring)*.

Rasches Diffusionstempo

Die Vorgabe der Rio-Konferenz zur Entwicklung einer förmlichen Nachhaltigkeitsstrategie (NSDS) haben bereits rund 80 Prozent der Industrieländer erfüllt. In einer Reihe von OECD-Ländern liegt bereits die zweite oder auch die dritte Fortschreibung der Strategie vor. An der Forschungsstelle für Umweltpolitik untersuchen wir u. a. die Ausbreitung umweltpolitischer Innovationen. Dabei zeigt sich, daß nationale Nachhaltigkeitsstrategien bzw. Umweltpläne ein besonders rasches Ausbreitungstempo haben (Jänicke/Jörgens 1998: 28, 36). Während nationale Umweltministerien und Umweltbehörden 30 Jahre benötigten, um in alle Industrieländer zu diffundieren, wird dies bei den nationalen Nachhaltigkeitsstrategien nicht einmal halb so lange dauern. Umweltplanung hat sich auch viel schneller international ausgebreitet, als dies bei technischen Innovationen üblich ist.

Zur Rolle der Bundesrepublik

Über die Qualität der jeweiligen Nachhaltigkeitsstrategie sagt das Ausbreitungstempo natürlich nichts aus. Deshalb lohnt es sich, eine internationale Konferenz wie diese zu veranstalten. Sie soll den skizzierten Prozeß insgesamt, vor allem aber die positiven Erfahrungen aus fortgeschrittenen Ländern darstellen. Diese Konferenz dient aber auch der Frage: Wo steht die Bundesrepublik in dieser Entwicklung?

Das geschilderte Diffusionstempo jedenfalls fand in diesem Land keinen besonderen Niederschlag. Erst im April dieses Jahres wurde der Entwurf eines umweltpolitischen Schwerpunktprogramms des Umweltministeriums vorgelegt (BMU 1998). Dies kann sich zwar im Vergleich zu anderen Ländern in seiner Zielstruktur durchaus sehen lassen. Aber der Verbindlichkeitsgrad der Zielsetzung ist bisher vergleichsweise gering. Es gibt auch keine gesetzliche Verankerung dieses Prozesses.

Diese relative Zurückhaltung kontrastiert mit der Tatsache, daß Deutschland unter der Regierung Brandt/Genscher eine Vorreiterrolle in Europa einnahm und mit dem Umweltprogramm 1971 eine erste umfassende Planung vorlegte. „Umweltplanung auf lange Sicht" wurde dort als erstes Ziel formuliert. Neben befristeten Reduktionszielen für Luft und Wasser wurden weit über 100 Gesetze und Verwaltungsvorschriften geplant, 54 Maßnahmen sogar detailliert budgetiert. 1976 erfolgte eine Evaluation und Fortschreibung. Die heute so wichtige Integration des Umweltschutzes in andere Politikfelder wurde bereits ausdrücklich verankert.

Umweltplanung und New Public Management

Einer der Gründe für die Zurückhaltung gegenüber nationaler Umweltplanung ist ein Vorurteil: Umweltplanung wird hierzulande nicht selten in die Nähe der zentralen Planwirtschaft im Osten des Landes gerückt. Das ist ein arges Mißverständnis dieses Typs von kooperativer Planung.

Interessanterweise haben besonders solche Länder eine nationale Nachhaltigkeitsstrategie bzw. Umweltplanung eingeführt, die bei der Reform des öffentlichen Sektors hervorgetreten sind. Dies gilt nicht nur für die skandinavischen Länder und Holland, sondern auch für Neuseeland, Großbritannien und Japan.

Strategische Planung ist eine Selbstverständlichkeit für Großunternehmen. Sie hat aber auch in neueren Konzepten des Public Management Bedeutung erlangt. Den verschiedenen (z. T. auch kritikwürdigen) Varianten von New Public Management ist gemeinsam, daß sie im Gegensatz zum klassisch bürokratischen Ansatz nicht von allgemeinen Regeln, sondern von konkreten, befristeten Zielvorgaben ausgehen, deren Umsetzung operativ planen und organisieren und durch ein detailliertes Controlling-System überprüfen. Im traditionellen Politikansatz waren die Ziele zumeist vage, aber die Instrumente wurden genau festgelegt. Im neuen Ansatz werden nunmehr die Ziele klar definiert, die Instrumente und operativen Mittel aber flexibel gehandhabt (Damkowski/Precht 1995; Naschold/Bogumil 1998). Diese Ziel- und Ergebnisorientierung wird auch als *Management by Objectives* bezeichnet. Dieser Ansatz setzt Verwaltungen unter konkreten Leistungs- und Erfolgszwang. Die Zielvorgaben der norwegischen und schwedischen Umweltplanung beziehen sich beispielsweise ausdrücklich auf den Ansatz des *Management by Objectives*.

Umweltplanung als Modernisierung von Umweltpolitik

Jenseits des erhöhten Erfolgszwangs trägt Umweltplanung potentiell aber auch zur Modernisierung von Umweltpolitik bei:

- Der neue Typ der Umweltplanung kann zur Entlastung der nationalstaatlichen Umweltpolitik beitragen. Durch Konzentration auf eine einvernehmliche Zielbildung auf breiter Basis kann die Umsetzung häufig auf nichtstaatliche Akteure delegiert werden. In diesem Fall kann sich der Staat auf flankierende Maßnahmen und die Rolle einer „letzten Instanz" beschränken, die erst eingreift, wenn dezentrale Maßnahmen sich als unzulänglich erweisen. Dezentrale Aktionen – insbesondere von Städten und Industriezweigen – bedürfen aber notwendigerweise der nationalen Umweltplanung als Orientierungsrahmen. In den Niederlanden und in Neuseeland war Umweltplanung auch mit Verwaltungsvereinfachungen verbunden.
- Industrieländer wie die Bundesrepublik verfügen über ein breites Spektrum „sektoraler" Umweltpläne: Beispiele sind die Raumordnung, Landschaftsplanungen, Abfallwirtschafts- und Entsorgungspläne, Gewässerschutz- und Luftreinhaltepläne oder auch das Klimaprogramm. Diese Pläne sind unverbunden, nicht aufeinander bezogen und oft bereits in Nachbarverwaltungen unbekannt. Das „Gedächtnis" der Politik für die von ihr selbst formulierten Ziele ist oft so kurz wie deren Transparenz gering ist. Umweltpläne (die sich zudem moderner Informationstechniken bedienen können) ermöglichen einen Überblick über den Stand umweltpolitischer Zielvorgaben. Unter Einbeziehung internationaler Verpflichtungen sind sie eine wichtige Informationsbasis für ein breites Spektrum von Akteuren. In Österreich begann der Planungsprozeß mit der Zusammenfassung von 134 bereits vorhandenen Zielvorgaben. Der japanische Umweltplan von 1995 besteht überwiegend aus einer Zusammenfassung bereits bestehender Fachpläne und gesetzlicher Zielvorgaben.
- Entwickelte Strategien nachhaltiger Entwicklungen setzen allerdings Prioritäten und formulieren – neben dem generellen Zieltableau der Umweltpolitik – Schwerpunkte, in denen eine besondere „strategische" Anstrengung der Gesellschaft unternommen werden soll. Nachhaltige Entwicklung betrifft ja im Kern Problembereiche, in denen befriedigende Lösungen bis dahin nicht erzielt wurden. Länder wie die Bundesrepublik sind in Teilbereichen der Luftreinhaltung, des Gewässerschutzes oder der Gefahrstoffkontrolle erfolgreich. Es handelt sich um Probleme im Sinne eines „Risiko-Paradigmas", um Bereiche mit potentiell hoher Betroffenheit und Politisierbarkeit. Wo hingegen Probleme des Typus der „schleichenden Umweltverschlechterung" zu lösen sind, wo Flächenverbrauch, Bodenkontaminationen oder Grundwasserbelastungen zu vermeiden sind, stellen sich Erfolge seltener oder gar nicht ein. Hier muß Politik ohne die Stütze öffentlicher Betroffenheit handeln, wie sie durch Smog oder schockierende Ereignisse (Seveso, Bhopal, Tschernobyl) entsteht. Massenmedien und parlamentarische Institutionen folgen in aller Regel einem Reaktionsmuster, das die negative Erfahrung voraussetzt. Moderne Umweltplanung kann dagegen die Handlungsbedingungen für die Lösung von Zukunftsproblemen verbessern, deren Dringlichkeit nicht durch Erfahrung deutlich wird. Hier haben wissenschaftliche Prognosen und Analysen eine wichtige Ersatzfunktion.
- Eine wissenschaftlich begründete Zielbildung ist insbesondere angesichts der schleichenden *Akkumulation* von Umweltbeeinträchtigungen unvermeidlich: Auch wenn die jährlichen Flußgrößen an Emissionen oder Abfällen sinken,

nehmen die angehäuften Bestände an Schadstoffen und Eingriffen in der Umwelt zu – nur langsamer. Es sind vor allem die reichen Länder, die – als alte Industrieländer – mit einer kritischen Akkumulation von Umweltbelastungen ringen. Es ist wenig wahrscheinlich, daß diese schwer vermittelbare – den wahrnehmbaren Erfolgen des Umweltschutzes widersprechende – Akkumulationsproblematik im Routineverfahren gelöst werden kann.

- Nationale Umweltplanung im Sinne der Agenda 21 will nicht zuletzt durch Beteiligung zusätzlicher Akteure die Handlungsfähigkeit von Umweltpolitik erhöhen.

Umweltpolitische Modernisierung durch Planung

- Strategischer Ansatz i. S. des New Public Management (Ziel- und Leistungsorientierung, Controlling)
- Speziell: Management by Objectives
- Professionalisierung von Zielbildung und Prioritätensetzung
- Verwaltungsentlastung durch konsensuale Zielbildung
- Verstetigung, Berechenbarkeit von Umweltpolitik
- Integration bestehender nationaler wie internationaler Zielvorgaben und Fachplanungen (Transparenz)
- Institutionalisierung von Querschnittspolitik
- Verbreiterung der Basis von Umweltpolitik
- Planung als Strategie für bisher ungelöste Probleme

Jänicke/FFU 1998

Umweltplanung und wirtschaftliche Innovation

Auch wirtschaftliche Vorteile sprechen für eine umweltpolitische Langzeitplanung, insbesondere solche, die mit Innovationen verbunden sind (vgl. Porter/van der Linde 1995; Hemmelskamp 1997):

- Umweltplanung verringert mit ihren Zielvorgaben das Investitionsrisiko für umweltbewußte Pionierunternehmen. Sie macht die Umweltpolitik für Investoren langfristig kalkulierbar und unberechenbare Veränderungen der Politik, z. B. als Folge veränderter Parteikonstellationen, weniger wahrscheinlich.
- Sie schafft potentiell zusätzliche Motive, Orientierungen, Informationen und Kommunikationskanäle für technische Innovateure.
- Sie ist häufig eine systematische Strategie, Ressourcen effizient und kostengünstig zu verwenden, Umweltkosten zu senken und auf dem Weltmarkt der durch Umweltkennzeichen und ähnliches geprägten Produkte Wettbewerbsvorteile zu erringen.
- Sie ist potentiell eine Strategie, langfristig unvermeidbare Umweltschutzmaßnahmen wirtschaftsverträglich zu gestalten oder mit wirtschaftlichen Vorteilen zu verbinden (sog. win-win-Lösungen).

- Sie ist potentiell eine vorsorgliche Strategie gegen ökologische Standortverschlechterungen, unbezahlbare Schadenskosten und folgenschwere Verluste an Naturkapital.
- Ihr ökologisches Kalkül ist nicht zuletzt die hohe Kalkulierbarkeit einer wachsenden Umweltnachfrage im Zeichen global wachsender Bevölkerung und Güterproduktion bei prinzipiell begrenzter Aufnahmekapazität für Umweltbelastungen (Die langfristigen Präferenzen in anderen Bereichen sind weit weniger gut vorhersehbar.)

Die technologie- und wettbewerbspolitische Seite der Umweltplanung bzw. Nachhaltigkeitsstrategie ist in Deutschland sogar besonders hervorzuheben. Südkorea verkündet in seinem Zehnjahresplan des Umweltschutzes von 1995 eine ehrgeizige Exportstrategie für Umwelttechnik. Die Notwendigkeit eines strengen Umweltschutzes wird auch mit „ökologischen" Wettbewerbsbarrieren reicher Ländern begründet (Ministry of Environment 1995). Neuseeland und Irland heben in ihrer Umweltplanung das grüne Image des Landes als Exportvorteil hervor und betonen die Wettbewerbschancen durch ressourceneffiziente Technologien. Dänemark verweist auf die bereits eingetretenen Export- und Beschäftigungswirkungen insbesondere seines unlängst aktualisierten Plans „Energie 2000" von 1990 (Ministry of Environment and Energy 1995). In einem der letzten Umweltberichte der schwedischen Regierung heißt es: „Umweltpolitik trägt zur Modernisierung der schwedischen Wirtschaft bei. Umweltverbesserungen sind ein wichtiger Wettbewerbsfaktor geworden" (Ministry of the Environment 1996). In den Niederlanden hat seit dem ersten Umweltplan (1989) die Bedeutung „integrierter" umweltfreundlicher Technologien, wie beabsichtigt, signifikant zugenommen (Crul/Schelleman 1995).

Es ist sehr wohl denkbar, daß ökologische Nachhaltigkeitsstrategien international so weit um sich greifen, daß ihre Vernachlässigung einem wirtschaftlichen Standortnachteil nahekommt. Langfristige Umweltplanung ist auch eine stetige Erinnerung der eigenen Volkswirtschaft an die einfache Erkenntnis: daß eine wachsende Weltbevölkerung und eine ständig steigende globale Güterproduktion bei begrenzter ökologischer Belastbarkeit der Erde zu ständig höheren Umweltansprüchen an Technologien und Produkte führen müssen. Wer die Globalisierung der Wirtschaft zum Argument gegen den Umweltschutz macht, übersieht das Ausmaß, in dem der Weltmarkt heute bereits durch eine Globalisierung des Umweltschutzes bestimmt wird (Jänicke/Weidner 1997). Daß dies eine Chance für Volkswirtschaften ist, zeigt nicht nur das Ausmaß an Arbeitsplätzen, die der Umweltschutz in OECD-Ländern geschaffen hat (in Deutschland fast drei Prozent der Beschäftigten). Es zeigt sich auch an der Tatsache, daß die internationalen Vorreiter der Umweltpolitik immer auch technologische Pioniernationen waren.

Ökonomische Modernisierung durch Umweltplanung

- Umweltplanung als Modus der Innovationsförderung:
  - kalkulierbare Rahmenbedingungen für Innovateure
  - Vorgabe einer Innovationsrichtung
  - Motivation für Neuerungen
  - verbesserte Information und Kommunikation
- Flexibilität der betrieblichen Umsetzung umweltpolitischer Zielvorgaben
- Strategische Exportförderung für umweltfreundliche Technologien und Produkte
- Wachsende Umweltnachfrage durch global wachsende Bevölkerung, Güterproduktion und resultierende Umweltprobleme als sicheres Planungskalkül
- Umweltplanung als Basis für Forschungsplanung
- Umweltplanung als Vorsorgestrategie gegen kostenträchtige ökologische Standortverschlechterungen (Altlasten, Grundwasser etc.).

Jänicke/FFU 1998

Vier Beispiele entwickelter nationaler Umweltplanung

Kein bisheriger Umweltplan gleicht dem anderen. Die Varianten sind, wie oben gezeigt wurde, äußerst zahlreich. Viele der Umweltpläne oder Nachhaltigkeitsstrategien sind nicht viel mehr als ein erster Schritt hin zu einer verbindlichen Programmierung der Politik auf langfristige Umweltziele (so etwa der österreichische Nationale Umweltplan). Andere Pläne haben eine differenzierte Zielstruktur und wirksame Mechanismen der Umsetzung. Aber auch hier sind die Ansätze unterschiedlich. Vier Beispiele entwickelter nationaler Umweltplanung mögen dies verdeutlichen:

1. Der Nationale Umweltpolitikplan der *Niederlande* von 1989 (NEPP), der 1993 und 1997 fortgeschrieben wurde (NEPP 2 und 3), ist nach Zielqualität, Verbindlichkeit und gesellschaftlicher Beteiligung der weitestgehende. In vieler Hinsicht ist er international zum Modell geworden. Der Plan, der 200 meist quantifizierte und zeitlich befristete Einzelziele enthält, wurde vom Umweltamt (RIVM) konzipiert, vom Umweltministerium durchgesetzt und von wichtigen Ministerien (Verkehr, Wirtschaft, Landwirtschaft) mitgetragen. Die Zielbildung erfolgt konsensual und auf breiter gesellschaftlicher Basis. Nationale und provinziale Vierjahrespläne sind seit 1993 gesetzlich vorgeschrieben. Besonderheit des niederländischen Planungssystems ist die Unterfütterung durch ein System freiwilliger, aber verbindlicher und zu überprüftender Vereinbarungen (covenants), vor allem mit Industrieverbänden. Der dritte Nationale Umweltplan sieht vor, daß künftig die Umweltplanung vorrangig auf sektorale Probleme und deren Lösungen ausgerichtet wird, wobei das Schwergewicht auf Verkehr, Landwirtschaft und Industrie gelegt wird. Die ökologische Steuerreform soll weiter ausgebaut und die Energie-/CO_2-Steuer erhöht werden. Die bislang bi-

lanzierten Ziele wurden teils übererfüllt, bei CO_2 und bei verkehrsbedingten Emissionen aber nicht erreicht.

2. Der *schwedische* Ansatz besteht in parlamentarischen Zielvorgaben, die – wie in den Niederlanden – von der Umweltbehörde wissenschaftlich vorbereitet und vom Umweltministerium vorgeschlagen werden. Parlamentarische Quasi-Pläne dieser Art gab es bereits in den Environmental Bills von 1988 und 1991. Besondere Bedeutung hatte 1993 die vom Umweltamt vorgelegte Strategie „Enviro '93" mit sektoralen Programmen für wichtige Verursacherbereiche (Industrie, Energie, Verkehr, Land- und Forstwirtschaft, Wasserver- und -entsorgung). 1998 wurde, zusammen mit einem neuen Umweltgesetzbuch (Environmental Code), vom Parlament eine neue umfassende Zielstruktur (Environmental Bill) verabschiedet. Danach soll Schweden „a driving force and a model of ecologically sustainable development" werden. Die Umweltstrategie soll auch zur Modernisierung der Industrie beitragen. Als Orientierungsziel wird u. a. vorgegeben, innerhalb einer Generation den Faktor 10 beim Ressourcenverbrauch anzustreben. Es wird ein neuer Mechanismus für die Ausarbeitung und Umsetzung von Umweltzielen auf der Basis eines Systems des „management by objective and results" formuliert. Die von Regierung und Parlament 1997 formulierten 15 grundlegenden Umweltsqualitätsziele dienen dabei als Orientierungsrahmen für die „Definition von Zielen und Strategien in unterschiedlichen Sektoren auf unterschiedlichen Handlungsebenen". Kern dieses neuen Ansatzes ist die förmliche Zuweisung der Umsetzungsverantwortung an über 20 Fachbehörden. (Ministry of the Environment 1998). Über die Umsetzung der Planung wird von der Umweltbehörde regelmäßig berichtet. Es bestanden bisher 170, häufig quantitative Zielvorgaben mit unterschiedlicher Befristung, so etwa ein Verwendungsstopp für chlorierte Lösemittel (bis 1995), Quecksilber (bis 2000) und Blei (keine Frist). Von 67 Zielen, die die nationale Umweltbehörde 1996 evaluierte, wurden 46 erreicht oder haben eine entsprechend günstige Prognose. Das Ziel einer Reduzierung der Schwefeldioxid-Emissionen um 80 % bis zum Jahr 2000 (Basis 1980) wurde bereits 1994 erreicht; ebenso wurde das Ziel einer Halbierung des Pestizideinsatzes bis 1990 realisiert, die nochmalige Reduktion um 50 % bis 1996 dagegen nicht in vollem Umfang. Nicht erfüllte Ziele, z. B. die Verringerung der NO_x-Emissionen um 30 % bis 1995 (Basis 1980), führten meist zur Neukonzipierung von Maßnahmen. Bei der Umsetzung wird zunehmend auf Umweltabgaben im Rahmen einer umfassenden Steuerreform zurückgegriffen. Alle 288 Lokalverwaltungen haben den Agenda-21-Prozeß eingeleitet. Parallel dazu wurde 1997 ein Umweltinvestitionsprogramm für die Kommunen in Höhe von 12,6 Mrd. SEK für 1998–2000 beschlossen.

3. *Dänemark* hat schon 1988 – in Anlehnung an den Brundtland-Report (WCED 1987) – einen Aktionsplan für Umwelt und Entwicklung vorgelegt, der u. a. das ehrgeizige Ziel einer Reduzierung der CO_2-Emissionen um 20 Prozent bis zum Jahre 2005 (gegenüber 1988) vorsah. Die Stärke des Landes waren aber sektorale Fachpläne, etwa die Pläne für die aquatische Umwelt, für Landwirtschaft, Transport und besonders die Energieplanung. Seit der Ölkrise liegt bereits der vierte Energieplan vor („Energy 21", 1996). Dieser enthält Ziele für

den Zeitraum bis 2030, u. a. quantitative Vorgaben für die Senkung des Energieverbrauchs (um 15 Prozent), die Halbierung der CO_2-Emissionen und die Steigerung des Anteils erneuerbarer Energien auf ein Drittel (Danish Energy Agency 1996). Eine umfassende „strategische Umweltplanung" wurde 1993 beschlossen. Dieser Beschluß fiel mit einer weitgehenden ökologischen Steuerreform zusammen, die stark auf Umweltabgaben setzt und die Energiesteuern planmäßig bis 2000 erhöht. Das integrierte Planungssystem befindet sich noch im Aufbau, ist aber bereits im Umweltbericht von 1995 konzipiert (Ministry of Environment and Energy 1995). Ziel ist u. a. eine „Minimierung des Ressourcenverbrauchs" und eine systematische Integration von Umweltkriterien in die wirtschaftsnahen Politikfelder, insbesondere Energie, Transport und Landwirtschaft. Ähnlich den Niederlanden hat Dänemark eine vorwiegend auf Verursachersektoren bezogene, breit akzeptierte, dialogförmige, und auf technische Innovationen gerichtete Form der Umweltplanung.

4. Erstaunlicherweise kommt in *Südkorea* die 1987 im Zeichen hoher Umweltbelastung (und der Olympischen Spiele von 1988) eingeführte und 1990 gesetzlich verankerte nationale Umweltplanung der niederländischen in vielen Punkten sehr nahe. Wie diese ist sie – bis in die Budgetierung der Ziele – konkret vorgeschrieben. Der zweite Fünfjahresplan (1992–96) umfaßte ein Kostenvolumen in der Größenordnung von bis zu einem Prozent des Bruttosozialprodukts jährlich. Bereits 1995 waren einige seiner Ziele übererfüllt (bei Schwefeldioxidemissionen und städtischen Grünflächen), andere erwiesen sich als zu ambitioniert, führten aber ebenfalls zu Verbesserungen. 1997 wurde der dritte Mittelfristplan beschlossen. Die rund 30 quantitativen Zielvorgaben des 1995 beschlossenen Zehnjahresplanes („Korea's Green Vision 21") betreffen die zentralen Umweltbereiche (Luft, Wasser, Abfall, Naturschutz, Chemikalien). Sie wurden vom Umweltministerium und seiner Planungsabteilung in z. T. konfliktreichen Abstimmungsprozessen mit anderen Zentralverwaltungen durchgesetzt. Der Plan enthält das Ziel, Korea zum „Model Country of Environmental Preservation" zu machen. Der Plan wird laut Gesetz vom Staatsrat beschlossen. Wie in anderen Ländern spielen sektorale Fachpläne (insbesondere für Abfall, Energie und Raumordnung) eine ergänzende Rolle. In der Energieplanung geht es beispielsweise um eine Rückführung der energie-intensiven Industrien. Diese müssen zudem Fünfjahrespläne für die Steigerung der Energieeffizienz vorlegen. Die Partizipation bei der Zielformulierung ist schwächer als im niederländischen Fall. Die Zielerreichung wird jährlich bilanziert. Die eingetretene Wirtschaftskrise könnte zu Vollzugsproblemen führen. Andererseits steht der neu gewählte Präsident den Umweltverbänden näher als der alte.

Umweltplanung in drei Vorreiterländern

NIEDERLANDE
National Environmental Policy Plan (NEPP I 1989, NEPP III 1997):
- Über 200 meist quantitative Ziele
- Gesetzliche Grundlage (1993), Beteiligung mehrerer Ministerien
- Zielgruppenpolitik mit zahlreichen freiwilligen Vereinbarungen
- Institutionalisierte Erfolgskontrolle
- Muster der Agenda 21 und des V. Aktionsprogramms der EU

SCHWEDEN:
Parlamentarische Zielvorgaben durch Environmental Bills seit 1988:
- 170 großenteils quantitative Zielvorgaben
- 1998 Neuformulierung und Ergänzung dieser Zielvorgaben
- Institutionalisierte Erfolgskontrolle
- Ziel: Schweden als „model of ecologically sustainable development"

SÜDKOREA:
- Lange Tradition der Wirtschaftsplanung
- „Mid-term Comprehensive Plan for Environmental Improvement" (1992–97; 1997–2001; Vorläufer-Plan 1987–91)
- Daneben laufende Zehnjahresplanung („Green Vision 21", 1995)
- Gesetzliche Grundlage (1990)
- Über dreißig quantitative Zielvorgaben
- Institutionalisierte Erfolgskontrolle
- Ziel: Südkorea als „model country of environmental preservation"

Jänicke/FFU 1998

Erste Evaluation von Wirkungen

Über die Wirksamkeit des neuen strategischen Ansatzes der Umweltplanung kann noch nicht viel ausgesagt werden, da die Laufzeit der nationalen Umweltpläne bzw. Nachhaltigkeitsstrategien im Regelfall noch kurz ist. Überdies zeichnet sich die Mehrheit der Umweltplanungen durch eher allgemeine Ziele aus, deren Erreichung schwer zu überprüfen ist. Insgesamt befindet sich die Strategieentwicklung noch in einer Phase des learning by doing. Das heißt nun keineswegs, daß Wirkungen nicht zu verzeichnen sind; die bloße Tatsache, daß beispielsweise Verkehrs- oder Agrarministerien an der Entwicklung langfristiger Umweltziele beteiligt sind, daß ein breiter Diskurs hierzu stattfindet und schließlich auch eine internationale Berichtspflicht besteht, verändert auch die Handlungsbedingungen der Umweltpolitik. Ursache und Wirkung sind in einem so komplexen und dynamischen Handlungsgefüge allerdings kaum präzise zu messen.

Die Zielerfüllung in drei Fällen fortgeschrittener Umweltplanung, den Niederlanden, Schweden und Südkorea, wurde bereits angesprochen. In allen drei Fällen fällt auf, daß kaum ein quantitatives Ziel exakt erfüllt wurde: Eine beachtliche Gruppe von Zielen wurde nämlich übererfüllt (z. B. die Reduktionsziele für Schwefeldioxid). Andere Ziele – insbesondere die Vorgaben für verkehrsbedingte Emissionen – wurden nicht erreicht, obwohl auch in dieser Gruppe im Regelfall Verbesserungen erzielt wurden. Als Politikwissenschaftler ist man darüber nicht überrascht: Zu den Unsicherheiten von Planung gehören sowohl die unerwarteten Dynamisierungseffekte einer Maßnahme als auch die nicht vorhersehbaren oder unzureichend antizipierten Widerstände (Restriktionen). Das interessanteste Ergebnis aus den drei Ländern könnte sein, daß bei der großen Mehrzahl der Ziele Trendverbesserungen gegenüber dem vorherigen Zustand zu verzeichnen sind, und zwar auch dann, wenn ehrgeizige Zielvorgaben nicht erfüllt wurden. Da in den drei Fällen die Umweltplanung einen hohen institutionellen Verbindlichkeitsgrad hat und die Zielvorgaben ein breites Spektrum von Folgemaßnahmen auslösten, kann auch unterstellt werden, daß die eingetretenen Trendverbesserungen wesentlich dem gewählten strategischen Ansatz zuzuschreiben sind.

Die Evaluation dieser drei Pionierfälle zeigt nun aber auch, wie offen diese gesamte Thematik noch ist, welche Unzulänglichkeiten zu überwinden sind und welcher Informationsbedarf generell noch besteht. Derzeit unternimmt z. B. eine Reihe von OECD-Ländern, aber auch die EU den Versuch, die mit Nachhaltigkeitsstrategien verbundene schwierige Integration von Umweltzielen in die übrigen Ressorts mit neuen Mechanismen zu verwirklichen. Hier ist also ein institutioneller Innovationsprozeß im Gange, der andauert. Die kritisch-produktive Auswertung der international gemachten Erfahrungen ist also dringend geboten.

Dem Ziel dient diese Tagung.

Ausgewählte Literatur

BMU, 1998: Nachhaltige Entwicklung in Deutschland. Entwurf eines umweltpolitischen Schwerpunktprogramms, Bundesministerium für Umwelt, Naturschutz und Reaktorsicherheit, Bonn.

BUND und Misereor (Hrsg.), 1996: Zukunftsfähiges Deutschland. Ein Beitrag zu einer global nachhaltigen Entwicklung, Basel/Boston/Berlin.

Crul, M./Schelleman, F., 1995: Long-term Environmental Planning and the Use of Integrated Environmental Technology: The Dutch Experience. Project Commissioned by the Office of Technology Assessment of the German Parliament (TAB), Bonn.

Dalal-Clayton, B., 1996: Green Plans. National-Level Experience in Industrial Countries, London.

Damkowski, W./Precht, C., 1995: Public Management. Neuere Steuerungskonzepte für den öffentlichen Sektor, Stuttgart/Berlin/Köln.

Danish Energy Agency/Ministry of Environment and Energy, Denmark, 1996: Energy in Denmark, Kopenhagen.

Government of Canada/Ministry of Supply and Services, 1990: Canada's Green Plan for a healthy environment, Ottawa/Ontario.

GTZ, 1995: Erfahrungen und Ansätze der TZ bei der Unterstützung von Umweltaktionsplänen, Deutsche Gesellschaft für Technische Zusammenarbeit (GTZ) GmbH, Eschborn.

Hemmelskamp, J., 1997: Umweltpolitik und Innovation – Grundlegende Begriffe und Zusammenhänge, in: Zeitschrift für Umweltpolitik und Umweltrecht 20, Heft 4.

Jänicke, M./Jörgens, H., 1998: National Environmental Policy Planning in OECD-Countries: Preliminary Lessons from Cross-National Comparisons. In: Environmental Politics, Vol. 7, No. 2, Summer 1998, pp. 27-54.

Jänicke, M./Carius, A./Jörgens, H., 1997: Nationale Umweltpläne in ausgewählten Industrieländern, herausgegeben von der Enquête-Kommission „Schutz des Menschen und der Umwelt“ des Deutschen Bundestages, Berlin etc.

Jänicke, M./Weidner, H. (Hrsg.) (in collaboration with Helge Jörgens), 1997: National Environmental Policies. A Comparative Study of Capacity-Building, Berlin/Heidelberg/New York etc.

Ministry for the Environment, New Zealand, 1995: Environment 2010 Strategy. A Statement of the Government's Strategy on the Environment, Wellington.

Ministry of Environment and Energy, 1995: Denmark's Nature and Environmental Policy 1995. Summary Report, Kopenhagen.

Ministry of the Environment, 1996: Our Environment. Environmental Activities During the Year, Stockholm.

Ministry of the Environment, 1998: Swedish Environmental Quality Objectives, Stockholm.

Ministry of Environment, 1995: Korea's Green Vision 21, Kwacheon.

Ministry of Housing, Physical Planning and Environment (VROM), 1989: To Choose or to Lose: National Environmental Policy Plan, The Hague

Ministry of Housing, Physical Planning and Environment (VROM), 1990: National Environmental Policy Plan Plus, The Hague.

Ministry of Housing, Physical Planning and Environment (VROM), 1993: National Environmental Policy Plan 2: The Environment: Today's Touchstone, The Hague.

Naschold, F./Bogumil, J., 1998: Modernisierung des Staates. New Public Management und Verwaltungsreform, Opladen.

OECD, 1995: Planning for Sustainable Development. Country Experiences, Paris.

OECD/IEA (International Energy Agency), 1996: Energy Policies of IEA Countries. 1996 Review, Paris.

Österreichische Bundesregierung, 1995: Österreich – Nationaler Umwelt Plan, Wien.

Porter, M. E./van der Linde, C., 1995: Green and Competitive: Ending the Stalemate, in: Harvard Business Review, Sept./Oct. 1995: 120–134.

The Presidents Council, 1996: Sustainable America. A New Consensus for Prosperity, Opportunity, and a Healthy Environment for the Future, Washington, D.C.

RRI (Resource Renewal Institute), 1996: A Green Plan Primer. Abrufbar auf der WorldWide-Web Seite des Resource Renewal Institute (http://www.rri.org/index.html).

WCED (The World Commission on Environment and Development), 1987: Our Common Future, Oxford.

Teil A

Vorreiterländer der strategischen Umweltplanung

National Environmental Policy Plan 3: Dauerhafter Fortschritt durch Kontinuität und Modernisierung der Umweltpolitik

Felix Luitwieler

Geschichte: Der Dritte Nationale Umweltplan in Folge

Seit 1989 haben die Niederlande alle vier Jahre einen National Environmental Policy Plan (NEPP) aufgelegt. Der erste NEPP (1989) definierte die Richtung, die eingeschlagen werden sollte, und bestimmte übergreifende Ziele für die Umweltpolitik. Dazu gehörten die Vermeidung irreversibler Folgen, wie z. B. Tod oder Erkrankung von Menschen, die Ausrottung bestimmter Pflanzen- und Tierarten, Gewässerverschmutzung und anderes.

Mit dem NEPP 2 wurde ein sanfterer und besserer Weg zur Erreichung der im ersten NEPP festgelegten Ziele angestrebt und die Umsetzung politischer Maßnahmen gefördert. Dabei ging es u. a. um eine intensivere Betrachtung der Kosten für die jeweiligen Programme sowie um eine insgesamt kosteneffektivere Politik. Der NEPP 3 beinhaltete die Bilanz von acht Jahren Politik mit nationalen Umweltplänen und eine Übersicht über Chancen und Schwierigkeiten bei der Verfolgung der Ziele gemäß dem NEPP 1. Im Grunde wurde mit dem NEPP 3 die Frage aufgeworfen, ob die gesteckten Umweltziele ohne umfassende gesellschaftliche Veränderungen erreichbar wären.

Das allgemeine Ziel der niederländischen Umweltpolitik im vergangenen Jahrzehnt wurde im NEPP 1 formuliert: Angestrebt wurde eine nachhaltige Entwicklung der Niederlande innerhalb einer Generation. Dieses Ziel wurde weiter differenziert: Es wurden quantitative Zielvorgaben zur Entlastung der Umwelt auf nationaler Ebene ebenso wie in bestimmten Sektoren der Wirtschaft (den sogenannten Zielgruppen) erarbeitet. Ein wichtiger Indikator war dabei die Entkopplung von Wirtschaftswachstum und Umweltbelastung. Durch den Politischen Bericht über Umwelt und Wirtschaft und den NEPP 3 wurde ein Abkoppeln der Umweltbelastung vom Wirtschaftswachstum zu einem expliziten Ziel der niederländischen Umweltpolitik.

Die Grundzüge des Nationalen Umweltplans

Der niederländische NEPP basiert auf folgenden Ansätzen:

- Die Umweltpolitik der Niederlande ist problemorientiert. Es werden sieben Hauptthemen im Umweltbereich unterschieden, u. a. Versauerung und Klimawandel, die einen multimedialen Ansatz erfordern.
- Die Umweltpolitik der Niederlande berücksichtigt die Partner der Regierung, d. h. Unternehmen, Kommunal- und Regionalbehörden, die Öffentlichkeit, Nichtregierungsorganisationen usw. Entwickelt wurde ein zielgruppenorientierter Ansatz, um den verschiedenen gesellschaftlichen Gruppen Verantwortung für die Umwelt zu übertragen.
- Es gibt quantifizierte Zielvorgaben sowohl auf nationaler Ebene als auch für spezifische Zielgruppen.
- Der Planungszeitraum umfaßt jeweils vier Jahre. Dadurch entstehen Kontinuität und ein „Druck" zur Veränderung.

Der Prozeß: Gemeinsame Erarbeitung des NEPP 3

Eine saubere Umwelt ist kein Selbstzweck, sondern vielmehr eine Voraussetzung, damit gewährleistet wird, daß ein Land – hier die Niederlande – gesund und attraktiv ist, ein Land ist, in dem man leben, arbeiten und sich auf angenehme Art und Weise erholen kann. Eine saubere Umwelt erfüllt viele Funktionen und soll auf nachhaltige Weise genutzt werden. Sie versorgt die Menschen im Land beispielsweise mit Trinkwasser, Luft zum Atmen und mit Getreide für die Nahrungsmittelversorgung.

Aufgrund dieser Funktionen der Umwelt, die erhalten werden soll, kann die Erarbeitung eines umweltpolitischen Dokuments wie des NEPP nicht Aufgabe des Umweltministeriums allein sein. Gefordert ist vielmehr die gemeinsame Anstrengung verschiedener Ministerien und Abteilungen, privater Unternehmen, öffentlicher Einrichtungen und Organisationen (auch Umweltgruppen) und der Kommunalverwaltungen.

Bei der Erstellung eines nationalen Umweltplans sind alle Beteiligten in allen Phasen des Prozesses einzubinden, denn nur dann kann verstanden werden, warum was erfolgt. Erst dann werden sich alle auch zur Umsetzung der formulierten Politiken verpflichtet fühlen.

Der Prozeß zur Erstellung des NEPP 3 wurde daher in verschiedene Phasen unterteilt. In jeder Phase wurde vermittelt, woran die außerhalb der Regierung stehenden Gruppen und Organe beteiligt werden sollten.

1. Die erste Phase war die Informationsbeschaffung. Sieben Monate lang wurden Probleme analysiert, die Agenda des NEPP 3 an Runden Tischen diskutiert und Lösungen auf einer Konferenz vorgestellt.

2. In der zweiten Phase wurden die Informationen zusammengefügt und ein Entwurf des NEPP 3 geschrieben. Dies geschah im Sommer vergangenen Jahres (1997).
3. Der Entwurf wurde mit den wichtigsten Akteuren unter den Beteiligten diskutiert: Kommunalverwaltungen, Umweltgruppen und Zielgruppen. Die letzte Phase dauerte länger als geplant: Erst nach vier Monaten konnten sich die Politiker auf die am besten geeigneten Lösungen verständigen. Unsere Schlußfolgerung daraus lautet daher: Kommunikation ist ein Schlüsselbegriff in der Ausarbeitung eines politischen Planes.

Der NEPP 3 wurde von einem interministeriellen Projekt-Team unter der Federführung des Umweltministeriums geschrieben. Die Prozeßsteuerung übernahm ein Rat von Ministern unter Beteiligung der Minister für Landwirtschaft, Wirtschaft, Verkehr und Wasserwege. In der Phase der Ausarbeitung wurden mehrere Workshops und Treffen mit Vertretern der Wirtschaft, Nichtregierungsorganisationen und anderen Regierungsstellen organisiert, um deren Input zu berücksichtigen und sie auf den NEPP zu verpflichten. Darüber hinaus wurde ein vierzehntägig verschickter Rundbrief zur einer wichtigen Informationsquelle für alle Interessierten.

Die Ausgangspunkte des NEPP 3

Für das Projekt-Team des NEPP 3 gab es zwei wichtige Ausgangspunkte: Erstens die Vierte Umweltprognose des Nationalen Instituts für Gesundheit und Umweltschutz (RIVM), die die Bewertung der Wirkungen des NEPP 2 enthielt; zweitens die Führungsrolle des Rates der Minister. Ohne eine anfängliche politische Führung ist der Prozeß einer interministeriellen Erarbeitung eines umweltpolitischen Programms zu risikobehaftet, wie konstruktiv die Positionen zu Beginn der Planung auch immer sein mögen.

1. Die Umweltprognose des RIVM

Das niederländische Umweltrecht sieht vor jedem NEPP die Erstellung einer Nationalen Umweltprognose vor. Das RIVM in Bilthoven ist ein unabhängiges Institut, d. h. es untersteht weder dem Umweltministerium noch dem Kabinett. Allerdings erstellt das RIVM die Umweltprognose in enger Zusammenarbeit mit den zuständigen Ministerien und anderen Akteuren, da diese die Ergebnisse der Prognose akzeptieren müssen. Dies ist vor allem wichtig, weil häufig mit Computersimulationen anstelle von Feldmessungen gearbeitet wird, und eine Verständigung aller Beteiligten über die verwendeten Modelle erfolgen muß.

Die wesentlichen Schlußfolgerungen der Vierten Umweltprognose lauten wie folgt:

- Die Politik zeigt Wirkung. Bei den meisten Schadstoffemissionen, mit Ausnahme von CO_2, ist ein weiterer Rückgang zu erwarten.

- Dennoch sind weitere Maßnahmen erforderlich, um die Zielvorgaben für das Jahr 2000 zu erfüllen. Dies gilt selbst bei vollständiger und wirksamer Umsetzung der bereits geplanten politischen Maßnahmen.
- Der Hauptgrund dafür, daß die Durchführung der geplanten Maßnahmen allein nicht zum Erreichen der Zielvorgaben für das Jahr 2000 führen wird, liegt in der Tatsache, daß die soziale Entwicklung anders verläuft als angenommen; es ist mit einem höheren Bevölkerungswachstum, steigendem Energieverbrauch und mehr Mobilität zu rechnen, als ursprünglich erwartet.

2. Politische Führungsrolle zum Beginn des Prozesses

Der eingesetzte Rat von Ministern agiert maßgeblich in bezug auf die folgenden Aspekte:

- Gesamtzielsetzung des Kabinetts, zu der auch der NEPP 3 beitragen muß,
- Verhältnis des NEPP 3 zu NEPP 1 und 2 und zu anderen relevanten politischen Programmen,
- Entscheidung über die Frage, ob eine Politikänderung erfolgen soll oder nicht.

Die Grundlinie des Kabinetts betreffend stellten die Minister fest, daß der NEPP 3 einen Beitrag zur nachhaltigen Entwicklung der Niederlande in einer Weise leisten sollte, daß das Wirtschaftswachstum mit einem absoluten Rückgang der Umweltbelastung einhergeht.

Die Minister stellten weiterhin fest, daß der NEPP 3 NEPP 1 und 2 vollständig ersetzen solle und daher genug Hintergrundinformation zu den der Umweltpolitik zugrundeliegenden Ursachen sowie ausreichende politische Maßnahmen gegen die Umweltverschmutzung und die Verschlechterung der Umweltlage in den Niederlanden enthalten müsse.

Schließlich stellte der Rat auch fest, daß eine Änderung der Politiken des NEPP 1 und 2 nur dann erfolgen solle, wenn es offensichtliche Gründe dafür gäbe.

Der im letzten Absatz formulierte Anspruch war besonders erfolgreich. Er nahm dem Wirtschaftsministerium die Angst davor, daß das Umweltministerium die Politik neu gestalten würde, und gab dem Umweltministerium ein Instrument in die Hand, für den Fall, daß andere Akteure ohne guten Grund von den umweltpolitischen Zielvorgaben abweichen wollten.

Die politische Analyse: Erfolge und Defizite

Eine gründliche Evaluierung der Vergangenheit ist natürlich die Grundlage für Veränderungen in der Zukunft. Daher führte das Projekt-Team des NEPP 3 als eine der ersten Maßnahmen eine politikwissenschaftliche Analyse des vorausgegangenen Planungszeitraums des NEPP 2 durch. Auf der Grundlage der Vierten Umweltprognose und einer politikwissenschaftlichen Bewertung der Effizienz der verschiedenen politischen Instrumente in der NEPP 2-Phase wurden Erfolge und Defizite der niederländischen Umweltpolitik bewertet.

Erfolge

Es gab zahlreiche Erfolge:

- Der Verkauf von FCKW in den Niederlanden wurde, mit Ausnahme einiger weniger Spezialanwendungen, gestoppt.
- Die SO_2-Emissionen wurden dem Zwischenziel für 1995 entsprechend reduziert. Seit 1990 sind die SO_2-Immissionen um 25 % zurückgegangen.
- Die Einführung von Katalysatoren für Benzinmotoren hatte erhebliche Wirkung in bezug auf die Luftverschmutzung. Die Konzentrationen von Flüchtigen Organischen Substanzen (VOC) gingen um 30 % zurück. Auf den Straßen gibt es keine Überschreitung der Grenzwerte für Kohlenmonoxid und Blei mehr.
- Der Recycling-Anteil bei den Abfällen stieg von 61 % auf 72 %. Hier leistet die Bevölkerung durch die Trennung des Hausmülls einen bedeutenden Beitrag.
- Schwermetallemissionen, vor allem Blei, Quecksilber und Kadmium, sind erheblich (um mehrere zehn Prozentpunkte) zurückgegangen.

Die Umweltqualität in den Niederlanden hat sich stetig verbessert, insbesondere auf der kommunalen und regionalen Ebene. Saurer Regen ging um 28 % zurück und wirkt im Norden und Westen des Landes nicht mehr schädigend. Im vergangenen Jahr ist es zum ersten Mal gelungen, die Naturfläche zu vergrößern. Trotz dieser optimistischen Schlußfolgerungen besteht noch kein Grund zum Feiern: die insgesamt erzielte Verbesserung ist noch zu gering, um sich spürbar positiv auf die Qualität von Natur und Landschaft auszuwirken.

Es wurde analysiert, welches die Schlüsselfaktoren für die erzielten Erfolge sind. Von größter Bedeutung sind die breite Unterstützung in der Gesellschaft für die Berücksichtigung von Umweltbelangen sowie die Bereitschaft der Zielgruppen, der Regional- und Kommunalverwaltungen, der allgemeinen Öffentlichkeit, von Nichtregierungsorganisationen und Interessengruppen, Verantwortung bei der Suche nach Lösungen zu übernehmen.

Im einzelnen wurden folgende Hauptfaktoren herausgestellt:

- Kooperation der Zielgruppen, Behörden, Nichtregierungsorganisationen und der allgemeinen Öffentlichkeit im Umgang mit Umweltproblemen. Jede dieser Parteien übernahm hier eigene Verantwortung.
- Die im Planungszeitraum betrachteten Umweltfragen waren relativ unstrittig und bezogen sich auf eine beschränkte Zahl großer Emittenten, die sogenannten Punktquellen. Damit wurde die Entwicklung eines allgemeingültigen Ansatzes möglich.
- Dieser allgemeingültige Ansatz impliziert eine Selbstregulierung innerhalb eines definierten Rahmens, der sich als attraktiv und erfolgreich erwiesen hat und von der OECD als beispielhaft für die Umweltpolitik bezeichnet wurde. Freiwillige Umweltvereinbarungen (*covenants*) sind hier ein gutes Beispiel.

Covenants sind Vereinbarungen zwischen der Regierung und den Sektoren der Privatwirtschaft. Sie enthalten die umweltrelevanten Zielvorgaben, die zu erreichen sich der betroffene Sektor innerhalb einer bestimmten Frist verpflichtet. Weiterhin umfassen sie die Verpflichtung der Unternehmen, einen jeweils für vier Jahre geltenden Unternehmens-Umweltplan aufzustellen. Bisher wurden acht *covenants* und fast 30 langfristige Vereinbarungen geschlossen. Die *covenants* decken 80 % aller Umweltbeeinträchtigungen und 90 % des Energieverbrauchs der Industrie ab. Beispiele sind die Verpackungscovenants, ein *covenant* über Primärmetalle, ein *covenant* mit der Chemieindustrie und eines mit dem Sektor der Pflanzenzucht in Treibhäusern.

Defizite

Trotz der erzielten Erfolge gibt es einige ernsthafte Defizite auf dem Wege zu einer nachhaltigen Entwicklung und einer völligen Entkopplung von Wirtschaftswachstum und Umweltbelastung in den Niederlanden.

- Die CO_2-Emissionen sind gestiegen, wenn auch nicht so schnell, wie die Wirtschaft wuchs. Dieses unter dem Wirtschaftswachstum liegende Wachstum wird als relatives Abkoppeln bezeichnet.
- Zwar gingen die NO_x-Emissionen zurück, jedoch wesentlich weniger, als erforderlich, um die Zielvorgaben für 2000 und 2010 zu erreichen. Ein anhaltendes Wachstum kann zu einem erneuten Ankoppeln führen, und damit zu einem erneuten Anstieg der Emissionen.
- In den vergangenen Jahren konnten kaum Fortschritte bei der Verringerung der Lärmbelastung erzielt werden. Es ist unwahrscheinlich, daß die hier festgelegten Ziele erreicht werden können.
- Die Reduzierung von Ammoniak verläuft bisher nach Plan, jedoch wird nicht erwartet, daß das für 2010 gesteckte Ziel erreicht wird.
- Altlasten bleiben ein großes Problem. Es gibt 175.000 stark kontaminierte Flächen in den Niederlanden, die nicht nur ein Umweltproblem darstellen, sondern zunehmend ein Hindernis für die Landerschließung und das Wirtschaftswachstum darstellen.

Zusammenfassend läßt sich sagen, daß die gravierendsten Probleme, die dem Fortschritt im Wege stehen, mit dem Energieverbrauch und Verkehr und Mobilität zu tun haben. Wie bei den Erfolgen wurden auch bei den Defiziten die ihnen zugrundeliegenden Ursachen analysiert. Hauptursachen der nach wie vor bestehenden Umweltprobleme sind anhaltendes ökonomisches und demographisches Wachstum. Dieses stellt partiell eine Bedrohung dar, und es besteht die Gefahr, daß die Emissionen wieder steigen, wenn es der Umweltpolitik nicht gelingt, nachdrücklich den eingeschlagenen Weg durchzusetzen. Das Wachstum macht die positiven Folgen einer verbesserten Umwelteffizienz der Produktionsprozesse zunichte. Auf der Grundlage der aktuellen Konsummuster bleibt die Umweltbelastung ein inhärentes Problem der Strukturen steigenden Wachstums und Verbrauchs.

Daher sind Maßnahmen gefordert, die unmittelbar auf eine Veränderung des Verbraucherverhaltens abzielen. Diese führen jedoch häufig zu Widerstand in der

Gesellschaft, womit die breite Unterstützung für die Umweltpolitik unterminiert wird.

Weitere Schlüsselfaktoren für die Defizite:

- Sogenannte diffuse, über das Land verteilte Quellen sind von zunehmender Bedeutung. Da es gelungen ist, die Umweltverschmutzung durch Punktquellen erfolgreich einzudämmen, ist ein wachsender Anteil der Restverschmutzung den diffusen Quellen zuzuschreiben: Verbraucher, Straßennutzer, Bauern, Klein- und Mittelbetriebe. Diffuse Quellen stellen ein größeres Problem dar, da es keinen allgemeingültigen Ansatz für den Umgang mit ihnen gibt. Um die Umweltverschmutzung durch diffuse Quellen erfolgreich bekämpfen zu können, sind flexiblere Instrumente erforderlich. Das Schlüsselwort der neuen Politik lautet hier Anpassungsfähigkeit.
- Auch Kostensteigerungen müssen als Schlüsselfaktor bei den Defiziten benannt werden. Kostengünstige Maßnahmen wurden bereits weitgehend realisiert. Bleiben die teuren Programme. Und diese beeinträchtigen die breite Unterstützung für den Umgang mit Umweltproblemen bei der Bevölkerung.

Schlußfolgerungen

Das Kabinett hatte aus der Umsetzung des NEPP 2 gelernt und Schlußfolgerungen gezogen, die für die Gestaltung der Politik in der kommenden Phase genutzt wurden.

Das Rückgrat der niederländischen Umweltpolitik bilden zwei Hauptelemente:

- ein klarer Rahmen in Form von festgelegten Zielen und Zielvorgaben, und die Verständigung auf eine deutliche, langfristig eingeschlagene Richtung mit einem klaren Zeitplan für die einzelnen Schritte;
- Kooperation mit der Industrie und Regional- und Kommunalverwaltungen, wodurch eine Anpassung ihrer jeweiligen Entscheidungsprozesse an die Umweltthematik erfolgt und für spezifische Probleme spezifische Lösungen gefunden werden können.

Die weiterhin bestehenden Umweltprobleme lassen sich zwei Kategorien zuordnen:

- Probleme auf der lokalen und regionalen Ebene, die sich vor allem auf das unmittelbare Lebensumfeld auswirken, wie beispielsweise Lärmbelästigung. Auf dieser Ebene muß der Schwerpunkt der nächsten Planungsphase auf einem erweiterten Spektrum von individualisierten und flexiblen Ansätzen liegen und auf einem Ausbau der Querverbindungen zwischen Umweltpolitik und Flächennutzung;
- Probleme auf der überregionalen und internationalen Ebene, wie beispielsweise die Klimaveränderungen und die Umweltprobleme im Zusammenhang mit der Mobilität (Versauerung). Auf dieser Ebene sind radikalere Veränderungen der Produktions- und Verbrauchsmuster und eine Betrachtung der Fragen im internationalen Kontext erforderlich.

Das niederländische Kabinett geht davon aus, daß die Umweltpolitik in eine neue Phase eingetreten ist: Es geht jetzt um Umweltmanagement.

Nach einer Zeit, in der man sich in erster Linie auf den Umgang mit bereits bestehenden Problemen konzentrierte, besteht heute die Hauptaufgabe in der Verlagerung hin zur Gewährleistung einer dauerhaften und vollständigen Entkopplung von Wirtschaftswachstum und Umweltbelastung und der nachhaltigen Nutzung der natürlichen Ressourcen.

Die Politik des NEPP 3: Schaffung angemessener Bedingungen für nachhaltige Entscheidungen

Die niederländische Regierung betrachtet es als ihre wichtigste Aufgabe, ein Klima zu schaffen, in dem Verbraucher, Wirtschaft und Behörden nachhaltige Entscheidungen treffen können.

Die Regierung bemüht sich, dieses Klima zu schaffen, um einen dauerhaften Prozeß zu initiieren. Die Instrumente der Politik werden modernisiert, damit die bestehenden Defizite bewältigt werden können. Zu diesem Zweck wurden sieben Themen in den Vordergrund gestellt und als Aufgabenbereiche formuliert.

Vier dieser Themen sollen im folgenden näher ausgeführt werden, damit auf einer konkreteren Ebene deutlich wird, welche Art politischer Maßnahmen der NEPP 3 beinhaltet.

1. *Dauerhafter Fortschritt durch die kontinuierliche Verbesserung einer effizienten Nutzung der Umwelt:* Die Ziele und Zielvorgaben der Umweltpolitik bleiben die *benchmarks* eines langfristigen Stufenplanes, der allen Parteien die Möglichkeit gibt, sich auf Veränderungen vorzubereiten. Dabei muß natürlich immer wieder entschieden werden, ob man den „Big Bang", den großen Schritt nach vorn, anstrebt, oder viele kleine Schritte kontinuierlich durchsetzt. Letzteres ist weniger spektakulär. Doch ein „Big Bang" ist nur möglich, wenn die Umwelt auf der politischen Tagesordnung weit oben steht, wie das bei der Erarbeitung von NEPP 1 der Fall war. Einige Beispiele für konkrete politische Maßnahmen dieser Art sind:

- Fortsetzung des zielgruppenspezifischen Ansatzes: Geplant ist eine neue Generation von *covenants*, u. a. mit der Futter- und Düngemittelindustrie, sowie eine zweite Generation von *covenants* mit der Industrie.
- Aufstockung des Haushalts für Maßnahmen in den Bereichen CO_2, NO_x und Bodenmanagement in einer Gesamthöhe von 2,6 Mrd. Gulden für die kommenden zwölf Jahre, davon 1,5 Mrd. Gulden für eine beschleunigte Beseitigung der Altlastenflächen. 750 Mio. Gulden werden in die Maßnahmen zur Reduzierung der CO_2-Emissionen investiert, z. B. für Wiederaufforstung, Förderung von Energiesparmaßnahmen und Maßnahme im Sinne von *„joint implementation"*. Die Investitionen zur Förderung sauberer Fahrzeugtechnologie und für die Subventionierung neuer Reduktionstechniken in der Industrie belaufen sich auf 350 Mio. Gulden.

2. *Dauerhafter Fortschritt durch verstärkte Integration, Anpassungsfähigkeit und Flexibilität:* Die Umwelt sollte Bestandteil der alltäglichen Entscheidungsfindung in Unternehmen, bei Bürgern und Bürgerinnen und den öffentlichen Stellen sein. Diese sollten nach Möglichkeit selbst Verantwortung übernehmen und Entscheidungsfreiheit und -kompetenz haben. Das erfordert koordiniertes Management dort, wo verschiedene Politiken miteinander verbunden sind und Instrumente Flexibilität schaffen. Die folgenden Beispiele stehen für konkrete politische Maßnahmen dieser Art:

- Stärkung der Kompetenzen der Kommunalverwaltungen in Umweltfragen und Förderung ihrer Fähigkeit und Möglichkeit, im Rahmen der nationalen Politik über ihr eigenes Handeln zu entscheiden. Hiervon verspricht man sich eine größere Flexbilität auf der lokalen Ebene, beispielsweise in den Städten. In den vergangenen Jahren wurde deutlich, daß eine zu rigide Umweltpolitik in den „kompakten Städten" der Niederlande eine der Hürden ist, die einen integraleren Entwicklungsansatz verhindert, und damit einer vitalen Stadt im Wege steht. Das Projekt „Stadt und Umwelt", eigens entwickelt, um hier eine Lösung zu finden, verbindet die Bereiche Umweltplanung und Stadtentwicklung in einer frühen Phase des politischen Entwurfs und seiner Umsetzung. Das soll verbesserte Ergebnisse bei den angestrebten Umweltzielen auf der lokalen Ebene mit sich bringen. Wenn es nicht möglich ist, Umweltziele, beispielsweise beim Lärmschutz in verdichteten Stadtgebieten zu realisieren, haben die Städte die Möglichkeit, von der nationalen Politik abweichend zu agieren. Allerdings müssen sie dies begründen und bestimmte demokratische Verfahren einhalten, denn sie brauchen die Zustimmung und Unterstützung der Bürgerinnen und Bürger für eine von den nationalen Vorgaben abweichende Politik.
- Dieser Ansatz wird zur Zeit in mehr als zwanzig Gebieten getestet, um zu sehen, ob sich die erhofften positiven Folgen einstellen, und um negative Nebenwirkungen zu erkennen, denn auch diese kann es geben. Mehr Chancen für flexibles Handeln können ja Differenzen mit sich bringen. Zusammen mit dem wachsenden Anteil von Minderheiten in den Niederlanden und der verstärkten politischen Aufmerksamkeit für die sogenannte Zweiklassengesellschaft (Arme und Reiche), kann dies am Ende zu ökologischer Ungerechtigkeit führen. Im Gegensatz zu den USA ist diese Frage bisher jedoch noch kein Thema für die Umweltpolitik, und das soll auch so bleiben.
- Zur Förderung der Diskussionen zwischen Bürgern und Kommunalverwaltung über Fragen der Lebensqualität und der Nachhaltigkeit hat die Regierung den Haushalt für Initiativen auf lokaler und regionaler Ebene aufgestockt.

3. *Modernisierung der politischen Instrumente durch Internalisierung von Umweltkosten in die Preise:* Die niederländische Regierung möchte sicherstellen, daß die Folgen des Handelns von Industrie und der Bevölkerung sich stärker in den Preisen niederschlagen. Den Marktkräften soll durch die Untersuchung der Möglichkeiten oder durch eine Einführung von marktorientierten umweltpolitischen Instrumenten eine stärkere Rolle zukommen: Öko-Steuern, handelbare „Rechte zur Emissionsreduzierung" und ein System einer soge-

nannten Kostenteilung sind Beispiele hierfür. Folgende Beispiele stehen für politische Maßnahmen zu diesem Thema:

- Vorschlag einer Verlagerung der Besteuerung: die Besteuerungsgrundlage sind nicht mehr die Kosten der Arbeit sondern die Kosten der Energie. Die Summe dieser vorgeschlagenen Veränderung beträgt 3,4 Mrd. Gulden pro Jahr. Es wird keine weitreichenden Veränderungen in der Steuerlast geben, da es sich um eine verlagerte Besteuerung handelt. Von den 3,4 Mrd. Gulden sollen 500 Mio. Gulden für Steueranreize zur Förderung von Energiesparmaßnahmen und die Nutzung nachhaltiger Energie ausgegeben werden.
- NEPP 3 beinhaltet weitere finanzielle Anreize zur Förderung einer nachhaltigeren Produktion und eines nachhaltigeren Verbrauchs, z. B. die Förderung des Erwerbs umweltfreundlicherer Autos.

4. *Modernisierung der politischen Instrumente durch Förderung der Qualität der allgemeinen Lebensumwelt:* Eine saubere Umwelt erfüllt eine Reihe von Funktionen: Natur, Erholung, Landwirtschaft, Industrie usw. Dafür braucht es Raum. Umweltqualität und Raumplanung sind kein Selbstzweck, sondern Mittel zum Erreichen einer höheren Qualität des Lebensraumes. Sie sind miteinander verbunden, obwohl sie lange Zeit als getrennte Politikfelder betrachtet und behandelt wurden und damit häufig sogar gegeneinander standen. Der NEPP 3 führt beide Bereiche im neuen Thema „Lebensumwelt" zusammen. Dieses geht über die Umweltpolitik hinaus, denn auch die Flächennutzung spielt hier eine Rolle. Es wird noch darüber nachgedacht, wie das Arbeiten gegeneinander durch ein Arbeiten miteinander ersetzt werden kann.

Auf der nationalen Ebene wird die Notwendigkeit einer Integration von Vision und Strategie diskutiert. Ist eine einheitliche Strategie für das Thema Lebensumwelt erforderlich oder genügt eine Integration auf regionaler und lokaler Ebene, wo die politischen Maßnahmen letztendlich ausgearbeitet werden?

Ein Beispiel zur Erläuterung dieser Frage: Die Niederlande sind ein Küstenland, entstanden aus den Flüssen Rhein, Maas und Schelde. Wie alle Küstengebiete brauchen auch die Niederlande aufgrund der miteinander verwobenen ökologischen und ökonomischen Bedingungen einen integrierten Ansatz. Um beispielsweise die Wasserqualität des Rheins zu verbessern, mußten Emissionen in einem Gebiet stromaufwärts verringert werden, das bis in die Schweiz reicht. Daher waren die internationalen Verhandlungen z. B. über eine Reduzierung der Emissionen am Rhein immer eine zentrale Frage, die die Niederlande in die westeuropäische Umweltpolitik eingebracht haben. Die Niederlande stellten jedoch fest, daß ein emissionsorientierter Ansatz allein nicht genügt. Nach den Überschwemmungskatastrophen in Westeuropa in den vergangenen Jahren wurde deutlich, daß der Rhein als Wasserscheide ganzheitlich zu betrachten ist, nicht nur um eine nachhaltige Wasserqualität zu erreichen, sondern auch im Interesse einer nachhaltigen Wassermenge. Zusammen mit den Nachbarländern müssen Wege gefunden werden, die Überflutungen in Westeuropa einzudämmen. Dazu gehören Maßnahmen wie der Baustop in Ufernähe und die Wiederherstellung der Flußbetten in einer natürlicheren Form. Derartige Projekte stellen jedoch Hindernisse für eine weitere Urbanisierung und die Möglichkeit der Erschließung der Feuchtgebiete und anderer wasserreicher Ökosysteme dar. Reicht hier die Integration von Flächennutzungs- und Umweltpolitik, zusammen mit der Wasserwirtschaft und dem Naturschutz auf regionaler Ebene aus, oder ist eine nationale Vision erforderlich?

Auf regionaler Ebene wurden zehn Gebiete als „Raumplanungs- und Umweltgebiete" festgelegt: Dies sind die sogenannten SPE-Gebiete (Spatial Planning and Environment). Hier wird die Integration von Raumplanung und Umweltpolitik erprobt. In diesen Projekten arbeiten die verschiedenen Parteien so zusammen, daß eine Anerkennung der Beziehung zwischen der räumlichen und ökonomischen Entwicklung einerseits und der Qualität der Lebensumwelt andererseits möglich wird. Entscheidungen und Maßnahmen wurden möglich, die es ohne diesen Ansatz nicht gegeben hätte. Auch die Kommunalverwaltungen versuchen, Instrumente zu integrieren. Auf das Projekt „Stadt und Umwelt" wurde bereits hingewiesen. Einige Gemeinden arbeiten mit den ihnen zur Verfügung stehenden Instrumenten der Raumordnung, wie dem Flächennutzungsplan, an einer Verbesserung der Umweltqualität.

Effizienz des NEPP 3 und Optionen

Das RIVM wurde um eine Berechnung der Umwelteffizienz der politischen Maßnahmen des NEPP 3 gebeten. Die Ergebnisse dieser Berechnung wurden in einer Bilanz des NEPP 3 zusammengefaßt. Die meisten im NEPP 3 festgelegten Ziele können aufgrund der im Plan selbst beschriebenen Maßnahmen erreicht werden. In einigen Fällen wird dies jedoch zu einem späteren Zeitpunkt sein als vorgesehen. Die Kosten bleiben anteilig zum BIP konstant (ca. 2,7 %). Jedoch wird es durch den NEPP 3 nicht gelingen, alle für 2010 angestrebten Ziele auf nationaler Ebene zu erreichen. Es bleiben bedeutende Defizite, selbst nach einer hundertprozentigen Implementierung des NEPP 3, in folgenden Bereichen:

- Klimawandel (CO_2-Emissionen),
- Umweltbelastung durch den Verkehr (sowohl NO_x-Emissionen als auch starke Lärmbelästigung),
- Umweltbelastung durch die Viehzucht (Dünger und Ammoniak).

Die niederländische Regierung hat daher Vorschläge für strengere Maßnahmen gemacht, die innerhalb eines vernünftigen Zeitraums greifen könnten, jedoch drastische finanzielle und soziale Auswirkungen haben. Dazu gehören:

- Höchstgeschwindigkeit von 100 km/h auf allen niederländischen Autobahnen (zur Zeit ist die Höchstgeschwindigkeit in den meisten Landesteilen 120 km/h; nur in großen Städten gilt eine Geschwindigkeitsbeschränkung auf 100 km/h),
- höhere Mineralölsteuer (Benzinpreiserhöhung um 50 %),
- stärkere Nutzung des sogenannten „ruhigen Asphalt" in den Städten,
- Förderung sauberer Schiffsmotoren (durch Subventionen).

Etwa 2 Mrd. Gulden werden in den nächsten zwölf Jahren zur Implementierung aller Optionen in bezug auf die Versauerung, Lärmschutz und Dünger zusätzlich benötigt. Eine weitere Milliarde Gulden wird zur Reduzierung der Treibhausgas-emissionen benötigt. Die geschätzten Kosten gehen weit über die zum Zeitpunkt der Regierungsbildung 1994 geschätzten Summen hinaus. Daher erschien ein Abwarten der entsprechenden Beschlüsse bis nach den Wahlen im Mai 1998 sinnvoll.

Zusammenfassend läßt sich also festhalten, daß der NEPP 3 keine weiteren Maßnahmen vorsah, wenngleich bekannt war, daß das Maßnahmenpaket des NEPP 3 nicht ausreichend sein würde, um alle angestrebten Ziele zu erreichen. Er beinhaltet jedoch Vorschläge für strengere Maßnahmen als Beitrag für die Zeit nach einer Regierungsbildung im Mai 1998.

Strategische Umweltplanung in Schweden

Jon Kahn

30 Jahre Umweltpolitik in Schweden: Entwicklung und Trends

Die schwedische Umweltpolitik war in den vergangenen dreißig Jahren von umfassenden Veränderungen begleitet. Der erste Schritt war die 1969 erfolgte Einführung eines integrierten Ansatzes im Bereich der Genehmigungsverfahren. Gleichzeitig wurde der erste Rat für Umweltfragen (*Swedish Environmental Advisory Council*) geschaffen. Einflußreich war auch die 1972 in Stockholm durchgeführte erste UN-Umwelt-Konferenz. Schon bald darauf wurden die ersten wichtigen umweltpolitischen Grundsätze, wie z. B. das Verursacherprinzip, Bestandteil der schwedischen Politik.

Ende der achtziger Jahre folgte eine umfassende Bewertung und Prognose zur Umweltsituation. Darüber hinaus war Schweden aktiv an der Ausarbeitung der ersten globalen Umweltabkommen beteiligt. Man befaßte sich zunehmend mit Fragen der grenzüberschreitenden Umweltverschmutzung, die unter anderem zur Versauerung der Seen in Schweden beitrug. Es wurde deutlich, daß die Pflichten aus den internationalen Abkommen in nationale Politiken umgewandelt werden mußten. 1988 verabschiedete Schweden den ersten umfassenden Parlamentsbeschluß im Umweltbereich. 1990 wurde ein neuer Entwurf vorgelegt, der Zielvorgaben für eine reduzierte Belastung und allgemeine Maßnahmen zum Umweltschutz enthielt.

Zu dieser Zeit wurden in mehreren Bereichen Umweltsteuern und Umweltabgaben eingeführt, u. a. CO_2-Steuern und eine Besteuerung der Schwefelemissionen. Energie fiel unter die Mehrwertsteuer und eine Gebühr für Stickstoffdioxidemissionen wurde fällig. Die Einführung dieser Abgaben und Steuern war Teil einer allgemeinen Steuerreform, deren Ziel eine Reduzierung von Abzügen und Nebeneffekten und mehr Klarheit in der Abgabenpolitik war.

1993 billigte das Parlament den Vorschlag der schwedischen Regierung für eine allgemeine Strategie des ökologischen Kreislaufs und einer erweiterten Herstellerhaftung für Produkte. Weiterhin wurde eine Klima-Strategie mit der Forderung nach reduziertem CO_2-Ausstoß angenommen. 1995 wurde Schweden Mitglied der Europäischen Union, ein weiterer wichtiger Schritt in der jüngeren Entwicklung der schwedischen Umweltpolitik: Hierdurch wurde eine verstärkte Konzentration auf externe Schadstoffe aus entfernteren Regionen, z. B. die Versauerung durch Emissionen aus anderen EU-Mitgliedsstaaten, möglich.

Die erste umfassende und nationale Strategie für eine nachhaltige Entwicklung wurde 1996 vorgelegt. Sie befaßte sich mit allen Bereichen der Regierungsverantwortung. Seitdem gibt es jährliche Berichte über die nachhaltige Entwicklung und Ergänzungen durch umfassende Investitionsprogramme auf lokaler Ebene.

1998 verabschiedete das Parlament nach zehnjähriger Diskussion ein neues Umweltgesetzbuch (*Environmental Code*) mit integrierten und verbesserten Umweltgesetzen. Im gleichen Jahr wurde von der Regierung ein neuer, umfassender Entwurf für einen programmatischen Ansatz in der Umweltpolitik (*Environmental Bill*) vorgelegt, der insbesondere eine Zusammenstellung von 15 langfristigen Umweltqualitätszielen enthielt. Diese stellen einen Kernpunkt der gegenwärtigen schwedischen Umweltplanung dar.

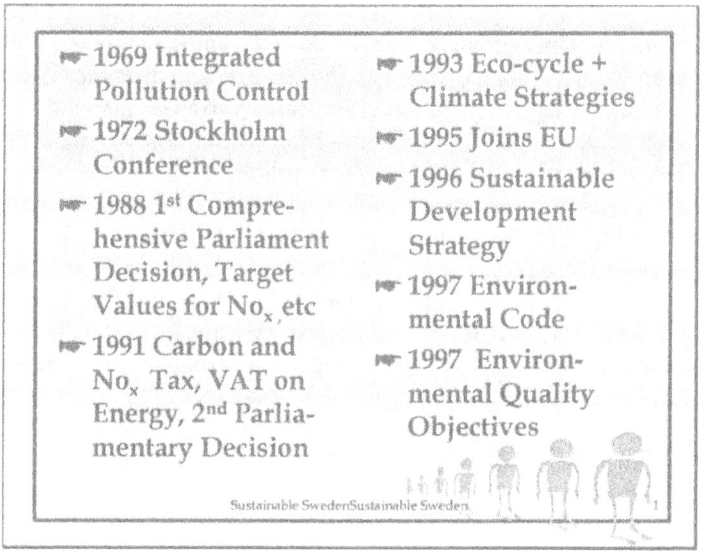

Von *command and control* zur sektoralen Integration

Das 1969 verabschiedete Rahmengesetz zum Umweltschutz hatte in erster Linie einen regulierenden Charakter. Zu dieser Zeit galt die Gesetzgebung als wichtigstes Instrument der Umweltpolitik. Die Zielvorgaben der neuen Maßnahmen bezogen sich hauptsächlich auf stationäre Quellen im Bereich der Industrie und städtischer Anlagen.

Seitdem wurde der Rahmen der Umweltpolitik kontinuierlich erweitert und beinhaltet folgende Aspekte:

- größere Vielfalt bei Instrumenten,
- über stationäre Quellen hinaus: Produkt- und Problembezogenheit,
- Bemühen um Partnerschaft mit den Verursachern
- Einbeziehung der Bewußtseinsfrage aufgrund der Überzeugung, daß die Umwelt jeden und jede angeht.

In bezug auf den ersten Aspekt erwiesen sich ökonomische Instrumente als nützlich und effizient, um einen Rückgang der Umweltverschmutzung zu bewirken. Zwei gute Beispiele hierfür sind die NO_x-Abgabe und die Umweltklassifizierung von Treibstoffen. Ein hohes Maß an Transparenz, koordiniertes Vorgehen und eine Förderung der technologischen Entwicklung, haben hier eine schnelle Veränderung möglich gemacht. Vertreter der Industrie und der betroffenen Sektoren waren an der Suche nach Lösungen um so stärker beteiligt, je mehr das Umweltbewußtsein stieg. Daher konzentrieren sich die Umweltbehörden in Schweden heute stärker auf die sektorale Verantwortung und das proaktive Engagement der Verursacher von Umweltproblemen. In vielen Fällen hat dieser Ansatz zu schnelleren und besseren Ergebnissen geführt. Es ist ein zunehmendes Bewußtsein über Umweltfragen festzustellen, und immer mehr Unternehmen argumentieren auch in ihren Marketing-Strategien ökologisch.

Dennoch gab es über diese neuen Ansätze der Umweltpolitik auch Debatten, denn die Einführung neuer Maßnahmen wurde von vielen eher als Ersatz denn als Ergänzung alter Instrumente verstanden.

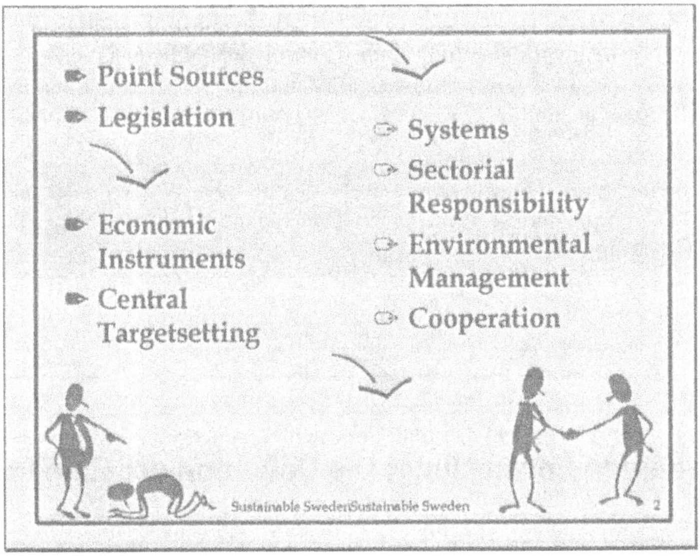

Die Politik einer nachhaltigen Entwicklung und neue Umweltziele

Im Frühjahr 1998 legte die Regierung bereits erwähnten Vorschlag für ein programmatisches Konzept der Umweltpolitik vor. Bestandteil dieses Entwurfs waren eine Reihe neuer Umweltqualitätsziele, die auf dem grundlegenden Konzept basierten, die heutige Generation solle den nachfolgenden Generationen eine Gesellschaft ohne massive Umweltprobleme hinterlassen. Ein anderer Leitsatz formuliert, daß Schweden bei der nachhaltigen Entwicklung international an vorderster Front kämpfen solle. Der Premierminister verkündete diese Grundsätze anläßlich der Parlamentseröffnung und in seiner Regierungserklärung für das Jahr. Er ernannte einen Ministerrat, der eine umfassende Nachhaltigkeitspolitik definieren und implementieren sollte, die innerhalb der Regierung als innovativ gelten könnte. Die Aufgabe des Rates umfaßt die Vorlage von Politik-Vorschlägen für die Regierung im Bereich nachhaltige Entwicklung.

Nachhaltige Entwicklung: Die Definition der Regierung

Der Ministerrat initiierte das Konzept einer ökologisch nachhaltigen Entwicklung, das Ausdruck für die umweltrelevanten Aspekte der nachhaltigen Entwicklung ist. Das Konzept der ökologischen Nachhaltigkeit geht über die traditionelle Umweltpolitik hinaus. Es wurde in einer Regierungserklärung vor dem Parlament erläutert. Es umfaßt drei allgemeine Ziele:

- *Umweltschutz*: Schadstoffemissionen dürfen die menschliche Gesundheit nicht schädigen und die Absorptions- und Abbaufähigkeit der Natur nicht überschreiten. Natürliche Substanzen sind so einzusetzen, daß der ökologische Kreislauf aufrecht erhalten wird. Anthropogene Stoffe in der Umwelt, die Gesundheit und Umwelt schädigen, sind langfristig zu verbieten. Die biologische Vielfalt ist zu bewahren, wertvolle kulturelle Umwelten sind zu schützen.
- *Effiziente Nutzung der Ressourcen*: Energie und andere natürliche Ressourcen sind wesentlich effizienter zu nutzen, als das heute der Fall ist. Damit können Energie- und Stoffströme im Einklang mit einer nachhaltigen Entwicklung begrenzt werden.
- *Nachhaltige Versorgung*: Die langfristige Produktionsfähigkeit der Ökosysteme ist zu gewährleisten. Soweit möglich müssen die grundlegenden Bedürfnisse durch einen nachhaltigen Einsatz von erneuerbaren Ressourcen befriedigt werden. Das bedeutet, daß ihr Einsatz nicht über das Maß, in dem die Natur neue Ressourcen schaffen kann, hinaus erfolgen darf, und daß die Stoffe recycelt werden müssen. Wir müssen sparsam mit den nicht-erneuerbaren Ressourcen umgehen und ständig auf der Suche nach erneuerbarem Ersatz für diese sein.

Nachhaltiges Europa

Schweden war an der Vorbereitung der Schlußfolgerungen von Cardiff über die Integration der Umwelt und der nachhaltigen Entwicklung in die Politik der EU-Sektoren beteiligt. Dieser Prozeß ist auch für die Entwicklung nationaler Politiken von großer Bedeutung. Schweden arbeitet ebenfalls an dem Projekt, das ich hier

„Nachhaltige Nachbarn" nennen möchte; hier geht es vor allem um die Umsetzung der regionalen Agenda 21 für die baltische Region.

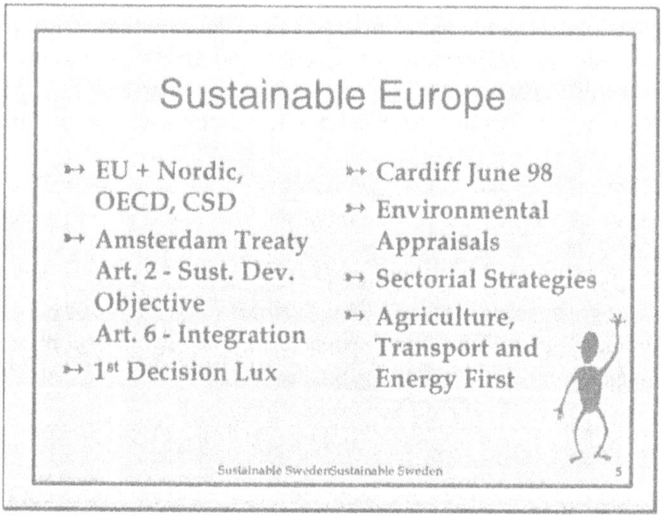

Die Nachhaltigkeitsstrategie der schwedischen Regierung

Die schwedische Regierung ist der Meinung, daß Umwelt und eine nachhaltige Entwicklung in die Politiken der einzelnen Sektoren integriert werden müssen und eine Partnerschaft erforderlich ist, um Zielvorgaben, Strategien und Mittel zu definieren und zu schaffen. Ein solcher Ansatz muß sich auf verbesserte Mechanismen zur Berücksichtigung der Umweltbelange in den sektoralen Politiken stützen. Dem Parlament wird jedes Jahr ein Bericht zur ökologischen Nachhaltigkeit vorgelegt, der eine Übersicht über die insgesamt erzielten Fortschritte sowie Berichte aller Ministerien in bezug auf deren Beitrag zur ökologischen Nachhaltigkeit beinhaltet. In der ersten Phase wurden 93 konkrete Maßnahmen und Projekte vorgestellt, heute sind es bereits mehr als einhundert. Dazu gehören unter anderem die folgenden Beispiele:

Die Regierung legte ein *lokales Investitionsprogramm* vor. Mehr als sieben Milliarden Schwedische Kronen (1,5 Mrd. DM) wurden den Kommunen für Investitionen im Bereich ökologische Nachhaltigkeit in den Bereichen Wohnen, neue Energiesysteme und neue Treibstoffe zur Verfügung gestellt. Das sogenannte Öko-Kreislauf-Investitionsprogramm ist ein kleineres Programm mit ähnlichem Ziel. In Kürze wird die Regierung einen Ausschuß einsetzen, der untersuchen soll, wie Schweden eine substanzielle Verbesserung der Ressourceneffizienz erzielen kann. Hierbei sollen Überlegungen hinsichtlich des „Faktor 10"-Ansatzes berücksichtigt werden. Darüber hinaus übernehmen alle Regierungsstellen und Ministerien zunehmend mehr Verantwortung im Umweltbereich. Erst vor kurzem wurden die allgemeinen Anweisungen für die Behörden um die Pflicht zur Berücksichtigung der Nachhaltigkeit im Alltag ergänzt. Einige Behörden wurden überdies für die nachhaltige Entwicklung in ihrem Wirtschaftssektor verantwortlich erklärt.

Heute arbeiten mehr als sechzig Behörden und Ämter und sämtliche Ministerien mit Umweltmanagement-Systemen. Eine Kommission der Regierung diskutiert Vorschläge für eine Förderung einer ökologischen und nachhaltigen öffentlichen Beschaffungspolitik. Immer mehr Investitionen für die Infrastruktur orientieren sich an Umweltbelangen. Die 1997 neu formulierte Energiepolitik sieht den Ausstieg aus der Atomenergie, Energiesparmaßnahmen und die Einführung erneuerbarer Energieträger vor. Ein von der Regierung initiiertes System von Umweltzeichen für Schulen wurde eingeführt. Es soll auch einen organisierten Dialog mit den Vertretern der Schlüsselindustrien geben, u. a. mit dem Ziel einer Förderung und Verbreitung von „best practice“. Die Regierung diskutiert daneben, wie Entscheidungen über Investitionen und Portefeuilles bei den öffentlichen Rentenkassen Umweltaspekte berücksichtigen können, ohne mit dem übergreifenden Ziel einer stabilen Einkommenssicherung zu kollidieren.

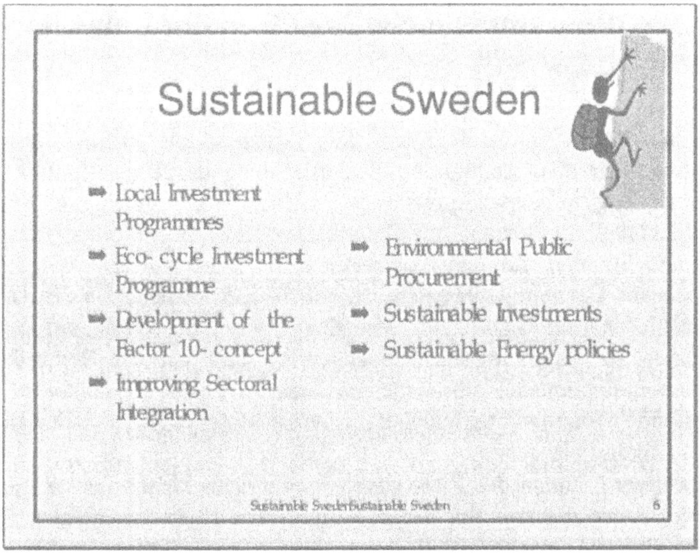

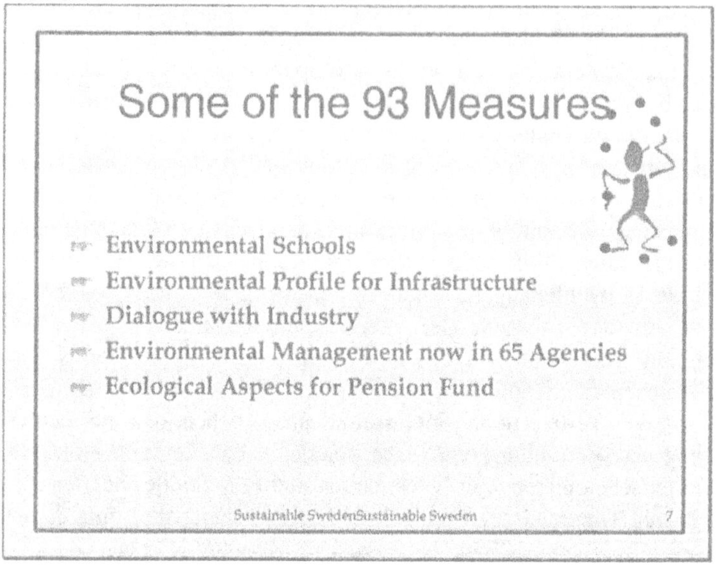

Der neue programmatische Ansatz in der Umweltpolitik (*Environmental Bill*)

Im Frühjahr 1998 legte die Regierung dem Parlament mit der *Enviornmental Bill* den Entwurf für eine strategische Neuausrichtung der Umweltpolitik vor, der Vorschläge für neue Umweltqualitätsziele enthält. Weiterhin sieht es Regelungen für die Sicherheit im Umgang mit Chemikalien, Ressourcenproduktivität und eine umfassende Strategie für den ökologischen Kreislauf vor. Der Grund für die Vorlage neuer Umweltqualitätsziele ist, daß in den letzten zehn Jahren beinahe 200 verschiedenartige Umweltziele festgelegt wurden, die sowohl auf Parlamentsbeschlüssen, auf Regierungsentscheidungen als auch auf von Schweden unterzeichneten internationalen Abkommen basieren. Aus diesem Grund wird nun eine übergreifende Struktur vorgeschlagen, in deren Mittelpunkt fünfzehn allgemeine Umweltqualitätsziele stehen.

Der weitere Zeitplan der Zielkonkretisierung steht bereits fest: Zusätzlich zu den in der *Environmental Bill* bereits festgelegten 15 übergreifenden Qualitätszielen werden bis Oktober 1999 von mehr als 20 Behörden in den einzelnen Sektoren in enger Zusammenarbeit mit der Schwedischen Umweltagentur (SEPA) untergeordnete Handlungsziele formuliert. Zwei Parlamentskommissionen werden sich mit diesen Zielvorgaben befassen: Eine Kommission ist für die klimarelevanten Zielvorgaben zuständig, die andere für die übrigen. Auf der Basis der von den Behörden formulierten Teilziele unterbreiten die Parlamentskommissionen im Juni 2000 der Regierung einen Gesamtvorschlag. Daraufhin legt die Regierung ihrerseits im Jahr 2001 einen umfassenden Entwurf der untergeordneten Zielvorgaben und der spezifischen sektoralen Umweltziele und -strategien für jedes der fünfzehn Umweltqualitätsziele sowie einen Vorschlag für ein Monitoring-System vor. Die Frage, inwieweit das Parlament ein Mitspracherecht in bezug auf die untergeordneten Ziele hat, ist noch nicht endgültig geklärt. Die Vorlage der Regierung wird jedoch in der einen oder anderen Form die Grundlage für einen neuen Beschluß bilden, der im Frühjahr 2001 verabschiedet werden soll.

Die Formulierung von Umweltqualitätszielen stellt einen neuen Ansatz in der schwedischen Umweltpolitik dar. Nach den Erfahrungen der vergangenen zehn Jahre müssen wir jedoch festhalten, daß eine solche Politik nur dann erfolgreich umgesetzt werden kann, wenn konkrete untergeordnete Zielvorgaben definiert und Verantwortlichkeiten in den jeweiligen Wirtschaftssektoren benannt, wenn die verschiedenen Interessengruppen aktiv einbezogen und die Mechanismen für eine Überprüfung und Fortsetzung der Maßnahmen verbessert werden.

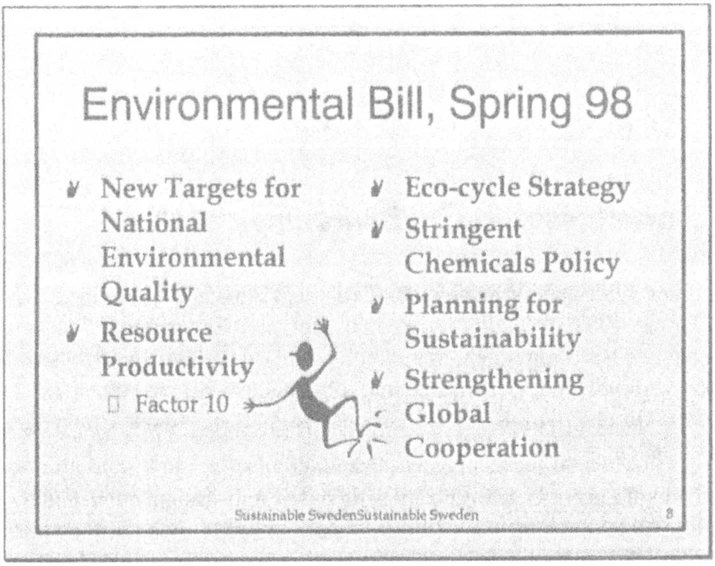

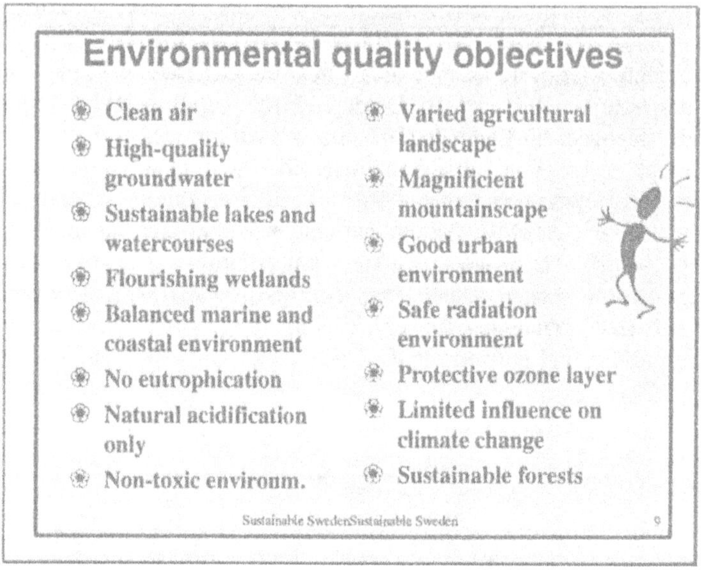

Das Umweltgesetzbuch (*Environmental Code*)

Im Sommer 1998 verabschiedete das Parlament das neue Umweltgesetzbuch, das am 1. Januar 1999 in Kraft trat. Es faßt fünfzehn Einzelgesetze zusammen und entsprechende Bestimmungen, die mehr als fünfzig weitere Gesetze betreffen. Die rechtlich verbindlichen Grundsätze und allgemeinen Regeln stellen ein Minimum für andere Gesetze dar. Folgende Grundsätze sind im neuen Umweltgesetzbuch festgeschrieben:

- Das Vorsorgeprinzip gilt für alle Tätigkeiten und Maßnahmen. Jeder, der eine bestimmte Maßnahme oder Tätigkeit ausführt, muß sich darüber informieren, wie diese die Umwelt schädigen könnte.
- Das Verursacherprinzip wird angewandt, d. h. wer eine Maßnahme oder Tätigkeit durchführt, ist für die Beseitigung eventuell entstehender Schäden verantwortlich.
- Es ist die bestmögliche Technik zu nutzen, um Schaden und Belästigung zu vermeiden. Maßnahmen und Tätigkeiten müssen an dafür geeigneten Orten stattfinden.
- Ressourcen-Management und das Öko-Kreislauf-Prinzip beinhalten die besondere Berücksichtigung der Bewahrung von Rohstoffen und Energie und den Einsatz von Möglichkeiten der Wiederverwendung und des Recyclings.
- Das Prinzip der Produktwahl bedeutet, daß chemische Produkte und biotechnische Organismen, die durch weniger gefährliche Stoffe ersetzt werden können, nicht verwendet oder verkauft werden sollen.

Regionale Umweltgerichtshöfe werden die Nationale Genehmigungsbehörde für Umwelt- und Gewässerschutz ersetzen. Ein Appellationsgericht für Umweltfragen wird dem Schwedischen Appellationsgerichtshof angeschlossen. Das Oberste Gericht stellt die höchste Instanz dar. Beteiligt sind außerdem die Regierung, die Verwaltungsräte der Bezirke und einige andere Verwaltungsstellen und Kommunen.

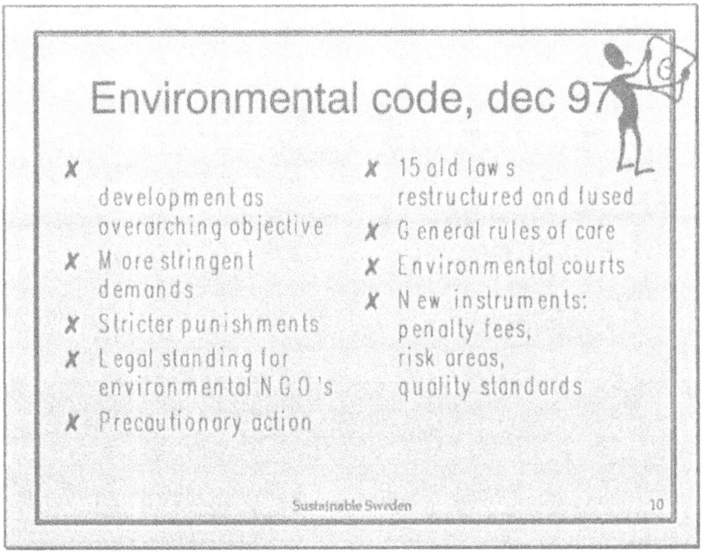

Parallele Prozesse

In den kommenden Jahren wird es parallele Prozesse geben, denn die sektorale Zuständigkeit wird ein Schlüsselelement sein. Die für die jeweiligen Sektoren zuständigen Behörden werden untergeordnete umweltpolitische Ziele formulieren und Umweltmanagement-Systeme einführen, die nicht nur interne Fragen betreffen, sondern auch die Frage, wie die Akteure des jeweiligen Sektors für den Sektor als Ganzes im Sinne der nachhaltigen Entwicklung handeln können. Ministerien und andere Akteure arbeiten an der Erfüllung des Programms für eine ökologisch nachhaltige Entwicklung. Dabei müssen sie sich auch mit Bestimmungen und Gesetzen befassen, die häufig unmittelbar mit dem Umweltrecht zu tun haben.

Ich möchte diesen Prozeß mit einem Langstreckenlauf vergleichen. Die Umweltseite legt das Ziel fest und gibt uns Hinweise auf Hügel und andere Hindernisse, sie kann unterwegs auch Getränke reichen. Doch die Menschen in den Sektoren müssen laufen. Sie bestimmen das Tempo und die untergeordneten Ziele. Dabei ist es enorm wichtig, daß sie motiviert sind und laufen wollen. Darin liegt eine wichtige Aufgabe für uns Umweltschützer, doch die öffentliche Aufmerksamkeit, Bildung und Aufklärung sind hier ebenso gefordert.

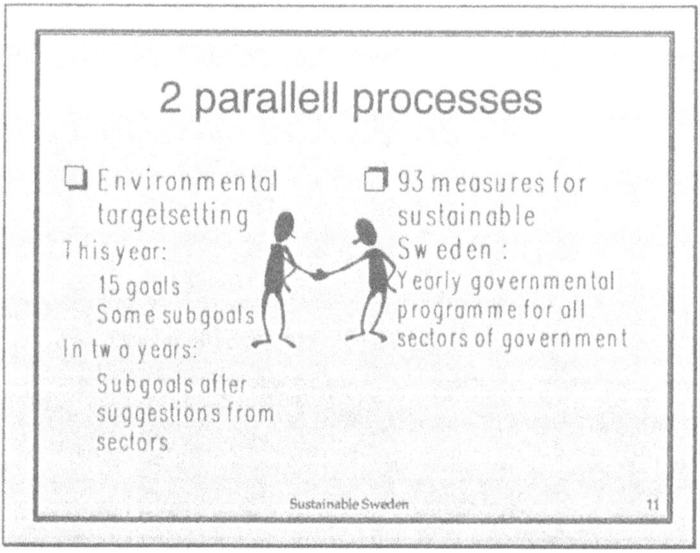

Energiepolitik und Energieplanung in Dänemark

Jørgen Abildgaard

1 Einleitung

Bereits 1988 verabschiedete die dänische Regierung einen Umweltplan, den „Action Plan for Environment and Development". Die Stärke der dänischen Umweltplanung stellt jedoch nicht die Gesamtplanung dar, sondern liegt auf der sektoralen Ebene. Besonders hervorzuheben sind – neben der seit den siebziger Jahren bestehenden Energieplanung (mit dem aktuellen Plan *Energy 21* von 1996) – die Pläne in den Bereichen Verkehr (*Traffic 2005* von 1993), Landwirtschaft (*Action Plan for Sustainable Agriculture* von 1991) und im Bereich der aquatischen Umwelt (*The Aquatic Environment Plan* von 1987).

Im folgenden wird vorrangig die aktuelle Ausgestaltung der dänischen Energiepolitik und -planung dargestellt, die vor dem erläuterten Hintergrund der Sektoralplanung zu betrachten ist.

Die dänische Energiepolitik ist darauf ausgerichtet, einen ökonomisch effizienten Energiesektor mit einem hohen Grad an Versorgungssicherheit zu gewährleisten. Dies soll auf eine umweltpolitisch nachhaltige Art und Weise geschehen. Somit muß Politik innerhalb von Rahmenbedingungen gestaltet werden, die es ermöglichen, die globale Herausforderung der vom Menschen verursachten Klimaveränderung zu meistern.

Für die Regierung ist es von entscheidender Bedeutung, daß Dänemark weiterhin in der Lage ist, die internationalen Klimaschutzbemühungen voranzubringen. Nach Ansicht der dänischen Regierung kann dies am besten durch nachdrückliche und glaubhafte innenpolitische Aktivitäten erreicht werden. Im Zentrum der Energiepolitik stehen nationale Bemühungen in bezug auf CO_2. Ergänzt wird das dänische CO_2-Ziel mittlerweile durch neue internationale Vereinbarungen im Rahmen des Kyoto-Protokolls.

Im Kontext der Verteilung der Verantwortlichkeiten auf die einzelnen EU-Länder hat sich Dänemark dazu verpflichtet, seine durchschnittlichen Treibhausgas-Emissionen zwischen 2008 und 2012 um 21 % (bezogen auf 1990) zu senken. Wie andere Industrieländer sollte Dänemark bis 2005 sichtbare Fortschritte zur Erreichung dieser umweltpolitischen Verpflichtung gemacht haben. Es bedarf großer Anstrengungen, um dieses Ziel zu erreichen.

Dänemark hat viele Jahre lang großen Nachdruck auf Energieeinsparungen, auf Energieeffizienz und die Umstellung der Energieproduktion auf sauberere Brennstoffe gelegt. Diese Strategie hat sich als richtig erwiesen und beginnt jetzt,

Früchte zu tragen – unter internationalem Beifall. Neben dem positiven Nutzen für die Umwelt hat diese aktive Energiepolitik auch den Export von Energie-Technologie angekurbelt: Heute beträgt der Wert dieser Exporte mehr als 10 Mrd. dänische Kronen jährlich.

Internationale Vereinbarungen und wachsende grenzüberschreitende Kooperation üben zunehmend Einfluß auf die Gestaltung der Energiepolitik aus. Dies bedeutet, daß sowohl die Gestaltung als auch die Implementation der nationalen Energiepolitik zunehmend durch das Wechselspiel zwischen internationalen Initiativen und nationalen Maßnahmen bestimmt wird. Dänemarks umfassende Erfahrungen im Bereich der Energiepolitik ermöglichen es mittlerweile, Bereichen von internationalem Interesse eine eindeutige dänische Prägung zu geben.

2 Die dänische Energiepolitik in den letzten drei Jahrzehnten

Nach einem zunächst starken Anstieg des Energieverbrauchs in den sechziger Jahren ist es Dänemark gelungen, den Gesamtenergieverbrauch in den letzten 30 Jahren verhältnismäßig konstant zu halten, trotz eines allgemeinen Anstiegs von Produktion und Verbrauch.

Die erste Ölkrise 1973 gestaltete die Tagesordnung der dänischen Energiepolitik neu: Sie führte zu einem Umstrukturierungsbedarf des gesamten Energiesektors.

Der erste nationale Energieplan wurde 1976 verabschiedet. Zusammen mit einer Fortentwicklung der Politik während der achtziger Jahre führte er zu einer größeren Umstrukturierung des dänischen Energiesystems. Die umgesetzten Veränderungen umfassen unter anderem:

- die Umstellung der Kraftwerke von Öl auf Kohle,
- die Erschließung von Öl- und Gasfeldern in der Nordsee,
- Errichtung eines nationalen Gas-Verteilungs-Netzwerkes,
- massive Umstellung der Wärmeversorgung von individuellen Ölheizungen auf Fernwärme und Erdgas sowie eine Ausweitung der KWK-Systeme, um die Energieeffizienz zu erhöhen, zusammen mit einer verstärkten Nutzung lokaler Ressourcen wie Stroh, Restholz und Wind,
- Energiesparprogramme in den Bereichen Industrie und Wohnen,
- schrittweise Erhöhung der Wärmestandards für Neubauten,
- verstärkte F&E-Aktivitäten für Energietechnologie.

In den späten Achtzigern fand eine Verschiebung der Prioritäten statt: von Überlegungen hinsichtlich der Versorgungssicherheit, Minimierung der Energiekosten und lokalen Umweltauswirkungen hin zu umfassenderen Umwelterwägungen, insbesondere hin zum Ziel, langfristig das Ziel einer nachhaltigen Entwicklung auf nationaler wie auf internationaler Ebene zu erreichen.

Der Energieversorgungssektor hat negative Auswirkungen auf die Umwelt durch den damit verbundenen Ressourcenverbrauch, die Zusammensetzung der Energieträger sowie durch Emissionen etc. Übergreifendes Ziel der Aktivitäten gemäß der Aktionspläne *Energy 2000* von 1990 und *Energy 21* von 1996 ist es, den Energieverbrauch so weit wie möglich zu senken und zugleich die Produktion dahingehend zu verändern, daß sie einen möglichst niedrigen Ressourcenverbrauch und Verschmutzungsgrad zur Folge hat. Zu diesem Zweck hat Dänemark 1990 das Ziel verabschiedet, bis 2005 die CO_2-Emissionen um 20 % (auf der Basis von 1988) zu senken.

3 Die Elektrizitätsreform

Da sich der Elektrizitätssektor in den letzten zehn Jahren stark gewandelt hat, wurden immer häufiger Forderungen nach einer radikalen Gesetzesreform für diesen Sektor laut. Insbesondere machte die EU-Direktive, die im Juni 1996 verabschiedet wurde, eine Reform notwendig, aber auch die Liberalisierung in den nordischen Ländern übte Druck in diese Richtung aus.

1999 wurde eine Vereinbarung über eine Gesetzesreform des Elektrizitätssektors beschlossen. Dies bedeutet, daß ein Rahmen für eine radikale Reform der dänischen Energieversorgung geschaffen wurde. Wenn er in Kraft tritt, hat Dänemark die EU-Direktive auf dem nationalen Strommarkt voll umgesetzt. Die Vereinbarung setzt auch einen Rahmen für die CO_2-Emissionen des Stromsektors und für die Entwicklung erneuerbarer Energien für den Zeitraum bis Ende 2003.

Die Vereinbarung skizziert zudem einen Weg, wie der Verbraucherschutz, Umwelterwägungen und die Versorgungssicherheit in einem Strommarkt berücksichtigt werden sollten, in dem Wettbewerb herrscht. In ihr wird auch betont, daß es eine breite politische Zustimmung über die zukünftige Organisation des Elektrizitätssektors, die Öffnung des Strommarktes und die Erfüllung internationaler Umweltverpflichtungen gibt. Dies bedeutet Planungssicherheit für die Akteure, die sich dadurch in der Lage befinden, im sicheren Wissen, daß der neue Rahmen sich bis ins nächste Jahrhundert erstreckt, durch den notwendigen Umstrukturierungsprozeß gehen zu können.

Liberalisierung des Elektrizitätsmarktes

Am 1.1.1998 erhielten die Stromverteilungsunternehmen und große Industriekunden die Erlaubnis, frei auf dem Elektrizitätsmarkt zu handeln. Zudem gibt es mittlerweile eine Vereinbarung, daß auch alle anderen Kunden – sowohl Unternehmen als auch Haushalte – noch vor Ende 2002 eine freie Wahl des Energieversorgers haben sollten. Die Marktöffnung für Großverbraucher soll noch vor Ende 2000 vorangebracht werden, um die industrielle Wettbewerbsfähigkeit zu stärken.

Durch spezielle versorgungsverpflichtete Unternehmen werden allen Verbrauchern Elektrizitätsangebote zu vernünftigen Bedingungen und zu wettbewerbsfähigen Preisen garantiert – sowohl vor als auch nach der vollen Marktöffnung 2002, und unabhängig davon, ob die Verbraucher die Möglichkeit nutzen, ihren Stromlieferanten frei zu wählen.

Die Regierung hat zudem klargestellt, daß die Liberalisierung des Strommarktes nicht zu Zusatzkosten für Fernwärmekunden, die von Kraft-Wärme-Kopplungs-Anlagen (KWK) beliefert werden, führen darf. Das Gesetz wird eine

Preisregulierung beinhalten, die die gegenwärtigen Prinzipien des KWK-Vorteils berücksichtigt. Diese Prinzipien beinhalten die gleichzeitige Produktion von Strom und Wärme sowie die Absicherung, daß es keine Quersubventionierung von der Wärme zum Strom gibt

Struktur des Elektrizitätssektors

Der dänische Elektrizitätssektor ist historisch gekennzeichnet durch einen hohen Grad der Verbraucherbeteiligung sowohl in bezug auf das Eigentum an den Elektrizitätsunternehmen als auch auf die Partizipation bei der Entwicklung erneuerbarer Energien. Die Elektrizitätsreform wird gewährleisten, daß diese Beteiligung aufrecht erhalten wird.

In Zukunft müssen die Produktion von und der Handel mit Strom in vollem Umfang wettbewerbsfähig sein. Die Struktur des Stromsektors wird so organisiert, daß Wettbewerbs- und Monopolaktivitäten klar voneinander unterschieden werden können. Der stromproduzierende Sektor wird von dem bislang existierenden non-profit-Prinzip befreit und wird dazu übergehen, Strom zu normalen Marktbedingungen zu verkaufen. Deshalb wird in naher Zukunft eine Klärung hinsichtlich der zukünftigen wirtschaftlichen Verpflichtungen des Sektors erfolgen, um dem Wunsch nach einem dauerhaft wettbewerbsfähigen Stromsektor gerecht zu werden.

Die Übertragungs- und Verteilungsnetze sollen als öffentliche Infrastruktur jedem gleich zur Verfügung stehen. Um dies sicherzustellen, müssen direkt oder indirekt ausgewählte Vertreter der Verbraucher entscheidenden Einfluß in den Verbundunternehmen ausüben, und der Staat wird ein Vorkaufsrecht bei einem Verkauf des allgemeinen Transportnetzes sowie der Netzsteuerung erhalten.

Systemverantwortung wird eine zentrale Rolle spielen, wenn die Ziele der Energiepolitik in die Praxis umgesetzt werden müssen. Die systemverantwortlichen Unternehmen haben die allgemeine Angebotssicherheit sicherzustellen, auf die Koordination des gesamten Stromsystems zu achten und spezielle Demonstrations- und Entwicklungsprogramme für die Nutzung umweltfreundlicher Stromproduktionsmethoden umzusetzen.

CO_2-Emissionsquoten für den Elektrizitätssektor

In der Vergangenheit waren die nordischen Staaten mit hohem gegenseitigem Nutzen in der Lage, die Wechselwirkungen zwischen den Wasserkraft-Systemen in Norwegen und Schweden und der wärmebasierten Elektrizitätsproduktion in Dänemark zu nutzen. In den letzten Jahren konnte man allerdings eine ansteigende Tendenz des Stromexports aus Dänemark beobachten, der den Blick auf die daraus erwachsenden CO_2-Emissionen lenkt. Die Stromreform schafft für Dänemark einen Rahmen, der es ermöglicht, die Reduktionsverpflichtungen zu erfüllen, u. a. durch die Einführung von Quoten für CO_2-Emissionen von Stromerzeugern.

Für die Zeit von 2000 bis 2003 wird für die gesamten CO_2-Emissionen des Stromsektors eine Obergrenze in Form von Quoten gesetzt, die graduell von 23

Mio. t CO_2 im Jahr 2000 auf 20 Mio. t CO_2 im Jahr 2003 gesenkt wird. Das Quotensystem wird flexibel gestaltet werden, um die weitere Nutzung der Vorteile eines Stromaustauschs mit den anderen nordischen Ländern zu ermöglichen. Unter anderem soll diese Flexibilität durch das System einer „CO_2-Bank" gewährleistet werden, bei der noch nicht erreichte Quoten unterhalb von 20 Mio. t CO_2 für eine Nutzung in folgende Jahre übertragen werden können. Wenn die jährliche Quote überschritten wird, müssen die stromproduzierenden Unternehmen in den Jahren 2000–2003 dem Staat DKK40/tCO_2 zahlen. Die eventuell eingenommenen Gewinne werden für Energiesparmaßnahmen ausgegeben.

Die jährliche Obergrenze sollte im Kontext der Entwicklung des Stromhandels auf dem offenen nordischen Markt und in der baltischen Region gesehen werden. Dieser könnte die Notwendigkeit einer Harmonisierung der umweltpolitischen Regulierung verstärken, wenn man Wettbewerbsverzerrungen und Umweltdumping vermeiden will. Ein regionales Quotensystem könnte eine große Zahl der Umwelt-, Wettbewerbs- und Verteilungsprobleme lösen, die eine Ausdehnung des nordischen Strommarktes auf die gesamte baltische Region wahrscheinlich mit sich bringen wird.

Erneuerbare Energien

1998 wurden 10 % des dänischen Stromverbrauchs aus erneuerbaren Energien erzeugt. Hauptverantwortlich dafür ist das signifikante Ausmaß der Windkraft-Entwicklung in den letzten Jahren. Die Stromreform soll sicherstellen, daß der Anteil erneuerbarer Energien bis Ende 2003 auf 20 % steigt, und zwar so, daß ein weiteres erhebliches Wachstum garantiert ist. Für den Handel mit erneuerbaren Energien werden Marktmechanismen eingeführt, um eine kosteneffektive Entwicklung zu gewährleisten. Dieser Markt für erneuerbare Energien wird stufenweise bis 2003 eingeführt, abhängig von seiner Funktionsfähigkeit.

Alle Stromverbraucher werden verpflichtet, solange einen zunehmenden Anteil an erneuerbarer Energie abzunehmen, bis der Anteil an erneuerbaren Energien 20 % erreicht hat. Die konkrete Organisation des Marktes der erneuerbaren Energien wird im Laufe des Jahres 1999 eingeschätzt werden. Diese Einschätzung wird in Form eines Dialoges mit den interessierten Akteuren stattfinden, einschließlich der Industrie, professioneller Experten und Organisationen. Eine Frage, die unter anderem geklärt werden soll, ist, wie den Produzenten erneuerbarer Energien stabile Marktbedingungen garantiert werden können, die ihr Vertrauen erhalten.

Die Genehmigungsrichtlinien für kleine Biomasse-Anlagen sollten hinsichtlich der finanziellen Situation dieser Anlagen näher evaluiert werden, um eine dauerhafte technologische Entwicklung in dem betreffenden Gebiet zu gewährleisten.

Die Elektrizitätsreform beinhaltet eine Anzahl von Übergangs-Programmen, die die Bildung eines Marktes für erneuerbare Energien unterstützen. Diese Übergangsprogramme für private Investoren, die im Vertrauen auf bestehende Planungen bereits in Anlagen für erneuerbare Energien investiert haben, sollen akzeptable Regeln zur Abschreibung sicherstellen. Diese Abschreibungsregeln werden darüber hinaus gewährleisten, daß die Entwicklung erneuerbarer Energien in dieser Phase nicht stagniert, bis der Markt für erneuerbare Energien funktionstüchtig ist.

Darüber hinaus werden Regeln formuliert, um alte, ungünstig gelegene Windturbinen unter 100 kW zu ersetzen, damit die Sanierung der Landschaft und die Entwicklung neuer Kapazitäten unterstützt wird. Es werden auch Regeln aufgestellt, um im Rahmen erneuerbarer Energien kleine Produzenten und Elektrokleingeräte (wie z. B. Solarzellen und Haushaltsturbinen) zu fördern. Diese haben das Ziel, die Partizipation der Verbraucher zu schützen. Es soll untersucht werden, wie Konsumentenvereinigungen ihren Verpflichtungen zum Kauf erneuerbarer Energien gerecht werden können, wenn sie selber eine Anlage für erneuerbare Energien betreiben wollen.

Aktivitäten im Bereich der Energieeinsparung

Die Vereinbarung zur Elektrizitätsreform hat die Bemühungen um weitere Einsparungen verstärkt. Noch vor Ende 1999 wird die Regierung einen Entwurf des neuen „Energy Saving Acts" (Energiespargesetz) verabschieden. Dieser beinhaltet eine umfassende Prioritätensetzung für Bemühungen, den größtmöglichen Umweltnutzen zu erreichen. Ein zentrales Element wird sein, eine klare Aufgabenverteilung sicherzustellen und eine Prioritätensetzung zwischen verschiedenen „öffentlichen" Energiesparaktivitäten und der bestmöglichen Einbindung von lokalem und öffentlichem Engagement zu erreichen.

Wirtschaft

Staatssubventionen für erneuerbare Energien müssen infolge des Finance Act von 1999 abgeschafft werden. Die gegenwärtigen Subventionen für Elektrizitätsproduktion aus erneuerbaren Energien – die sog. DKK 0.10 und DKK 0.17-Subventionen – müssen so geändert werden, daß in Zukunft die Kosten direkt über den Verbraucherpreis für Elektrizität finanziert werden. Darüber hinaus wird eine Netzsteuer sowie die Besteuerung der Elektrizitätsunternehmen eingeführt. Isoliert betrachtet wird dies bedeuten, daß die Verbraucherpreise für Elektrizität ansteigen werden, andererseits erwartet die Regierung jedoch, daß durch verstärkten Wettbewerb und eine Effizienzsteigerung bei Energieerzeugung und -verteilung zu Preissenkungen führen wird, die im Allgemeinen die Zusatzkosten für die Verbraucher übersteigen sollten.

Der internationale Aspekt

Mit der Umsetzung von CO_2-Quoten für den Elektrizitätssektor und eines Marktes für erneuerbare Energien wird Dänemark gut vorbereitet sein, um sich aktiv für die Implementation stärker marktwirtschaftlich orientierter Instrumente auf internationaler Ebene einzusetzen.

Die EU-Kommission hat in einem Bericht über die Notwendigkeit weiterer Harmonisierung als Konsequenz des Energiebinnenmarktes darauf hingewiesen, daß für die Integration der erneuerbaren Energien in den Elektrizitätsbinnenmarkt spezielle Regeln notwendig sein werden. Dänemark wird aktiv darauf hinarbeiten, die Annahme einer Direktive über den Zugang erneuerbarer Energien zum Elektrizitätsbinnenmarkt voranzutreiben, die so formuliert ist, daß sie zur Verbreitung erneuerbarer Energien auf europäischer Ebene beiträgt.

4 Perspektiven und Stand der Dinge in der Energiepolitik

Das Abkommen über die Elektrizitätsreform ist ein wichtiger Schritt für die Weiterentwicklung der Energiepolitik, die Regierung hat jedoch auch in anderen Bereichen Klärungsprozesse in Gang gesetzt.

Im Bereich Transport hat die Regierung im Januar 1999 ein Diskussionspapier präsentiert, dem eine Konferenz und ein Maßnahmenkatalog folgen sollen. Für die Regierung ist es von besonderer Bedeutung, daß durch diese Mittel eine Basis für Entscheidungen über weitere Aktivitäten geschaffen werden kann.

Die Regierung hat ein Nachfolgeprogramm für *Energy 21* gestartet, das u. a. eine auf den neusten Stand gebrachte Darstellung aller bereits existierender Maßnahmen im Energiebereich beinhalten wird. Dieses Nachfolgeprogramm wird auch die erwarteten Auswirkungen auf die CO_2-Emissionen im Jahr 2005 und im Zeitraum 2008–2012 einschätzen.

Im Herbst 1999 wird die Regierung einen Vorschlag für eine übergreifende nationale Klimastrategie für alle sechs Treibhausgase des Kyoto-Protokolls präsentieren, die sowohl Emissionen einschließt als auch die Zunahme von Senken durch Aufforstung. Die Klimastrategie wird zudem den Plan der Regierung für die Erfüllung der neuen internationalen Verpflichtungen umfassen. Die Regierung ist der Meinung, daß *Energy 21* eine wichtige Komponente der Gesamtstrategie ist und daß nationale Ziele und Maßnahmen beibehalten und unter Berücksichtigung der Kyoto-Verpflichtungen erweitert werden sollten.

Die Bemühungen des *Council for Sustainable Energy* (Energie-Umwelt-Rat) haben dazu beigetragen, daß die Energiedebatte engagiert geführt wurde und eine breite Basis hatte. Die Ratschläge, die der *Council* in bezug auf den Transportsektor, die Elektrizitätsreform und nicht zuletzt in bezug auf erneuerbare Energien gegeben hat, bedeuten einen wichtigen Input für Entscheidungen im Bereich der Energiepolitik in den nächsten Jahren.

Stand der Dinge beim Energieverbrauch und bei den CO_2-Emissionen

Bemühungen im Bereich der Energiepolitik haben, temperatur- und exportbereinigt, bislang zu einer Reduktion der CO_2-Emissionen um 6 % zwischen 1988 und 1997 geführt. Eine vorläufige Schätzung zeigt eine weitere Reduktion um 2 Prozentpunkte zwischen 1997 und 1998 an.

In den letzten Jahren haben ein starker Elektrizitätsexport nach Schweden und Norwegen (eine Konsequenz des wachsenden Stromverbrauchs in diesen Ländern) sowie Perioden mit reduziertem Zugang zu Wasserkraft zu einem starken Anstieg der dänischen CO_2-Emissionen geführt. Dadurch, daß der Netto-

Elektrizitäts-Export 1998 gefallen ist, sind die tatsächlichen CO_2-Emissionen zwischen 1997 und 1998 jedoch um 6 % gesunken.

Es gibt drei Hauptgründe, warum es möglich war, die bereinigten CO_2-Emissionen seit 1998 zu senken. Erstens ist der Energieverbrauch in der Endnutzung langsamer gewachsen als das BIP. Zweitens ist das Versorgungssystem sehr viel effizienter geworden, insbesondere durch den Ausbau der Heizkraftwerke sowie in der industriellen Nutzung. Drittens sind die Emissionen pro Einheit der KWK-Produktion aufgrund von saubereren Treibstoffen (insbesondere Erdgas und erneuerbare Energien) heute niedriger als 1988. Der Verbrauch von Kohle und – in geringererem Ausmaß – Öl wurde reduziert, stellt aber mit ca. 70 % immer noch den größten Anteil am Treibstoffverbrauch in Dänemark dar.

Abgesehen vom Energieverbrauch für den Transport, erfüllt die Entwicklung der bereinigten CO_2-Emissionen weitgehend die Erwartungen, die in *Energy 21* beschrieben sind. Im Zusammenhang mit der Evaluierung von *green taxes* fand eine Berechnung der CO_2-Emissionen bis 2005 statt. Die Evaluierung schließt die Wirkungen des *Pfingst-Pakets (Whit Package)*[1] mit ein und zeigt, daß 2005 mit einer Lücke von 5 % zu rechnen ist, wenn die vorgesehenen Instrumente eingesetzt werden. Zum größten Teil liegt die Ursache hierfür beim Transportsektor.

Energieeinsparungen

Energieeinsparungen stellen einen wichtigen Handlungsbereich der Energiepolitik dar. Hier wurden signifikante Ergebnisse erreicht, die von internationalem Interesse waren. Dänemark wird dem Bereich der Einsparungen weiterhin einen hohen Stellenwert einräumen, u. a. durch die Implementation der Energiereform.

Das Ökosteuerpaket für den Wirtschaftssektor trägt erheblich zur Reduktion der CO_2-Emissionen bei. Die Evaluierung bestätigt auch die Tatsache, daß Effizienz-Projekte im Wirtschaftssektor signifikant stärker zur CO_2-Reduktion pro investierter Dänischer Krone beitragen, als Maßnahmen im Bereich des Haushaltssektors und der Angebotsseite. Somit ist es ökonomisch attraktiver, CO_2-Reduktions-Maßnahmen im Wirtschaftssektor als in anderen Bereichen umzusetzen.

In Haushalten und im öffentlichen Sektor stellt das Energie-Labelling von Gebäuden eine wichtige Einsparungs-Initiative dar. Die Regierung wird weiter darauf hin arbeiten, daß durch strengere Anforderungen für neue Gebäude der Energieverbrauch reduziert wird. Zudem soll versucht werden, den Energieverbrauch für neue Gebäude im Zusammenhang mit städtischen Erneuerungsmaßnahmen, der Renovierung von Gebäuden, der Instandhaltung und ökologischen Maßnahmen in Städten zu reduzieren.

Dänemark wird weiterhin fortfahren, die Verbreitung eines EU-Energie-Labels für Haushaltsgeräte zu fördern und nimmt an internationalen Vorbereitungen teil,

---

[1] Pfingsten 1998 stimmte die Mehrheit des Parlaments einer Anpassung des Steuersystems sowie zusätzlichen steuerlichen Instrumenten zu. Dadurch sollten die langfristige Struktur und Entwicklungschancen der dänischen Wirtschaft verbessert und das zukünftige Wirtschaftswachstum stabilisiert werden. Bestandteile dieses Pakets war u. a. die Anhebung der Steuern auf Erdölprodukte, Gas und Kohle.

die das Ziel haben, den Stand-by-Verbrauch von Fernsehern und Videorecordern zu senken. Ein positives Zeichen ist auch, daß mit Hilfe eines neuen, unkonventionellen Ansatzes der *Danish Electricity Saving Trust* erfolgreich die Konversion von Elektroheizungen wiederbelebt hat.

Kraft-Wärme-Kopplung (KWK)

Dänemark ist eines der führenden Länder in Europa hinsichtlich der gleichzeitigen Erzeugung von Wärme und Strom, die zudem beständig zunimmt. Zur Zeit deckt sie ca. die Hälfte des Elektrizitäts- und Wärmeverbrauchs. Die Entwicklung der KWK und die dadurch erreichten Brennstoffeinsparungen tragen signifikant dazu bei, daß Dänemark in der Lage ist, seine Klimaverpflichtungen zu erfüllen.

Aus diesem Grund hat es für Dänemark höchste Priorität, das gegenwärtige Niveau der KWK-Produktion aufrecht zu erhalten, sie weiter auszubauen und stabile ökonomische Bedingungen für bereits getätigte Investitionen zu gewährleisten. Zu diesem Zweck hat die Regierung spezielle Initiativen in Hinblick auf Blockheizkraftwerke gestartet, mit denen zeitgleich zum Bau der Anlage neue Wärmenetze aufgebaut wurden. Zudem wird Dänemark aktiv daran arbeiten sicherzustellen, daß die KWK weiterentwickelt werden kann und daß ein rationaler Umgang auf dem nordeuropäischen Elektrizitätsmarkt gefunden wird, vor allem in bezug auf erneuerbare Energien und Wasserkraft.

Die Regierung erwartet ein schnelles Wachstum der KWK in der baltischen Region und im Rest Europas, u. a. als Teil einer Klimapolitik und um alte Atomkraftwerke zu ersetzen. Das Bewußtsein in der EU über das Potential von KWK und das damit verbundene große CO_2-Reduktionskapital wächst. Dennoch wird eine der dänischen ähnliche Entwicklung auf EU-Ebene kaum stattfinden, solange nicht zielgerichtetere Instrumente sowie Anreize in den einzelnen Mitgliedsstaaten oder auf Gemeinschaftsebene eingeführt werden, z. B. durch die Ausweitung des *Action Plan for Energy Efficiency*, über den der Ministerrat noch in diesem Jahr diskutieren wird. Aus diesem Grund wird Dänemark auf große Anstrengungen der EU-Mitgliedsstaaten hinarbeiten, insofern positive dänische Erfahrungen von Nutzen sein können. Zudem könnte der Ausbau von KWK auf europäischer Ebene wichtige Exportmöglichkeiten für dänische Unternehmen bedeuten.

Erdgas

Die EU-Richtlinie zur Liberalisierung des Gasmarktes muß spätestens zum 10. August 2000 in dänisches Recht umgesetzt sein. Für die Regierung ist es bei der Öffnung des dänischen Gasmarktes von Bedeutung, daß dies in einer ausgewogenen Art und Weise und gleichzeitig mit ernsthaften Marktöffnungen in anderen Ländern geschieht. Darüber hinaus wird Dänemark bei der Umsetzung der Gasrichtlinie sicherstellen, daß die Umwelt, die Angebotssicherheit und der Verbraucherschutz berücksichtigt werden.

Zugleich mit der Öffnung des Gasmarktes muß der Zugang neuer Anbieter garantiert werden, da (aufgrund der begrenzten Reserven im dänischen Teil der

Nordsee) zu erwarten ist, daß der dänische Gasmarkt in Zukunft mit ausländischem Gas wird ergänzt werden müssen.
Dänemark hat erhebliche Summen investiert, um eine Infrastruktur im Bereich Erdgas aufzubauen. Mit dem Erdgas-Angebot sind bedeutende soziale Interessen verbunden. Deshalb ist es für die Regierung von entscheidender Bedeutung, daß die dänische Gesellschaft den vollen Nutzen der getätigten Investitionen erhalten sollte, so daß für die Verbraucher ein billiges, sicheres und umweltfreundliches Angebot an Erdgas sichergestellt ist.

Öl- und Gasproduktion

Vorläufige Zahlen für 1998 zeigen, daß, gemessen in Energieeinheiten, sich Dänemark das zweite Jahr in Folge selbst versorgen konnte. Somit ist das dänische Ziel, einen hohen Grad an Autarkie sicherzustellen, erfüllt. Die Öl- und Erdgasproduktion in der Nordsee ist hier die treibende Kraft, die zudem einen positiven Beitrag zur nationalen Wirtschaft leistet.

Die Regierung legt Wert darauf, daß ein relativ hoher Grad an Aktivität in der Nordsee aufrecht erhalten wird, um die Selbstversorgung solange wie möglich zu gewährleisten. Somit ist es positiv, daß die fünfte Ausschreibungsrunde 1998 ein anhaltend großes Interesse an der Erkundung des dänischen Gebiets gezeigt hat.

Ziel der Regierung ist es, die CO_2-Emissionen und den Energieverbrauch im Zusammenhang mit der Produktion von Öl und Gas zu reduzieren. Neue Entwicklungspläne sehen die Nutzung von Plattformen mit einem geringeren Energieverbrauch vor, und es gibt andauernde Bemühungen, das Abfackeln von Gas in der Nähe der Küste zu reduzieren.

Forschung und Entwicklung im Energiebereich

Ein erhebliches Ausmaß an Forschung ist notwendig, um die Ziele der dänischen Energiepolitik zu realisieren. Mehr als 80 % des Forschungsfonds des Energieforschungsprogramms ERP werden zur Zeit für Energieeinsparungen und erneuerbare Energiequellen ausgegeben. 1998 wurde unter anderem ein Programm initiiert, um die praktische Möglichkeit der Nutzung von Wasserstoff im Energiebereich einschätzen zu können. Das Wasserstoffprogramm betont insbesondere die Nutzung von Wasserstoff für die Speicherung erneuerbarer Energie sowie die Nutzungsmöglichkeiten im Transportsektor. Zusätzlich wurde ein Demonstrations- und Entwicklungs-Programm für nachwachsende Rohstoffe aufgelegt. Das Ziel dieses Programms ist es, einzuschätzen, ob durch die Produktion nachwachsender Rohstoffe die Nutzung dänischer Biomasse-Ressourcen langfristig gefördert wird. Es gibt zudem Subventionsprogramme für F&E im Bereich Solarenergie, Wellenkraft und anderen Arten erneuerbarer Energien.

5 Dänische Energiepolitik im internationalen Umfeld

Internationale Kooperation im Bereich Energiepolitik findet auf einigen Ebenen statt: Aktivitäten unter Schirmherrschaft der EU, der OECD, der IEA und der UN sowie im Rahmen der Energie-Charta sind wichtige Komponenten. Ein spezieller Aspekt der UN-Arbeit ist der Nachfolgeprozeß der Rio-Konferenz, einschließlich der Klimarahmenkonvention und dem Kyoto-Protokoll.

Abgesehen vom Umweltaspekt sind Überlegungen hinsichtlich offener Energiemärkte immer noch Thema der internationalen Energie-Kooperation. Dänemark arbeitet aktiv darauf hin sicherzustellen, daß internationale Regulierungen – nicht zuletzt die EU-Vorschriften – die notwendigen Vorkehrungen enthalten, um Umwelt- und Verbraucherschutz sicherzustellen. Ein weiteres Element ist die Entwicklungshilfe, insofern die Nutzung dänischer Fonds den Weg für Armutsbekämpfung ebnet, um eine nachhaltige Entwicklung voranzubringen.

Die Verpflichtungen der Klimakonvention – in Dänemark und international

Im Kyoto-Protokoll hat sich Dänemark verpflichtet, die drei wichtigsten Treibhausgase – CO_2, Methan und Lachgas – sowie die drei Industriegase HFCs, PFCs und SF6 signifikant zu reduzieren. Bei der Vorbereitung der dänischen Klimastrategie wird die Regierung sicherstellen, daß die Erfüllung ihrer Verpflichtungen in einer angemessenen, wohlüberlegten Art und Weise stattfinden wird und die kommende Gemeinschaftsstrategie der EU-Kommission berücksichtigt.

Es ist das Ziel dänischer Politik, daß die nationalen Maßnahmen zu einer 17 %igen Reduktion beitragen sollen. Die Regierung erwartet, daß die restlichen 4 % Reduktion in bezug auf die geteilten Verantwortlichkeiten innerhalb der EU durch gemeinsame und koordinierte Politiken und Maßnahmen auf der EU-Ebene erreicht werden.

Ein Handlungsplan war das Ergebnis der vierten Vertragsstaatenkonferenz zur Weiterführung der Klimarahmenkonvention und des Kyoto-Protokolls, die im November 1998 in Buenos Aires stattfand. Dieser Handlungsplan soll auf der sechsten Konferenz der Vertragsparteien im Jahr 2000 angenommen werden und ebnet den Weg für das Design der Regulierungen und Richtlinien für den Kyoto-Mechanismus.

Der Regierungsplan für den Nachfolgeprozeß dieses Buenos Aires-Aktionsplans enthält für einen kurzfristigen Zeitrahmen fünf Grundelemente.

Erstens sollte Dänemark eine aktive Rolle beim Entwurf der Regulierungen und Richtlinien für die gemeinsame Umsetzung des Kyoto-Mechanismus, des *Green-Development*-Mechanismus (CDM) und der Emissionsquoten spielen.

Zweitens wird Dänemark ein konstruktiver Akteur bei der Arbeit für gemeinsame und koordinierte Politiken und Maßnahmen sein. Zu diesem Zweck hat Dänemark angeboten, einen Workshop auszurichten, den das Klimasekretariat zu Beginn des Jahres 2000 abhalten wird und auf dem die Erfahrungen der industrialisierten Länder mit Politiken und Maßnahmen diskutiert werden sollen. Dies ist eine direkte Fortsetzung der dänischen Arbeit im EU-Kontext für die Annahme gemeinsamer und koordinierter Politiken und Maßnahmen.

Drittens wird Dänemark auf die Errichtung einer nordisch-baltischen Kooperation hinarbeiten. Diese soll die Anwendung der *Joint Implementation* vor 2008 und den Handel mit Emissionsquoten beinhalten. Die Dänische Energiebehörde hat ein Entwicklungsprogramm für *Joint Implementation* geschaffen, um die dänischen Akteure auf die Teilnahme an einem internationalen System vorzubereiten.

Das *vierte* Element der Nachfolge-Bemühungen der Regierung in bezug auf Buenos Aires ist Technologietransfer und Nachhaltigkeit im Rahmen von Entwicklungshilfe. Im Hinblick auf die Förderung einer nachhaltigen Entwicklung wird die Regierung weiterhin solche Aktivitäten unterstützen, die den Transfer von umweltfreundlichen Technologien und von Expertisen in Entwicklungsländer, deren Wirtschaften sich im Übergang befinden, voranbringen. Es ist ebenfalls Wunsch der Regierung, daß zukünftige Kooperations-Vereinbarungen mit Entwicklungsländern die Klimafrage mit einschließen und eine nachhaltige Entwicklung sicherstellen sollten, z. B. dadurch, daß den kooperierenden Ländern Unterstützung bei der Aufstellung von nationalen Klimastrategien geleistet wird.

Der *fünfte* Punkt steht in Zusammenhang mit der Vorbereitung von Dänemarks Ratifizierung des Kyoto-Protokolls. Man sollte anmerken, daß die dänischen Reduktionsverpflichtungen im Rahmen der EU sich auf die um den Stromhandel bereinigten CO_2-Emissionsdaten beziehen.

Kommission für nachhaltige Entwicklung

Auf Initiative von Dänemark, Österreich und der EU-Kommission beschloß die UN-Generalversammlung 1997, daß der Hauptpunkt auf der Agenda des neunten Treffens der Kommission für nachhaltige Entwicklung (CSD) im Jahr 2001 das Thema Energie sein soll. Infolge der Parlamentsresolution vom 20. November 1998 arbeitet die Regierung weiter darauf hin, das Angebot an nachhaltiger Energie zu verbessern, einschließlich erneuerbarer Energie. In Kürze wird eine Strategie für das 9. CSD-Treffen veröffentlicht werden.

Als Teil der Vorbereitungen für CSD 9 ist geplant, einen internationalen Workshop zum Thema „Energieeffizienz in der Perspektive von Entwicklungspolitik" abzuhalten. Der Workshop wird im Jahr 2000 in Kopenhagen stattfinden.

Dänische Unterstützung für eine nachhaltige Entwicklung im Bereich Energie

Eine Unterstützung Dänemarks bei den Bemühungen, eine nachhaltige Energieversorgung sicherzustellen, findet mit Hilfe der Danidas-Hilfsprogramme (The Danish development assistance) und des Danced-Programmes (The Danish environmental assistance to developing countries), die für einige Ländern mit mittlerem Pro-Kopf-Einkommen aufgelegt wurden, sowie mittels Umwelt-Hilfe für mittelosteuropäische Länder und die arktischen Regionen statt.

In den mittelosteuropäischen Ländern, die bereits fest etablierte, aber vernachlässigte Energiesektoren haben, konzentriert sich die Hilfe auf die Effizienz der

Energieproduktion und -versorgung. Bei Energie-Hilfsmaßnahmen für Entwicklungsländer und Länder mit mittlerem Pro-Kopf-Einkommen betont Dänemark insbesondere ganzheitliche Aktionen, die auf Akteure auf allen Ebenen der Gesellschaft ausgerichtet sind, d. h. auf zentraler, regionaler und lokaler Ebene. Die Bemühungen sollten die gesamte Kette vom Angebot bis zum Verbrauch von Energie umfassen.

Internationale Bemühungen um Energieeffizienz

Energieeffizienz wurde auch auf der Umweltministerkonferenz in Aarhus im Juni 1998 thematisiert. Mit der *Aarhus Declaration* stimmten die Minister eine Verstärkung der Bemühungen um Energieeffizienz auf nationaler wie auf internationaler Ebene zu, mit der Aussicht, daß zielgerichtete, nachdrückliche Anstrengungen den Energieverbrauch und somit die CO_2-Emissionen um 20–30 % senken können.

Dänemark arbeitet aktiv auf die Umsetzung des bindenden *Protocol on Energy Efficiency and Related Environmental Aspects* hin, das verbunden ist mit dem *Treaty on the European Energy Charter*. Dänemark führt den Vorsitz der internationalen Arbeitsgruppe im Gefolge des Protokolls, das im April 1998 in Kraft trat.

Die EU-Mitgliedsstaaten haben die Kommission gedrängt, einen Handlungsplan für Energieeffizienz aufzustellen. Die Kommission wird im Laufe des Frühjahrs einen Entwurf vorlegen. Die Regierung arbeitet aktiv darauf hin, sicherzustellen, daß die zukünftigen Anstrengungen der EU so ehrgeizig wie möglich sind und somit zur Erfüllung unserer Verpflichtungen gemäß der Klimakonvention beitragen.

Zudem arbeitet Dänemark innerhalb des Kontextes der Internationalen Energie-Agentur (IEA) darauf hin, daß sich die Aufmerksamkeit stärker auf den Klimabereich und auf Energieeffizienz als ein Mittel zur sicheren Senkung der CO_2-Emissionen richtet. Auf dem IEA-Ministertreffen im Mai wird eine Analyse der nationalen Politiken und Maßnahmen zur Erreichung von Energieeffizienz präsentiert werden, die in Zusammenarbeit zwischen Dänemark, Großbritannien und den USA entstanden ist.

Die Bedeutung des Baltikums

Die baltische Region ist gut geeignet für die Anwendung neuer politischer Maßnahmen, die ausgearbeitet werden können. Die Region hat ein großes Potential für den Handel mit Elektrizität, Erdgas und erneuerbaren Energien. Sie hat ebenfalls ein Potential als „Labor" für die Nutzung neuer, gemeinsamer und koordinierter klimapolitischer Politiken und Maßnahmen, einschließlich des Testens des Kyoto-Mechanismus.

Elektrizitätshandel und Erdgas-Kooperation der Länder sind zentral in der baltischen Region. Die neue Baltrel-Kooperation der Elektrizitätsunternehmen im Baltikum könnte zur Schaffung einer sichereren Elektrizitätsversorgung bei gleichzeitiger Förderung der Integration beitragen. Die regionale Erdgas-Kooperation eröffnet ähnliche Perspektiven.

Ein weiterer zentraler Punkt ist die Harmonisierung von Umweltanforderungen im Energiebereich. Dänemark arbeitet aktiv darauf hin, die nachhaltige Entwicklung im Energiebereich in der baltischen Region zu fördern, u. a. durch Unterstützung bei der Umsetzung der Ziele und des Handlungsplans gemäß der Baltischen Agenda 21, die vom Baltischen Rat im Juni 1998 beschlossen wurde.

Dänemark wird darauf hin arbeiten, eine Vereinbarung auf dem nächsten Treffen der Energieminister der baltischen Region (das im Oktober 1999 in Helsinki stattfindet) zur spezifischen und operativen Fortführung des Prozesses der nachhaltigen Entwicklung in der baltischen Region zu erreichen.

Die Nordischen Staaten spielen eine zentrale Rolle bei der baltischen Zusammenarbeit. Im Jahr 2000 wird Dänemark die Präsidentschaft der nordischen Kooperation übernehmen. Die Klimafrage, Energieeffizienz und eine weitere Integration der Nordischen Staaten werden Schlüsselfragen sein.

Umweltpolitik in der Europäischen Union: Ein neuer Weg

Robert Donkers[1]

1. Einleitung

In den vergangenen zwanzig Jahren (1973 bis Ende 1992) wurden vier EU-Umwelt-Aktionsprogramme aufgelegt, die zu mehr als 200 Gesetzesinitiativen in der Gemeinschaft führten. Diese bezogen sich auf die Themen Luftverschmutzung, Wasser und Boden, Abfallwirtschaft, Sicherheit bei Chemikalien und Biotechnologie, Produktstandards, Umweltverträglichkeitsprüfung und Naturschutz.

Der Bericht über den Zustand der Umwelt in der Europäischen Union von 1992 (COM (92) 23 final, Volume III, März 1992) spricht jedoch trotz der ergriffenen Maßnahmen von einer langsamen und zugleich anhaltenden Verschlechterung der allgemeinen Lage der Umwelt in der Gemeinschaft. Er weist zudem signifikante Defizite bei der Menge, Qualität und Vergleichbarkeit der Daten, die für die Umweltpolitik und damit verbundene Entscheidungen essentiell sind, auf. Der bisherige Ansatz, der fast ausschließlich auf Gesetzgebung basiert, und die bislang ergriffenen Maßnahmen sind nicht dazu geeignet, den international zu erwartenden zunehmenden Wettbewerb und die Aufwärtstrends bei den Aktivitäten und der Entwicklung der Gemeinschaft, die zu einer noch größeren Belastung der natürlichen Ressourcen, der Umwelt und letztlich der Lebensqualität führen werden, zu bewältigen.

Daher schreibt das Fünfte Umwelt-Aktionsprogramm „Für eine nachhaltige und umweltgerechte Entwicklung“ (OJC 183, 17. Mai 1993) der Europäischen Union (1993–2000), das von der Europäischen Kommission im März 1992 verabschiedet und vom Europäischen Parlament und dem Rat Ende 1992 gebilligt wurde, einen neuen Ansatz fest, der grundlegend von dem der früheren Programme abweicht. Die Hauptelemente der neuen Strategie sind folgende:

- Die Grundlage des Programms ist das Konzept nachhaltiger Entwicklung entsprechend dem Brundtland-Bericht „Unsere gemeinsame Zukunft“ von 1989.
- Das Programm konzentriert sich auf wirtschaftliche Akteure und Aktivitäten und wartet nicht auf die Entstehung von Umweltproblemen.
- Das Programm zielt auf Veränderungen in den aktuellen Wirtschaftstrends und -verfahren ab, damit für die heutigen und zukünftigen Generationen eine nachhaltige sozioökonomische Entwicklung gewährleistet ist.

---

[1] Dieser Artikel ist für die Europäische Kommission nicht rechtlich bindend.

- Das Programm möchte diesen Wandel durch eine optimale Beteiligung aller Sektoren der Gesellschaft im Geiste gemeinsamer Verantwortung erreichen, auf der Grundlage der Wahrung des Eigeninteresses.

2. Die Struktur des Programms

2.1 Herausforderungen und Prioritäten der Umweltpolitik

Das Programm bezieht sich auf verschiedene Umweltthemen: Klimawandel, Versauerung und Luftverschmutzung, Abnahme der natürlichen Ressourcen und der Biodiversität, Ausschöpfung und Verschmutzung der Wasserressourcen, Verschlechterung des urbanen Umweltzustandes und der Küstengebiete, Abfall. Auch industrielle und natürliche Gefahren und Unfälle werden berücksichtigt. Diese Liste ist nicht vollständig, doch sie umfaßt, auf der Grundlage des Subsidiaritätsprinzips, besonders wichtige Fragen mit EU-weiter Relevanz, entweder aufgrund ihrer grenzüberschreitenden Wirkungen, ihrer Implikationen für den Binnenmarkt, für gemeinsam genutzte Ressourcen oder für die Kohäsion, oder weil sie von besonderer Bedeutung für die Umweltqualität und die Umweltbedingungen in fast allen Regionen der Gemeinschaft sind. Diese Themen werden nicht so sehr als *Probleme*, sondern als *Symptome* falschen Managements und Mißbrauchs verstanden. Die wahren „Probleme", die zu Umweltschäden und -verlusten führen, sind die menschlichen Konsum- und Verhaltensmuster.

2.2 Zielgruppen

Fünf Sektoren wurden ausgewählt und stehen im Zentrum des Programms: Industrie, Energie, Transport und Verkehr, Landwirtschaft und Tourismus. Es handelt sich dabei um Sektoren, in denen die Gemeinschaft eine besondere Rolle spielt und in denen ein EU-Ansatz das effektivste Mittel ist, um die jeweiligen Probleme zu lösen, die sie verursachen oder von denen sie betroffen sind. Sie wurden ausgewählt, weil ihre Einwirkungen auf die Umwelt als Ganzes besonders signifikant sind, und weil sie aufgrund ihrer Eigenarten eine wichtige Rolle im Bemühen um eine nachhaltige Entwicklung spielen. Bei diesem Zielgruppenansatz geht es nicht nur um den Schutz der öffentlichen Gesundheit und die Umwelt als solche, sondern auch um das Wohlergehen und die Nachhaltigkeit der Sektoren selbst.

2.3 Subsidiarität und gemeinsame Verantwortung

Bei der Gewährleistung der effizienten Umsetzung der Ziele, Zielvorgaben und Maßnahmen durch adäquate nationale, regionale und lokale Bemühungen und Initiativen spielt das Subsidiaritätsprinzip eine wichtige Rolle. In der Praxis dient es der Berücksichtigung der Traditionen und Sensibilitäten in den verschiedenen Regionen der EU und der Kosteneffizienz der verschiedenen Maßnahmen. Es geht dabei auch um eine bessere Handlungsauswahl und eine adäquate Mischung der Instrumente auf der Ebene der EU und/oder anderen Ebenen.

Die im Programm formulierten Ziele und Zielvorgaben und der eigentliche Zweck, die Realisierung einer nachhaltigen Entwicklung, lassen sich nur durch eine konzertierte Aktion der entscheidenden Akteure erreichen. Auf der Grundlage des Vertrages über die Europäische Union wird die Gemeinschaft gemäß dem Subsidiaritätsprinzip nur dann eingreifen, wenn die Ziele der beabsichtigten Maßnahmen nicht ausreichend von den Mitgliedstaaten erreicht werden können und sich, aufgrund der Dimension oder Folgen der geplanten Projekte, besser durch die Gemeinschaft erreichen lassen.

Das Programm verbindet das Subsidiaritätsprinzip mit dem Konzept der gemeinsamen Verantwortung. Hier geht es weniger um die Entscheidung über eine Maßnahme auf einer Ebene unter Ausschluß anderer, als um eine Mischung von Akteuren und Instrumenten auf der adäquaten Ebene, ohne daß die Verteilung der Kompetenzen zwischen Gemeinschaft, Mitgliedsstaaten, regionalen und lokalen Behörden in Frage gestellt würde.

3. Ein besserer Mix von Instrumenten

Der EU-Ansatz in der Umweltpolitik stützte sich bisher hauptsächlich auf Gesetzesinitiativen. Die geltenden Gesetze bieten eine solide Grundlage für die Bewältigung der Aufgaben der Zukunft und haben einige Erfolge im Kampf für den Umweltschutz möglich gemacht. Die Umsetzung der früheren Programme beruhte fast ausschließlich auf gesetzlichen Maßnahmen. Dank dieser Gesetze konnten die EU-Mitgliedstaaten einige Erfolge bei der Eindämmung der Bedrohung der öffentlichen Gesundheit und der Umwelt erzielen. Diese sollten weder übersehen noch geringgeschätzt werden, denn die Gemeinschaft verfügt heute über einen Corpus von Gesetzen, der, wenn auch relativ neu und noch lange nicht vollständig, eine solide Basis für weitere Schritte, die in den kommenden Jahren erfolgen müssen, bietet.

Es wird auch weiterhin nötig sein, Gesetze auf Gemeinschaftsebene zu erlassen, vor allem in bezug auf die Festlegung von Standards beim Umweltschutz, die Verpflichtungen der EU im Rahmen internationaler Abkommen und Standards und/oder in bezug auf Kontrollen, die sich als erforderlich herausstellen oder nötig sind, um die Integrität des Binnenmarktes zu wahren.

Der traditionell legislative Ansatz wird allein jedoch nicht ausreichen, um die Umweltfolgen der anhaltenden Wirtschaftsentwicklung und Trends in der EU zu bewältigen, denn diese werden sogar zu einem Anstieg der Umweltbelastung, der natürlichen Ressourcen und der Gesundheit führen. Um deutliche Veränderungen in den aktuellen Trends und Praktiken der Wirtschaft zu erreichen (denn hier liegen die Ursachen der Umweltprobleme), und um alle Sektoren der Gesellschaft im Geiste gemeinsamer Verantwortung zu involvieren, braucht es einen *breiteren Instrumenten-Mix*. Die Wurzeln dieser Trends in Politik, Wirtschaft und Gesellschaft müssen betrachtet werden, und neben Gesetzen müssen andere Instrumente und Werkzeuge genutzt werden, um Werte und Wertvorstellungen in bezug auf Umwelt, natürliche Ressourcen, menschliches Verhalten und Konsummuster zu ändern. Dies ist nicht mit einem „top-down"-Ansatz durchführbar, indem einfach neue Gesetze verabschiedet werden.

Das Fünfte Programm erkennt die Bedeutung der Gesetzgebung nach wie vor an, jedoch wird eine Mischung von Instrumenten, einschließlich selbstregulierender und marktorientierter Maßnahmen, für erforderlich erachtet, damit sich Ergebnisse in der Praxis erzielen lassen. Die grundlegende Strategie ist eine vollkommene Integration von Umweltfragen in die Pläne und Aktivitäten der Schlüsselsektoren der Wirtschaft (Produktion, Energie, Transport und Verkehr, Landwirtschaft und Forstwirtschaft, Tourismus). Die Manager in Regierung und Industrie realisieren zunehmend, daß eine gute Qualität der Umwelt wesentlich für die Zukunft Europas und eine weitere wirtschaftliche und soziale Entwicklung ist.

4. Die Tabellen des Programms

Für jedes Hauptthema des Programms gibt es eine Tabelle mit den langfristigen Zielen, damit deutlich wird, wo es langgeht und wo die Schwerpunkte im Versuch einer Verwirklichung der Nachhaltigkeit liegen. Einige Zielvorgaben gelten für den Zeitraum bis zum Jahr 2000. Eine repräsentative Auswahl von Maßnahmen wird empfohlen, um diese Ziele zu erreichen. Ziele und Zielvorgaben sind nicht rechtlich bindend, sondern vielmehr Leistungsvorgaben, die auf dem Weg hin zur nachhaltigen Entwicklung angestrebt werden sollen. Nicht alle aufgeführten Maßnahmen erfordern eine Gesetzgebung auf der EU- oder nationalen Ebene.

Aufgrund weitreichender Disparitäten und Defizite bei der Verfügbarkeit quantitativer und qualitativer Daten war es nicht möglich, homogene Präzisionsniveaus bei den Zielen und Zielvorgaben des Programms zu definieren.

Tabelle 1 (Versauerung) und Tabelle 2 (Landwirtschaft) im Anhang dieses Textes sind Beispiele für die Tabellen des Programms. Auf der Grundlage des Subsidiaritätsprinzip wird die Hauptzuständigkeit bei den Akteuren kursiv dargestellt, z. B. *MS* für Member State/Mitgliedsstaat.

5. Die Überprüfung des Programms 1995

Bericht über den Fortschritt der Umsetzung

Wie im Programm aufgeführt und vom Rat in seiner Entschließung gefordert, unternahm die Kommission 1995 eine umfassende Neubewertung der Lage und eine Überprüfung der Politik und Strategie des Programms. Die Europäische Umweltagentur in Kopenhagen wurde darüber hinaus aufgefordert, bis Ende 1995 einen aktualisierten Bericht über den Stand der Umwelt vorzulegen.

Im Januar 1996 legte die Kommission einen Fortschrittsbericht über die Umsetzung des Programms vor, der einige Erfolge des veränderten Ansatzes belegte (COM (95) 624 final, 10. Januar 1996). Der Bericht basierte auf Informationen aus verschiedenen Quellen und ist das Resultat eines partizipatorischen Konsultationsprozesses, an dem eine Vielzahl europäischer Institutionen, EU-Behörden, Mitgliedsstaaten und anderer Organisationen beteiligt waren. In bezug auf die einzelnen Umweltthemen basiert der Bericht auf den von der Europäischen

Agentur in „Umwelt in der Europäischen Union" veröffentlichten Informationen (Europäische Umwelt Agentur, November 1995: Umwelt in der Europäischen Union).

Der Bericht über den Fortschritt der Umsetzung ist von vorsichtigem Optimismus geprägt: Es wird festgehalten, daß die Strategie des Fünften Programms für eine nachhaltige Entwicklung verankert werden konnte und gültig bleibt. Die wichtigste Aufgabe besteht in der Festlegung von Schlüsselprioritäten und in der weiteren Übersetzung der Strategie in eine Reihe von pragmatischen, operativen Werkzeugen. Es fehlt jedoch an einer erneuerten politischen Verpflichtung zum effektiveren Handeln sowie an veränderten Einstellungen und dem Willen, sich weiter vorwärts zu bewegen.

Im Bericht wird festgehalten, daß die Bewertung des bisher erzielten Fortschritts nicht einfach ist. Rein quantitativ gesehen wurden dort, wo das Programm die EU als führend verantwortlich benennt, etwa 70 % der Verpflichtungen bis Ende 1995 erfüllt. Das Maß, in dem die Mitgliedstaaten ihre Ziele erreicht haben, läßt sich schwer feststellen. Es darf auch nicht vergessen werden, daß die Zielvorgaben und Maßnahmen des Fünften Programms operational nicht gut definiert sind, und daß Maßnahmen auf den unterschiedlichsten Ebenen ergriffen werden müssen.

Der Bericht betont die Schwierigkeit einer Bewertung der Wirksamkeit der Maßnahmen zu einem so frühen Zeitpunkt. In bezug auf die Qualität zeigen die Schlußfolgerungen des Berichts, daß in vielen Bereichen auf unterschiedliche Weise Fortschritte erzielt wurden, daß jedoch nach wie vor viel zu tun bleibt, um den Prozeß der Nachhaltigkeit auf der Grundlage der gemachten Erfahrungen voranzutreiben.

Der Fortschrittsbericht betont insbesondere:

- bessere und regelmäßigere Kontakte zu einem größeren Spektrum an Partnern, auch zur Industrie;
- Betonung der Rahmengesetzgebung (im Bereich Wasser und Luft), statt Betonung von Detailgesetzen; Modifizierung und Vereinfachung der bestehenden Gesetzgebung (Umweltverträglichkeitsprüfung, Trinkwasser) und Kodifizierung (Kennzeichnung und Verpackung von Chemikalien);
- Betonung von marktorientierten und steuerlichen Maßnahmen, wie Öko-Audit, Öko-Label, Haftung, freiwillige Vereinbarungen, Öko-Steuer, Steuerreform usw. Eine Ausweitung des Spektrums der Instrumente hat sich jedoch schwieriger erwiesen als erwartet. Das Thema der Zukunft ist damit das Aufbauen auf den bis heute gemachten Erfahrungen sowie die richtige Mischung.

Bei der *Integration* von Umweltaspekten in die verschiedenen Sektoren, eine Schlüsselforderung des Programms, wurden, so der Bericht, zwar Fortschritte erzielt, jedoch in unterschiedlichem Maß. Die Berücksichtigung von Umweltaspekten findet sich am stärksten im Produktionssektor. Dort gibt es seit zwanzig Jahren entsprechende Gesetze, und die wirtschaftlichen Vorteile wurden schnell erkannt. Am wenigsten deutlich ist diese Integration in der Landwirtschaft und im Tourismus, aus diametral entgegengesetzten Gründen. Mit der Gemeinsamen Agrarpolitik gibt es für die Landwirtschaft ein System, das zu einer Zeit geschaffen wurde, als das Bedürfnis nach sicherer Nahrungsmittelversorgung in Europa sehr groß war, und es ist hier sehr schwer, neue Wege zu gehen. Der Naturschutz war aus diesem Bereich lange ausgegrenzt. Beim Tourismus handelt es sich dagegen um einen hochgradig fragmentierten und diversifizierten Sektor. Eine große Zahl wirtschaftlicher und anderer Interessen müssen berücksichtigt werden, bevor die Veränderungen Wirkung zeigen.

Im Transport- und Verkehrssektor läßt sich ein zunehmendes Problembewußtsein feststellen. Fortschritte konnten bei der Emission der Fahrzeugabgase, Kraftstoffqualität und Technologie erzielt werden. Doch die Folgen dieses Fortschritts werden durch die immer größer werdende Zahl von Fahrzeugen zunichte gemacht. Im Energiesektor wird die Umwelt zwar als Teil des Problems und der Lösung angesehen, doch trotz der Existenz potentiell wirksamer Instrumente, die zu Veränderungen führen könnten, fehlt es an Anreizen, um einen nachhaltigeren Ansatz zu verfolgen. In den beiden letzten Sektoren gab es Fortschritte im Umgang mit Einzelaspekten, doch die Bewältigung der strukturellen Probleme hat sich als schwierig erwiesen.

Bei den einzelnen Umweltthemenbereichen des Programms gab es Fortschritte in einigen Bereichen. Dies bestätigt der Bericht der Europäischen Umweltagentur: eine Verringerung der Substanzen, die zum Abbau der Ozonschicht führen, geringere Emissionen von Schwermetallen und Schwefeldioxid, Verbesserungen beim Naturschutz, der Qualität der Oberflächengewässer, eine Verringerung von industriellen Risiken und Abfall.

Der Bericht der Behörde deutet darauf hin, daß die EU Fortschritte beim Abbau bestimmter Belastungsfaktoren macht. Doch das reicht nicht aus, um die allgemeine Qualität der Umwelt zu verbessern, und schon gar nicht, um Fortschritte auf dem Weg hin zur Nachhaltigkeit zu erzielen. Ohne eine Beschleunigung bei den zu ergreifenden Maßnahmen wird der Druck auf die Umwelt anhalten und weiterhin die Standards der menschlichen Gesundheit und die in vieler Hinsicht eingeschränkte Belastbarkeit der Umwelt aushöhlen. Besondere Aufmerksamkeit gilt es jetzt der Entwicklung besserer Ansätze in den Bereichen Klimawandel und Versauerung, urbane Fragen, einschließlich Luftgüte, Lärm und Abfall zu schenken. Gleichzeitig brauchen wir eine umfassende Strategie für die Grund- und Oberflächenwasserressourcen.

Der Bericht über den Fortschritt bei der Umsetzung des Programms enthält eine Übersicht über die auf der Ebene der Europäischen Union und der Mitgliedsstaaten ergriffenen Maßnahmen (für einige Mitgliedstaaten lagen nur beschränkt Informationen vor). Dies ist Gegenstand eines Anhangs mit Tabellen. In diesen Tabellen wird aufgeführt, was in bezug auf bestimmte Zielvorgaben oder eine bestimmte Maßnahme im Zeitraum bis 1996 unternommen worden sein soll. Weiterhin findet sich im Fortschrittsbericht eine umfassende Tabelle zur Industrie (einschließlich des erzielten Fortschritts), dem einzigen Sektor, für den eine entsprechende Tabelle im Fünften Programm fehlte (siehe Anhang dieses Textes).

Der Entwurf zur Mitbestimmung und der Aktionsplan

Im Januar 1996 legte die Kommission den Text für die Mitbestimmung des Parlaments und des Rates mit einem Aktionsplan, der Prioritäten für Maßnahmen auf der EU-Ebene formulierte, vor (COM (95) 647, OJC 140, 11.Mai 1996). Der Entwurf sollte ein neuer politischer Impuls für die Umsetzung des Fünften Programms und die nachhaltige Entwicklung durch eine erneute Orientierung auf prioritäre Maßnahmen in den im Programm festgelegten Schlüsselbereichen, in denen Initiativen auf EU-Ebene zur Überwindung der im Bericht über den Fortschritt der Umsetzung von 1996 aufgeführten Schwierigkeiten bei der Umsetzung nötig waren, sein.

Bei den identifizierten Schlüsselprioritäten handelte es sich um folgende:

- Maßnahmen zur Integration von Umweltaspekten in die fünf politischen Hauptsektoren: Industrie (mit Schwerpunkt Klein- und Mittelbetriebe), Landwirtschaft, Energie, Transport und Tourismus.
- Ein besserer Instrumenten-Mix mit besonderer Berücksichtigung der wirtschaftlichen und fiskalischen Instrumente. Es wird ein Rahmen zur Nutzung freiwilliger Vereinbarungen und „grüner“ Abgaben und Gebühren entwickelt, und die EU fördert fiskalische Reformen.
- Zu einem breiteren Instrumentenmix gehören weiterhin neue Gesetze sowie eine Vereinfachung des Prozedere, doch eine bessere Umsetzung und Durchsetzung des Umweltrechts ist ebenfalls nötig. Es wird ein Dokument über die Umsetzung und Durchsetzung vorgelegt werden.
- Stärkere Bemühungen zur Förderung des Bewußtseins der Bürgerinnen und Bürger in Europa, die zu Verhaltensänderungen führen sollen. Die Maßnahmen konzentrieren sich hier auf Informations- und Kommunikationskampagnen, Schulung und Ausbildung.
- Prioritäten bei den Umweltthemen sind: Klimawandel, Versauerung und Luftgüte, Integration der Biodiversität in andere Politiken, Abfall, Wasser, Lärm und Risikomanagement bei Chemikalien und Anlagen.
- Die Gemeinschaft muß in internationalen Umweltfragen verstärkt die Führungsrolle spielen. Insbesondere ist den Umweltproblemen in den MOE-Staaten, bei den Mittelmeeranrainern und im Baltikum wie auch der globalen Ebene (in bezug auf den Handel, Klimawandel, Biodiversität und das UNCED-Follow-up) eine größere Aufmerksamkeit zu schenken.

Der Entwurf betont, daß Erfolge in diesen Bereichen nur möglich sind, wenn die Maßnahmen auf der Grundlage von besseren Daten über den Umweltzustand, von Umwelt- und Leistungsindikatoren, von gesicherter wissenschaftlicher Information und besseren Kosten-Nutzen-Analysen erfolgen können.

Mitbestimmung durch das Europäische Parlament und den Rat

Nach der Stellungnahme des Parlaments legte die Kommission im Dezember 1996 dem Rat einen überarbeiteten Entwurf vor (COM (96) 648, OJC 28, 29. Januar 1997). Der Rat nahm die gemeinsame Stellungnahme im April 1997 an. Das Parlament beendete die zweite Lesung des Entwurfs im Juli 1997 und fügte 28 Änderungen zur gemeinsamen Stellungnahme des Rates hinzu. Im Oktober 1997 legte die Kommission ihre Stellungnahme zu diesen Änderungen und einen überarbeiteten Entwurf vor (COM (97) 471 final, 2. Oktober 1997), der einige Vorschläge des Parlaments aufgriff. Später, im Oktober 1997, beschloß der Rat, daß nicht alle 28 vom Parlament gemachten Vorschläge übernommen werden könnten und bat um ein Vermittlungsverfahren. Im Januar 1998 fand das erste informelle Treffen zwischen einer Parlamentsdelegation unter Beteiligung des Vorsitzenden des Umweltausschusses des EP, Ken Collins (PSE/UK) und der Berichterstatterin über die Überprüfung Lone Dybkjaer (ELDR/Dänemark) sowie von Ratsvertretern unter der britischen Präsidentschaft und der Kommission statt.

Im Juli 1998, nach mehreren Verhandlungsrunden zwischen Parlament und Rat und dreißig Monate nachdem die Kommission den ersten Entwurf zur Verabschiedung vorgelegt hatte, verständigten sich Parlament und Rat schließlich im Vermittlungsverfahren über den Text des Beschlusses über die Überprüfung des Programms. Zur Erleichterung des Vermittlungsprozesses spielte die Kommission eine aktive Rolle und entwarf Vorschläge, die weitgehend Eingang in die Kompromisse fanden, die über die 28 EP-Änderungen erreicht wurden. Diese Vorschläge wurden auch in einer Reihe von Erklärungen der Kommission übernommen. Mit der Unterzeichnung des Präsidenten des Europäischen Parlaments und des Präsidenten des Ministerrates im September 1998 wurde der Beschluß formell gefaßt[2].

Im Vergleich zu dem von der Kommission im Januar 1996 vorgelegten Text und der Gemeinsamen Stellungnahme des Rates im April 1997 handelte es sich aufgrund der vom Parlament eingebrachten Änderungen um einen in einigen Aspekten stärker gefaßten Text. Dieser wurde im Schlichtungsprozeß jedoch abgeschwächt, beispielsweise bei der Frage der Integration von Umweltaspekten in die Agrarpolitik und beim Thema der Umwelthaftung. In diesen Fällen konnte nur durch eine Erklärung der Kommission, die den Text des Beschlusses begleitet, ein Kompromiß erzielt werden.

Gemäß dem Vertrag wird der Rat (und ggf. das Parlament) die erforderlichen Maßnahmen zur Umsetzung des Beschlusses auf der Grundlage der von der Kommission vorgelegten Entwürfe ergreifen. Die Kommission hat begonnen, die neuen, zur Umsetzung des Beschlusses erforderlichen Maßnahmen festzulegen und vorzubereiten. Die Umsetzung des Beschlusses wird auch die vom Vertrag von Amsterdam und dem Gipfel von Cardiff geforderte Integration von Umweltaspekten in andere Politikbereiche vorantreiben (siehe Absatz 6 unten).

Der Beschluß verpflichtet die Kommission, zum Abschluß des Programms dem Europa-Parlament und dem Rat eine globale Bewertung der Umsetzung des Programms vorzulegen. Die Bewertung muß ggf. erforderliche Überprüfungen und Aktualisierungen von Zielen und Prioritäten besonders berücksichtigen. Wo erforderlich sollten auch Vorschläge für die Prioritäten, Ziele und Maßnahmen nach dem Jahr 2000 gemacht werden. Die Vorbereitungen für diesen Prozeß begannen im September 1998.

[2] Der Beschluß Nr.2179/98/EC und die Erklärung der Kommission wurden im Amtsblatt L 275 vom 10. Oktober 1998 veröffentlicht.

Diese globale Bewertung und die Diskussion mit den Mitgliedstaaten, Zielgruppen usw. wird ein wesentlicher Baustein für das Sechste Programm sein, das von der nächsten Kommission im Herbst des Jahres 2000 vorgelegt werden wird. Andere Bausteine werden der Umweltbericht 1998/1999 sein, der zur Zeit von der Europäischen Umweltagentur vorbereitet wird und im Mai/Juni 1999 veröffentlicht werden soll, sowie die Resultate aktueller Studien und Forschungsarbeiten.

6. Die Integration von Umweltaspekten in andere Politikbereiche

Eines der wichtigsten Ziele des Programms und des Vertrages von Maastricht ist die Integration von Umweltaspekten in andere Politikbereiche. Der Vertrag von Amsterdam, der vermutlich im Frühjahr 1999 in Kraft treten wird, betont diese Pflicht nachdrücklich.

Im Dezember 1997 forderte der Europäische Rat in Luxemburg die Kommission auf, eine Strategie zur Umsetzung von Artikel 6 des Vertrags von Amsterdam, der die Gemeinschaft zur Integration von Umweltaspekten in alle Politikbereiche und Maßnahmen der Gemeinschaft verpflichtet, zu entwerfen.

Im Mai 1998 legte die Kommission das Dokument „Partnerschaft für die Integration – Eine Strategie zur Integration der Umwelt in die Politik der Europäischen Union" vor, das vom Europäischen Rat im Juni 1998 in Cardiff diskutiert wurde (COM (98) 333 final, 27. Mai 1998). Der Rat unterstrich den Grundsatz, nach dem wichtige Politikvorschläge der Kommission von einer Bewertung der umweltrelevanten Aspekte begleitet sein müssen. Er betonte die Bemühungen der Kommission hinsichtlich einer Integration von Umweltaspekten in alle Politikbereiche der Gemeinschaft und die Notwendigkeit, dies bei einzelnen Entscheidungen zu evaluieren, auch in bezug auf die Agenda 2000. Alle relevanten Organe des Rates wurden aufgefordert, eigene Strategien zu entwickeln, damit die Integration von Umwelt und Nachhaltigkeit in den jeweiligen Politikbereichen greifen kann. Sie sollten den Fortschritt kontrollieren, die von der Kommissionen vorgeschlagenen Leitlinien berücksichtigen und Indikatoren festlegen. Die Räte für Transport und Verkehr, Energie und Landwirtschaft wurden aufgefordert, diesen Prozeß zu initiieren. Rat und Kommission sollten den Fortschritt überwachen, auch hinsichtlich der Überprüfung des notwendigen organisatorischen Arrangements.

Der Europäische Rat begrüßte den Fortschritt, der in einem anderen Bereich der Integration erzielt werden konnte: das Follow-up der Kyoto-Konferenz zum Klimawandel. Die EU und ihre Mitgliedsstaaten müssen jetzt Strategien entwickeln, um ihre Pflichten aus dem Kyoto-Protokoll zu erfüllen. Die Erfüllung dieser herausfordernden Ziele wird ein praktischer Test für den Fortschritt, den die EU und ihre Mitgliedstaaten auf dem Weg hin zu einer Integration von Umweltaspekten in ihre Politiken machen, sein.

Der Wiener Gipfel im Dezember 1998 wird den im Bereich der Integration erzielten Fortschritt messen. Der Europäische Rat wird den Fortschritt im Bereich der Integration bei den Sitzungen in Köln (Juni 1999) und Helsinki (Dezember 1999) bewerten.

7. Schlußbemerkungen

Die im Beschluß über die Überprüfung des Fünften Programms festgelegten Prioritäten müssen in Vorschläge für spezifische und konkrete Maßnahmen übersetzt werden. Die Kommission hat sich verpflichtet, derartige Entwürfe vorzulegen. Angesichts der Tatsache, daß der Beschluß sich nicht auf die von den Mitgliedstaaten oder anderen vom Programm identifizierten Akteuren zu ergreifenden Maßnahmen bezieht, obliegt es diesen Akteuren, im Geist der „gemeinsamen Verantwortung" ihre Pflichten zu erfüllen und die entsprechenden Maßnahmen innerhalb ihrer Kompetenzbereiche und Zuständigkeit zu ergreifen.

Der Beschluß fördert die Umsetzung des Fünften Programms auf der EU-Ebene innerhalb der Kommission und in anderen Institutionen der Gemeinschaft, insbesondere in bezug auf die Integration von Umweltaspekten in andere Politikbereiche. Zugleich gewährleistet er eine stärkere politische Verpflichtung des Rates, des Parlaments und der Mitgliedstaaten im gemeinsamen Bemühen um die Ziele der Umweltpolitik der Europäischen Gemeinschaft und die Nachhaltigkeit, wie im Vertrag und im Fünften Programm definiert, als frühere Programme.

In bezug auf ein neues Programm für den ersten Teil des 21. Jahrhunderts läßt sich zu diesem Zeitpunkt nur schwer vorhersehen, was für ein Plan oder Programm zur Jahrhundertwende erforderlich sein wird. Die 1999 erfolgende globale Bewertung wird die Fortschritte bei der Umsetzung der Ziele des Programms erneut bewerten und einige Überlegungen zum Geltungsbereich und den Themen des nächsten Programmes vorlegen.

Die auf die Integrationsfragen fokussierende Strategie und der Ansatz, die im Überprüfungsprozeß erneut bestätigt wurden, werden vermutlich nicht vollständig überarbeitet werden. Dennoch gibt es auch hier eine Option, die nicht völlig verworfen werden kann, und diese wird davon abhängen, wie sich die neue Kommission in bezug auf die nachhaltige Entwicklung einschließlich der sozialen und wirtschaftlichen Dimensionen organisieren wird. Eine andere Frage wird sein, welche Schlußfolgerungen die Kommission, der Rat und das Europäische Parlament aus dem langwierigen Entscheidungsfindungsprozeß beim Beschluß über die Überprüfung des Fünften Programms ziehen werden.

Die im Fünften Programm definierte Strategie und der Ansatz der Nachhaltigkeit und die meisten seiner allgemeinen Ziele gehen über das Jahr 2000 hinaus. Neue Entwicklungen werden also in jedem Fall zu berücksichtigen sein, auch die mögliche EU-Mitgliedschaft einiger Länder in Mittel- und Osteuropa und Zyperns. Es erscheint logisch, daß ein neues Programm spezifische Zielvorgaben und Ziele, die beispielsweise in den Jahren 2005 und/oder 2010 erreicht werden sollen, beinhalten wird.

Anhang: Tabellen

Tabelle 1: Versauerung

	Zielsetzungen	*EG-Zielvorgaben bis zum Jahr 2000*	*Aktionen und Zeitrahmen*	*Bereiche/ Akteure*
NO_x [1]	Die kritischen Belastungen und die Grenzwerte dürfen unter keinen Umständen überschritten werden	▪ Stabilisierung der Emissionen auf EG-Ebene bis 1994 (auf den Werten von 1990) *) ▪ Verringerung um 30% bis zum Jahr 2000	▪ Die in Tabelle 7 bezüglich der Probleme von weltweiter Bedeutung aufgeführten Maßnahmen gelten auch für NO_x und SO_x	Energie, Verkehr, Landwirtschaft, Industrie, Tourismus
SO_x [1]		▪ Verringerung der Emissionen auf EG-Ebene um 35% bis zum Jahr 2000 (bezogen auf die Werte von 1985)	▪ Vorschläge für Produktnormen für Benzin, Mineralöle und Rückstände bis 1995	*EG*+MS+Energie+Industrie
NH_3 (Ammoniak)		▪ Variable Zielvorgaben entsprechend den Problemen, die in den jeweiligen Regionen auftreten	▪ NH_3-Emissionskataster und -tendenzen bis 1994; Normen für landwirtschaftliche Neubauten bis 1996	*MS*+LB+EG +EUA+Landwirtschaft
Allgemein VOC		▪ Verringerung der anthropogenen Emissionen bis 1996 um 10% ▪ Verringerung (bezogen auf die Werte von 1990) bis 1999 um 30%	▪ Verringerung im Verkehrssektor, in der Nahrungsmittel- und Farbstoff- sowie der chemischen Industrie	*EG*+MS+Ind.
Dioxine		▪ Verringerung der Dioxin-Emissionen aus bestimmten Quellen bis zum Jahr 2005 um 90% (bezogen auf die Werte des Jahres 1985)	▪ Änderung der Richtlinie über kommunale Müllverbrennungsanlagen bis 1994	*EG*+MS
			▪ Entwurf für eine Richtlinie über die Verbrennung gefährlicher Abfälle: 1992	*EG*+MS
Schwermetalle		▪ Mindestens 70%ige Verringerung der gesamten Cd-, Hg- und Pb-Emissionen bis 1995	▪ Integrierter Umweltschutz und Überprüfung der BVT	*EG* und MS und LB und Industrie

*) Zielvorgabe bereits durch EG beschlossen.

(1) Die Kommission der Europäischen Gemeinschaften hat 1990 eine Reihe von Energiebedarf- und Versorgungsszenarien sowie deren Auswirkungen für NO_x-, SO_2- und CO_2-Emissionen erstellt. Auf der Grundlage der Computerberechnungen mit dem RAINS-Modell scheint es möglich, daß bei den unter Ziel 1 und 2 des Strukturfonds aufgeführten Regionen hinsichtlich der Übersäuerung noch beträchtlicher Spielraum besteht. Wo jedoch Gebiete innerhalb dieser Regionen die kritischen Belastungen erreichen oder überschreiten, sollten zusätzlich zu den bestehenden EG-Rechtsvorschriften weitere Verringerungen vorgeschrieben werden. In allen anderen Regionen der Gemeinschaft sollten die Zielvorgaben ohne jede Ausnahme gelten, was eine erhebliche Verringerung der Energienachfrage durch rationellere Energienutzung und eine Erhöhung der Energiepreise durch steuerliche Maßnahmen erfordert.

Tabelle 2: Land- und Forstwirtschaft

Zielsetzungen	*EG-Zielvorgaben bis zum Jahr 2000*	*Aktionen*	*Zeit-rahmen*	*Akteure*
Erhaltung der grundlegenden natürlichen Prozesse, die für eine dauerhafte und umweltgerechte Landwirtschaft unverzichtbar sind, insbesondere durch den Schutz der Wasser- und Bodenressourcen sowie der genetischen Vielfalt	Stabilisierung bzw. Verringerung des Nitratgehalts im Grundwasser	Strenge Anwendung der Nitrat-Richtlinie	1994 →	*MS*+AGR
	Erhebliche Verringerung der Zahl der Oberflächengewässer, die mehr als 50 mg/l an Nitraten aufweisen oder deren Nitratgehalt die Eutrophierung von Seen und Meeresgebieten verursacht	Festlegung regionaler Emissionsnormen für neue Viehzuchteinheiten (NH_3) und Silos (Silofutter)	fortlaufend	*MS*+LB
		Programm zur Verringerung des Phosphateinsatzes	1995	*EG*+MS
	Stabilisierung bzw. Steigerung des Anteils an organischen Stoffen im Boden	Gewährung von Prämien und anderen Ausgleichszahlungen, wenn die Umweltrechtsvorschriften eingehalten werden	1995 →	*EG*+MS+ LB+AGR
Verringerung des Chemikalieneinsatzes auf ein Maß, durch das diese Prozesse nicht beeinträchtigt werden	Beträchtliche Verringerung des Pestizideinsatzes je landwirtschaftlich genutzter Flächeneinheit und Schulung der Landwirte im Einsatz von Methoden der integrierten Schädlingsbekämpfung – zumindest in allen für den Naturschutz wichtigen Gebieten	Registrierung des Verkaufs und Einsatzes von Pestiziden	fortlaufend	EG+*MS*+ AGR
Abstimmung der Düngemittelzufuhr auf die Aufnahmekapazität der Böden und Pflanzen		Überwachung des Verkaufs und Einsatzes von Pestiziden	1995	EG+*MS*+ AGR
		Förderung einer „integrierten Überwachung„ (insbesondere Ausbildungsmaßnahmen) und Förderung von biologischer Landwirtschaft	1992	EG+*MS*+ AGR
Bewirtschaftung der ländlichen Umwelt in einer Weise, daß Artenvielfalt und natürliche Habitate geschützt und naturbedingte Gefahren (z.B. Erosion, Lawinen) und Feuer minimiert werden	15% der landwirtschaftlichen Gebiete durch Bewirtschaftungsverträge abgedeckt	Programme für landwirtschaftliche Umweltschutzgebiete mit Prämien, die durch den EAGFL mitfinanziert werden	1992	*MS*+EG
		Schutz aller gefährdeten Haustierarten	fortlaufend	*MS*
	Bewirtschaftungspläne für alle gefährdeten ländlichen Gebiete	Neubewertung der Genehmigungsbedingungen für Bewässerungsmaßnahmen und der staatlichen Beihilfen für Trockenlegungsprogramme/-projekte	1995	*MS*+EG
		Schulung der Landwirte, Förderung von Austauschbesuchen zwischen Regionen mit vergleichbaren Umweltsituationen	1992	EG+*MS*+ LB
Optimierung der Bewirtschaftung von Waldfläche, damit der Wald alle seine Funktionen erfüllen kann	Steigerung der Aufforstung, auch auf landwirtschaftlich genutzten Flächen	Aufforstung und Regeneration bestehender Wälder, hierbei Förderung der Mittel, die für die Umwelt am geeignetsten sind (langsam wachsende Bäume, Mischwald)	fortlaufend	EG+*MS*+ LB+ *Waldbesitzer*
	Verbesserter Schutz (gegen Krankheiten und Waldbrände)	Weitere Maßnahmen gegen Waldbrände	idem	idem

Tabelle 3: Industrie

Zielsetzungen	*Maßnahmen bis zum Jahr 2000*	*Instrumente*	*Zeitrahmen*	*Akteure*	*Fortschritt*
1. Nachhaltige Nutzung der natürlichen Ressourcen und Tierschutz	1. Internalisierung der externen Kosten	▪ marktgerechtes Preisgestaltungssysteme für die Verwendung und den Verbrauch von natürlichen Ressourcen	1993→	*EG*+MS	Studie zu Abwassergebühren
	2. Schaffung von Märkten für wiederverwertbare Güter	▪ ökonomische und steuerliche Anreize	1993→	EG+*MS*	Verabschiedet
	3. Zielvorgaben für Mindestgrenzen bei der Wiederverwendung	▪ Verpackungsrichtlinie	1995	*EG*+MS+Ind.	siehe Kapitel 4.4
		▪ Pfandsystem (Abfall)	1998	*MS*+EG+Ind.	
	4. Verbesserung der materiellen und strategischen Planung	▪ UVP	läuft	*EG +Ind.+MS*	
	5. Energiesparprogramme	▪ Realisierung einzelstaatlicher und gemeinschaftlicher Programme (PACE, SAVE)	läuft	*MS*+*EG*+Ind. +Energiesektor	siehe Kapitel 1.2.
	6. Verringerung der Zahl der für Versuchszwecke genutzten Tiere um 50%	▪ Realisierung gemeinschaftlicher Programme	ständig	EG+*MS*+*Ind.*	Gute Fortschritte bei verschiedenen Programmaspekten
2. Verhütung von Umweltverschmutzung durch Management und Kontrolle der Herstellungsverfahren, diffuser Emissionen und der Erzeugnisse	1. Einsatz "sauberer" Technologien	▪ Finanzierungsmechanismen (z.B. LIFE)	läuft	*EG*	LIFE in der Anwendung
	2. Integrierte Verhütung von Umweltverschmutzung und deren Überwachung	▪ Betriebsgenehmigungen (einschl. IPC-Richtl.)	1995 →	*MS*+*Ind.*+EG	Gemeinsamer Standpunkt: IMPEL
		▪ Einsatz von BVT	läuft	*MS*+EG+*Ind*	BVT- Anleitung Studien abgeschlossen
		▪ saubere und abfallarme Technologie			
		▪ UVP	läuft	EG+Ind.+MS	siehe Kapitel 4.4.
		▪ Emissionsgrenzen	ständig	EG+MS	Beobachtete Emissionsreduzierung
		▪ Öko-Audits (Umweltbetriebsprüfungen)	1993 →	*EG+MS+Ind.*	EMAS-Verordnung in Kraft getreten
		▪ Umweltgebühren	1993	*MS*+EG	Studie abgeschlossen
		▪ Emissionskataster	1994 →	*EG*+Ind.	
		▪ Öko-Accounting (umweltbezogene Bilanzierung)	1993 →	*EG+EUA+MS*	

Tabelle 3: Industrie (Fortsetzung)

	3. Entwicklung umweltfreundlicher Güter	▪ Umweltzeichen	1993 →	*EG+MS*	Verordnung in Kraft erste Kriterien erstellt
		▪ Produktnormen	läuft	EG+MS+*CEN* +Ind.	
	4. Spezielle Reduzierungs- bzw. Begrenzungsprogramme: ▪ Treibhausgase ▪ FCKW ▪ VOC ▪ Schwermetalle	▪ Emissionsgrenzen für die wichtigsten Schadstoffe	ständig	*MS*+EG	siehe oben
		▪ Einsatz von BVT	läuft	*MS*+EG+*Ind*	siehe oben
		▪ freiwillige Vereinbarungen und andere Formen der freiwilligen Selbstkontrolle	ständig	EG+*Ind*	VA-Studien in der Realisierung, Maßnahmen seitens der Industrie
	5. Verbesserung der Sicherheit am Arbeitsplatz und in der Forschung	▪ Anwendung einer überarbeiteten "Seveso"-Richtlinie	1995	EG+MS	gemeinsamer Standpunkt MAHB, Technische Gruppen
		▪ gemeinsame Prinzipien der Risikobewertung für die Verwendung von GVO (Biotechnologie)	ständig	*EG*+MS+Ind.	Richtlinie in Kraft und geändert
		▪ Anwendung von "Biotechnologie"-Richtlinien	1992	*EG*+MS	Vorschlag zur Änderung der Richtlinie 90/219 vorbereitet
	6. Verbesserung des Umgangs mit Chemikalien	▪ Notifizierung aller Chemikalien+Datenerfassung	läuft	*EG*+MS	s. Kapitel 3
		▪ Verordnung des Rates über existierende Chemikalien	1993	*EG*	Verordnung in Kraft
		▪ Richtlinie über Biozide (nicht landwirtsch. verw. Pestizide)	1994	*EG*	Vorschlag veröffentlicht
		▪ Beratender Ausschuß über die Risikoverringerung bei Chemikalien	1992	*EG*+MS+Ind.	
		▪ Einstufung gefährlicher Substanzen	läuft	*EG*+MS+Ind.	s. Kapitel 3
		▪ integrierte Kontrolle des Verkaufs und Einsatzes von Pestiziden	1995	EG+*MS*	laufend
		▪ europäisches chemisches Büro	1993	EG+MS	eingerichtet
		▪ Import-/Exportregelungen		*EG+MS*	Verordnung verabschiedet

Tabelle 3: Industrie (Fortsetzung)

3. Vermeidung u./o. sichere Entsorgung v. Abfällen	1. Pläne zur Abfallwirtschaft in allen MS	▪ Deponie-Richtlinie	1995	EG+MS+LB +Ind.	Gemeinsamer Standpunkt
	2. Verminderter Abfall/ bessere Abfallwirtschaft	▪ Normen und Standards für Müllverbrennungsanlagen und Deponien (Richtlinien)	1995	*EG+MS*+Ind.	Richtlinie über die Verbrennung v. gefährlichen Abfällen
		▪ zivilrechtliche Haftung	2000	*EG*+MS	Grünbuch veröffentlicht
		▪ Bestandsaufnahme der Abfälle und Risiken	1995	MS+EUA+EG +Ind.	Beschlüsse verabschiedet
		▪ Schaffung eines Abfallmarktes	1996	MS+EG+Ind.	
		▪ Prioritärer Abfallstrom	läuft	EG+MS+ Ind	Schlußfolgerungen zu 4 Bereichen
4. Förderung des Wandels zu umweltgerechterem Verhalten der Wirtschaftsbeteiligten	1. Sensibilisierung der Öffentlichkeit und Anreize für eine umweltverträgliche Energienutzung	▪ Vereinbarungen über rationelle Nutzung	läuft	*MS+Ind.*+EG	siehe Kapitel 1.2.
		▪ festzulegende Verhaltenskodizes	läuft	*MS +Ind.* +EG *+Energiesektor*	
	2. Sensibilisierung der Öffentlichkeit und Erstellung von Informationen zu Gütern und Verfahren	▪ Verbraucherinformation	1993	LB+EG+*MS*	siehe Umweltzeichen
		▪ Umwelt-Bewertung und -Accounting	1993→	*EG*+EUA+*MS*	
		▪ Emissionskataster	1994→	*EG*+Ind.	
		▪ "grünes" Accounting und Offenlegung in den Jahresberichten der Unternehmen	1994/2000	*EG*+MS+Ind. *+Berufsverbände*	Grünbuch veröffentlicht
	3. Anregung der Investitions- und Innovationstätigkeit sowie der Wettbewerbsfähigkeit	▪ FuE-Bemühungen	ständig	*EG+MS+Ind.*	4. FTE-Programm angenommen
		▪ ökonomische und steuerliche Anreize	ständig	EG+*MS*	
	4. Entwicklung von sauberen Technologien	▪ FuE-Bemühungen	ständig	*EG+MS+Ind.*	Durchführung von Studien

Strategische Planung für eine nachhaltige Entwicklung in der Republik Korea

Yeong Heui Lee

1 Einleitung

Die Republik Korea gehört zu den Ländern, die sich durch eine entwickelte Umweltplanung auszeichnen. Die Republik orientiert seit der Rio-Konferenz von 1992 ihre Planungen an den Leitzielen der Agenda 21 (United Nations 1993). Zur Umsetzung des dort formulierten Leitbilds der nachhaltigen Entwicklung wurden speziell der National Action Plan for Agenda 21“ (Regierung der Republik Korea 1996) und kommunale Agenden aufgestellt.

Die übrigen Systeme der lang- und mittelfristigen Planung in den Bereichen Landesentwicklung, Wirtschafts- und Gesellschaftsentwicklung, Umwelt- und Naturschutz wurden entsprechend den Intentionen der Agenda ergänzt und miteinander verklammert. Das gilt auch für die hier nicht speziell erörterten lang- und mittelfristigen Planungen, wie beispielsweise die Planung für die Wissenschafts- und Technologieentwicklung, die Planung für das nachhaltige Agrar- und Forstwesen im 21. Jahrhundert und andere Fachplanungen. Die Verklammerung der verschiedenen Planungssysteme ist mit wichtigen Synergieeffekten verbunden.

Die Strategie der Nachhaltigkeit im Sinne der Agenda 21 ist in diesen miteinander verbundenen Planungssystemen verankert, vor allem auch in der langfristigen übergreifenden Planung für den Schutz der Umwelt („Umweltleitplanung“) auf der Grundlage des Grundgesetzes für die Umweltpolitik von 1990, aber auch in der seit Jahrzehnten bestehenden Gesamtentwicklungsplanung (wörtlich: Gesamtplanung für die Entwicklung des Landes). Das dritte wichtige System umfassender Planung ist die Wirtschafts- und Gesellschaftsentwicklungsplanung.

Mängel in der Umsetzung von Nachhaltigkeitszielen werden auch in Korea naturgemäß beklagt – sie sind unter anderem auf Wissensdefizite und mangelndes Problembewußtsein zurückzuführen – dieser Aspekt wird in diesem Beitrag jedoch ausgeklammert.

2 Verfassung und Umweltschutz

Anklänge an das Leitbild der Nachhaltigkeit finden sich schon früher im koreanischen Recht. Nach Verabschiedung der Agenda 21 sind insoweit noch Ergänzungen und Konkretisierungen erfolgt.

Das moderne koreanische Umweltrecht ist streng, stark differenziert, medienübergreifend und durch das umfassende Umweltgrundgesetz von 1990 verklammert. Seit 1980 hat der Umweltschutz durch Art. 33 Verfassungsrang. Der Grundrechtsartikel garantiert der Bevölkerung, in einer sauberen Umwelt leben zu können. Das Umweltgrundrecht wurde von der koreanischen Umweltagentur (seit 1990 Umweltministerium) seinerzeit so charakterisiert:

Die Aufnahme eines Umweltschutzartikels in die Verfassung sei eine Dokumentation des staatlichen Willens, durch Reduzierung der Umweltbelastungen eine bessere Lebensqualität für die Bevölkerung zu sichern und bei der weiteren Entwicklung der Wirtschaft den Umwelt- und Naturschutz stärker zu berücksichtigen (Umweltagentur Seoul 1984: 80).

1987 wurde das Umweltgrundrecht neu gefaßt, präzisiert und durch eine Bestimmung über die Umsetzungsverpflichtung des Gesetzgebers erweitert. Die entsprechende Verfassungsbestimmung (Art. 35) erhielt folgenden Wortlaut: Abs. 1: „Alle Bürger haben das Recht auf Leben in einer gesunden und lebenswerten Umwelt. Staat und Bürger sind verpflichtet, hierfür die erforderlichen Anstrengungen zu unternehmen.“ Abs. 2: „Inhalt und Verwirklichung dieses Rechts werden durch die Gesetze bestimmt.“ Abs. 3: „Der Staat hat sich durch seine Politik der Siedlungsentwicklung zu bemühen, allen Bürgern zu einer gedeihlichen Lebenssituation zu verhelfen“ (Ku 1988: 160 f.; Kwon 1989).

Nach Art. 120 Abs. 2 der Verfassung stehen das Land und seine Ressourcen unter dem Schutz des Staates. Im Interesse einer gleichgewichtigen Entwicklung und optimalen Nutzung ist eine umfassende Planung vorgesehen. Das gilt insbesondere seit der 9. Änderung der Verfassung vom 27. Dezember 1987. Kim (1987: 38ff.) kommentiert diese Regelung zutreffend damit, daß trotz des deklaratorischen Charakters der Vorschrift der Staat mit der Einbindung der Planung in die Verfassung den Willen dokumentiert habe, der Landesentwicklung besonderes Gewicht zu verleihen. Nach Art. 122 der Verfassung kann der Staat den Bürgern im Interesse einer effektiven und gleichgewichtigen Nutzung, Entwicklung und Erhaltung des Landes durch Gesetz die erforderlichen Beschränkungen und Verpflichtungen auferlegen.

3 Das Grundgesetz für die Umweltpolitik als Grundlage der langfristigen koreanischen Umweltpolitik

Im Folgenden werden die umweltrechtlichen Bestimmungen dargestellt, die die obige These stützen, daß sich im koreanischen Recht bereits vor 1992 Anklänge an das Nachhaltigkeitsprinzip finden: Ein wichtiger Schritt in die Richtung eines wirksameren medienübergreifenden Umweltschutzes war im August 1990 die umfassende Novellierung des Umweltrechts, in deren Rahmen das frühere allgemeine medienübergreifende Umweltgesetz von 1977[1] zum Grundgesetz für die

[1] Im Jahre 1977 erging bereits ein medienübergreifendes Umweltschutzgesetz (Umweltschutzgesetz vom 31. 12. 1977, Gesetz Nr. 3078. Inkrafttreten: 1. 7. 1978) und ersetzte das Gesetz zum Schutz vor Luftverunreinigungen vom 5. 11. 1963. Es verankerte ausdrücklich das Vorsorgeprinzip und enthielt bereits eine UVP-Regelung.

Umweltpolitik (GUP)[2] ausgebaut wurde. In der Folgezeit wurden zahlreiche umweltschutzspezifische Einzelgesetze erlassen oder novelliert[3].

Das Grundgesetz für die Umweltpolitik will nach § 1 Gefahren und Schäden durch Umweltbelastungen vorbeugen und die natürliche Umwelt und die Lebensumwelt so weit wie möglich erhalten und entwickeln. § 2 GUP formuliert als Grundgedanken des Gesetzes die Schaffung einer lebenswerten Umwelt durch die Harmonisierung des Verhältnisses zwischen Mensch und Umwelt. Im Gesetz sind die Grundprinzipien des Umweltschutzes – Verursacherprinzip, Vorsorgeprinzip, Kooperationsprinzip und das Gemeinlastprinzip – sowie entsprechende Pflichten der Akteure, also des Staates, der kommunalen Verwaltungen, der Unternehmen und der Bevölkerung, verankert.

Das Vorsorgeprinzip findet sich vor allem in den zahlreichen, hier thematisierten Regelungen über die Planung und beim produktbezogenen Umweltschutz. § 4 GUP formuliert die Pflicht des Staates, Umweltpläne aufzustellen und umzusetzen. Den Selbstverwaltungskörperschaften (Mittel- und Ortsinstanz) wird gleichfalls die Pflicht auferlegt, langfristige übergreifende Pläne für den Umweltschutz unter Berücksichtigung der regionalen Besonderheiten und nach Maßgabe der staatlichen Planung zu entwickeln und zu implementieren.

Nach § 12 GUP hat der Umweltminister zum Schutz der Umwelt alle 10 Jahre einen langfristigen umfassenden Plan mit den Leitern der im Einvernehmen zu beteiligenden wichtigen Zentralbehörden und nach Beratung mit der dem Ministerpräsidenten unterstehenden Kommission für den Umweltschutz aufzustellen. Der vom Umweltminister aufgestellte Entwurf des Umweltleitplans wird vom Kabinett beschlossen. In § 13 werden die wesentlichen Inhalte des Plans festgelegt:

1. die Festlegung der Ziele des Umweltschutzes, operative Maßnahmen zur Zielerreichung und eine entsprechende zeitliche Planung,
2. Angaben über die Rahmenbedingungen der Umweltveränderungen, wie Einwohnerzahl, Industrie, Wirtschaft sowie die Nutzung der Böden und des Meeres,
3. die Darstellung der Situation und der Entwicklung sowie der Maßnahmen, die die Umwelt beeinflussen,
4. Prognosen über Art und Umfang der künftigen Umweltbelastungen, die Entwicklung der Schadstoffemissionen und Veränderungen der Umweltqualität,
5. eine Kostenrechnung für die Durchführung der Maßnahmen und die Darlegung ihrer Finanzierung.

Der Umweltminister hat nach § 14 den festgesetzten Plan unverzüglich den Leitern der zuständigen zentralen Institutionen zuzustellen. Diese haben die notwendigen Maßnahmen zur Durchführung des Plans zu treffen.

In § 15 GUP ist die Pflicht zur flächendeckenden kontinuierlichen Umweltanalyse und der Aufbau eines Überwachungs- und Meßnetzsystems festgelegt. In § 8 GUP ist die Umweltberichterstattung geregelt. Danach hat die Regie-

[2] Grundgesetz für die Umweltpolitik (GUP) vom 1. 8. 1990, Gesetz Nr. 4257, zuletzt geändert am 13. 12. 1997, Gesetz Nr. 5454.

[3] Hierzu Einzelheiten vgl.: Lee 1999; Lee 1995; Kim 1986.

rung jährlich einen Bericht über die Inhalte und die Durchführung der wesentlichen Maßnahmen zum Umweltschutz und sonstige Angelegenheiten dem Parlament vorzulegen. Das Umweltministerium publiziert jährlich ein Umwelt-Weißbuch (auch in englischer Sprache).[4]

4 Medienübergreifende umfassende Umweltplanung in der Republik Korea

4.1 Einleitung

Neben der übergreifenden langfristigen Umweltleitplanung steht die „mittelfristige umfassende Planung zur Verbesserung der Umwelt“, die ihrer Konkretisierung dient. Ihre Rechtsgrundlage ist das Gesetz über die Mittelaufbringung zur Verbesserung der Umwelt von 1991[5]. Neben diesen medienübergreifenden Umweltplanungen findet sich noch eine Reihe weiterer rechtsverbindlicher Umweltpläne auf der gesamtstaatlichen Ebene:

- die Leitplanung für die Ordnung des Abwasserwesens (20 Jahres-Turnus),
- die Leitplanung des Bodenschutzes (10 Jahres-Turnus),
- die Leitplanung für die Erhaltung ökologisch wertvoller Inseln (10 Jahres-Turnus),
- die umfassende Leitplanung für die Ordnung des Grundwassers (10 Jahres-Turnus),
- die Leitplanung für den Erhalt der Qualität der stehenden Binnengewässer (10 Jahres-Turnus),
- die umfassende Planung für das Abfallwesen (10 Jahres-Turnus),
- die langfristige umfassende Planung für die Entwicklung der Umwelttechnologie (10 Jahres-Turnus),
- die mittelfristige Leitplanung für den Schutz der natürlichen Umwelt (5 Jahres-Turnus),
- die Planung zur Verhinderung der Kontamination des Ozeans (5 Jahres-Turnus),
- die Leitplanung für das Recycling von Ressourcen (5 Jahres-Turnus).

Beispiele für nicht rechtsverbindliche Umweltplanungen auf gesamtstaatlicher Ebene sind unter anderem die langfristige umfassende Planung für die Luftreinhaltung und die umfassende Planung für die Wasserwirtschaft. Daneben finden sich weitere freiwillige Planungen, wie der umfassende Plan für die Entwicklung der Umweltinformatisierung, die umfassende Planung für Umwelterziehung und öffentliche Information sowie der umfassende Plan für das Management von Chemikalien usw.

---

[4] Das Umweltweißbuch ist im Buchhandel preiswert verfügbar. Zusätzlich besteht die Möglichkeit, Kopien auf CD-Rom oder Diskette zu erhalten.

[5] Gesetz über die Kostentragung zur Verbesserung der Umwelt vom 31. 12. 1991, Gesetz Nr. 4493, zuletzt geändert am 13. 12. 1997, Gesetz Nr. 5454.

Planung ist in Korea ein bewährtes und von allen Beteiligten akzeptiertes administratives Instrument. Die Planung hat in der Republik Korea einen größeren Stellenwert als beispielsweise in Deutschland. In letzter Zeit enthalten alle lang- und mittelfristigen Pläne Aussagen im Sinne des Ziels einer dauerhaften umweltgerechten Entwicklung.

4.2 Der langfristige umfassende Plan für den Schutz der Umwelt – Umweltleitplanung

Der erste langfristige umfassende Umweltleitplan wurde noch auf Initiative der Regierung aufgestellt. Der zweite langfristige Umweltleitplan (1996–2005) – bezeichnet auch als „Environment Vision 21" – hat nunmehr das Grundgesetz für die Umweltpolitik zur Basis. Die Integration der Leitvorstellungen der Agenda 21 ist eines seiner hervorstechenden Kennzeichen (Ministerium für Umwelt der Republik Korea 1996).

Der langfristige Umweltleitplan geht von folgenden Eckdaten und Annahmen aus: die Bevölkerung wird bis zum Jahre 2005 nach derzeitiger Prognose um jährlich durchschnittlich 0,7 % zunehmen. Die Wirtschaft wird um jährlich 6–7 % wachsen. Das Industriewachstum wird mit weiteren Strukturveränderungen einhergehen. Dabei wird eine weitere Diversifikation der industriellen Entwicklung eintreten. Auch die Verstädterung wird zunehmen, verbunden mit einer weiteren Bevölkerungsverdichtung in den Ballungszentren und einer Steigerung des Energieverbrauchs. Die Umweltbelastung wird entsprechend zunehmen. Infolge der Dezentralisierung und der Einführung der kommunalen Selbstverwaltung wird die regionale Wirtschaftsentwicklung und Nachfrage zunehmen. Dadurch wird auch in den bisher unbelasteten ländlichen Gebieten die Umweltbelastung steigen. Auch die weitere ökonomische Entwicklung der Region wird zu steigenden Umweltbelastungen führen, abgesehen davon ist auch eine weitere Zunahme der Umweltbelastungen infolge der grenzüberschreitenden Immissionen, insbesondere aus China, zu verzeichnen.

Nach der rapiden Industrialisierung und dem Anwachsen der Wirtschaft in der Nordost-Asien-Region einschließlich der Volksrepublik China besteht ein erhöhtes Interesse am Umweltschutz in der Korea umgebenden Region, vor allem wegen der Zunahme des sauren Regens und der Verschmutzung des Gelben Meeres. Deswegen werden internationale Verhandlungen und wechselseitige Umweltschutzkooperationen zwischen den Staaten der Region immer dringender erforderlich. Durch die Intensivierung der Umweltpolitik wird die Umwelttechnologieentwicklung, die Höhe der Umweltinvestitionen, die Verbesserung der Produktivität, die Entwicklung neuer Industrien und die Entwicklung neuer Märkte beschleunigt.

Leitziel der Umweltpolitik ist der „Aufbau eines vorbildlichen Umweltstaates", dem es darum geht, die globale Umwelt und die Umwelt des eigenen Landes auf Dauer zu erhalten und damit die Grundlage eines menschenwürdigen Lebens zu schaffen, das im Einklang mit der Natur steht und das Land den nachfolgenden Generationen in einem intakten Zustand überläßt. Der Umweltleitplan nennt als grundlegende langfristige Ziele:

1. die Erreichung einer menschenwürdigen Lebensqualität,
2. die Erhaltung und Wiederherstellung der natürlichen Ökosysteme und
3. den Schutz der globalen Umwelt (Ministerium für Umwelt der Republik Korea 1996b: 12f.).

Ausgangspunkt sind die folgenden Grundsätze (Ministerium für Umwelt der Republik Korea 1996b: 13 f.):

- Vorsorgeprinzip,
- Prinzip der Harmonisierung und Versöhnung von Umwelt und Wirtschaft,
- Prinzip des Verursacher-Gewinner-Ausgleichs,
- Verstärkung ökonomischer Anreize und
- Prinzipien der Zugänglichkeit von Informationen und der Partizipation der Bevölkerung.

In dem Plan sind nicht nur Zieldifferenzierung und Strategiefestsetzung, sondern auch die oben erwähnten rechtlichen Vorgaben (§ 13 GUP) enthalten, wie die Analyse der Rahmenbedingungen, Prognosen bezüglich Art und Umfang der künftigen Umweltbelastungen, gestufte Maßnahmen zur Zielerreichung sowie ein Zeitplan, Berechnung der Kosten, die für die Durchführung der Maßnahmen erforderlich sind und die Darlegung ihrer Finanzierung.

Die Ziele des langfristigen Umweltleitplans reichen bis ins 21. Jahrhundert, das Maßnahmenspektrum bis zum Jahre 2005. Sie sind teils als Umweltqualitätsziele, teils als konkrete, quantifizierte Handlungsziele formuliert. So soll etwa der Anteil der Flußstrecken mit der Güteklasse I oder II von 1994 bis 2005 von 30 auf 95 Prozent und der Anteil der behandelten Abwässer von 42 auf 80 Prozent erhöht werden. Der Abfall pro Einwohner soll um ein Drittel abnehmen und die Naturschutzfläche auf 5000 km^2 erhöht werden. Die Schwelfeldioxidimmissionen der größeren Städte sollen sich – nach einer dramatischen Reduzierung – bis 2005 noch einmal auf nur noch 0,008 ppm verringern.

4.3 Der mittelfristige Plan zur Verbesserung der Umwelt

4.3.1 Einleitung

Ein weiterer medienübergreifender Umweltplan ist der bereits erwähnte mittelfristige umfassende Plan zur Verbesserung der Umwelt, der der konkreten Umsetzung des langfristigen Planes dient. Der Staat ist nach § 2 Abs. 1 Gesetz über die Kostenaufbringung zur Verbesserung der Umwelt (KostUG) verpflichtet, einen solchen Plan aufzustellen. Auch die Selbstverwaltungskörperschaften haben nach dem Gesetz Planungen für Maßnahmen der Umweltverbesserung in ihren jeweiligen Gebieten aufzustellen und durchzuführen.

§ 1 KostUG benennt als Ziele des Gesetzes eine dauerhafte Entwicklung und die Entwicklung einer lebenswerten Umwelt. Hierfür sollen Maßnahmen zur Verbesserung der Umwelt umfassend und systematisch durchgeführt und die investiven Mittel rational eingesetzt werden.

Durch § 5 Abs. 1 KostUG wird festgelegt, daß der Umweltminister alle fünf Jahre einen derartigen Plan aufzustellen hat. Gemäß § 5 Abs. 3 KostUG haben zu diesem Zweck die Leiter der zuständigen zentralen Ressorts, die Gouverneure und die Oberbürgermeister der Metropolen einen Entwurf für ihren Zuständigkeitsbereich aufzustellen und diesen dem Umweltminister vorzulegen. Danach hat gemäß § 5 Abs. 4 KostUG der Umweltminister die Entwürfe zusammenzustellen, abzugleichen, den Gesamtplan der Umweltministerkonferenz zur Beratung vorzulegen und danach den Plan festzusetzen.

Auf dieser rechtlichen Grundlage wurde in Korea im Jahre 1997 bereits der zweite mittelfristige umfassende Plan zur Verbesserung der Umwelt (1997–2001) aufgestellt (Ministerium für Umwelt der Republik Korea 1997a). In diesem wird der erste mittelfristige Plan (1992–1996), der im Jahre 1991 aufgestellt wurde (Ministerium für Umwelt der Republik Korea 1991) evaluiert. Auf dieser Basis wurde zugleich der langfristige Umweltleitplan konkretisiert.

4.3.2 Ziele und Charakteristiken des zweiten mittelfristigen Plans zur Verbesserung der Umwelt (1997-2001)

Oberstes Ziel des zweiten mittelfristigen Umweltplans ist die „Errichtung eines grünen Staates“. Dafür werden wie im langfristigen Umweltleitplan drei Hauptziele festgelegt:

1. Erhöhung der Lebensqualität durch Sicherung des Umweltgrundrechts,
2. Erhaltung und Wiederherstellung der natürlichen Ökosysteme,
3. Verstärkung der Rolle des globalen Umweltschutzes.

In dem Plan werden 11 Bereiche einer Verbesserung der Umwelt aufgeführt, die jeweiligen mittelfristigen Oberziele und ihre Durchführungsmaßnahmen dargestellt und je nach Maßnahme die detaillierten Unterziele und operativen Maßnahmen formuliert. Die 11 Bereiche und Oberziele sind:

1. Verbesserung der Grundlagen des Umweltmanagement: Stärkung der Grundlagen für die Prävention der Umweltbelastung; Erhöhung der Umweltschutzkapazität von Regierung und Selbstverwaltungsorganen,
2. Verstärkung der Umwelterziehung: Förderung des Umweltbewußtseins; Förderung der privaten Umweltorganisationen und ihrer Rechtsposition,
3. Schutz der natürlichen Umwelt: Systematische und umfassende Erhaltung der natürlichen Ökosysteme; Schaffung der Grundlagen für eine umweltgerechte Nutzung der Natur und der Ökosysteme,
4. Luftreinhaltung: Sicherung einer guten Luftqualität; Schaffung smogfreier Städte,
5. Erhaltung der Wasserqualität: Sicherstellung von sauberem Wasser durch Verbesserung der Wasserqualität,
6. Trinkwassermanagement: Ausreichende Versorgung mit gutem Wasser,
7. Abfallmanagement: Aufbau der sozio-ökonomischen Grundlagen einer Kreislaufwirtschaft,
8. Management von Chemikalien: Nutzungsreduzierung und Sicherheitsmanagement schädlicher chemischer Stoffe,

9. Bodenschutz: Gesundes und sicheres Management des Bodens,
10. Verstärkung des globalen Umweltschutzes und internationale Kooperation: Lösung der globalen Umweltprobleme; Aufbau einer Umweltgemeinschaft auf der koreanischen Halbinsel (Nord- und Südkorea),
11. Schutz der Meeresumwelt.

Tab. 1: Ausgewählte Ziele des zweiten mittelfristigen koreanischen Umweltplans

	1995	2001
Verbesserung der Luftqualität		
– SO_2 (ppm, Stadt Seoul)	0,013 (1996)	0,010
– Kfz- Emissionen	2,05 Mio t (1996)	0,97 Mio t
– Feinstaubemissionen Kfz	84,100 Mio t (1996)	11,400 Mio t
Verbesserung der Wasserqualität		
– Zielerreichung der Qualitätsstandards von Flüssen	13,8 %	70 %
– Versorgungsrate Kanalisation	43,3 %	65 %
Trinkwassermanagement		
– Versorgung mit Leitungswasser	83 %	90%
– Anzahl der Parameter der Trinkwasserqualität	45	85
Management von Siedlungsabfällen		
– Recycling	23,7 %	35 %
– Verbrennung	4,0 %	20 %
– Trockenlagerung	72,3 %	45 %
– Sanitäre Trockenlagerung	65,7 %	100 %
Management gewerblicher Abfälle		
– Recycling	61,2 %	68 %
– Verbrennung	6,3 %	12 %
– Trockenlagerung	32,5 %	20 %

Quelle: Ministerium für Umwelt der Republik Korea 1997a

4.3.3 Wesentliche Inhalte des mittelfristigen umfassenden Plans zur Verbesserung der Umwelt

Im Folgenden soll ein Überblick über die inhaltliche Systematik des Mittelfrist-Plans (1997–2001) gegeben werden. Wie die Abbildung 1 zeigt, sieht der Plan Maßnahme- und Investitionsprojekte vor. Bei den Maßnahmeprojekten ist zu unterscheiden zwischen Regelungen und Systemen für das Umweltmanagement, Umweltstandardsetzungen und Ansätzen zur Einwirkung auf das Umweltbewußtsein. Bei den Investitionsprojekten ist zu unterscheiden zwischen öffentlichen und privaten Projekten. Dabei unterteilen sich die öffentlichen Projekte in zentrale und lokale Projekte. Bei den privaten Projekten wird unterschieden zwischen den von der Regierung finanzierten Maßnahmen und von privaten Vereinen und Unternehmen geförderten Maßnahmen.

Der zweite mittelfristige Plan enthält 131 Vorhaben, und zwar 94 politische Einzelmaßnahmen und 37 Investitionsprojekte. Sie sind in Tabelle 2 dargestellt.

Hinsichtlich der notwendigen Investitionsmittel ergibt sich, daß für den gesamten Planungszeitraum (1997–2001) allein für Anlagen des Umweltschutzes ca. 65,2 Milliarden DM (Preisbasis 1996) veranschlagt werden. Insgesamt verteilen sich die veranschlagten Mittel wie folgt: Für den Bereich der Grundlagen des Umweltmanagement 1,03 %; für den Schutz der natürlichen Umwelt 0,32 %; für die Luftreinhaltung 31,29 %; für den Gewässerschutz 40,78 %; für das Trinkwassermanagement 10,33 %; für das Abfallmanagement 15,19 %; für den Bodenschutz 0,34 % und für den Schutz der Meeresumwelt 0,72 %.

Davon bringt die Zentralregierung ca. 34,5 % auf, die Kommunen 34,5 % und der private Sektor 31 %. Die Investitionen für die Bereiche des Trinkwassermanagement und des Abfallmanagement sowie für den Bodenschutz und den Schutz der Meeresumwelt erfolgen durch die öffentliche Hand. Bei Investitionsprojekten im Bereich der Grundlagen des Umweltmanagement beträgt der öffentliche Anteil 70,5 %; beim Bereich natürliche Umwelt macht er 96,1 % aus, für den Gewässerschutz 97,8 %. Dagegen liegt der öffentliche Anteil bei der Luftreinhaltung nur bei 7,8 %.

Für die Durchführung der geplanten Projekte sind 10 Ressorts zuständig, und zwar das Ministerium des Innern (einschließlich Provinzen und Metropolen), das Ministerium für Handel und Industrie, das Ministerium für Bau und Verkehr, das Ministerium für Agrar- und Forstwesen, das Ministerium für Ozean- und Fischereiwesen, das Ministerium für Finanzen und Wirtschaft, das Ministerium für Wissenschaft und Technologie, das Ministerium für Wohlfahrt, das Ministerium für Erziehung und das Außenministerium. Bei der Planerstellung werden die Projekte, der Investitionsumfang und sonstige Einzelheiten mit den Ressorts und der Kommission für Maßnahmen des Umweltschutzes abgestimmt.

Für die Durchführung der Einzelvorhaben werden das federführende Ressort und die beteiligten Ressorts explizit festgelegt. Abschließend wird der Plan durch die Ministerkonferenz für den Umweltschutz beraten und festgelegt.

Abb.1: Inhalte des mittelfristigen umfassenden Plans zur Verbesserung der Umwelt

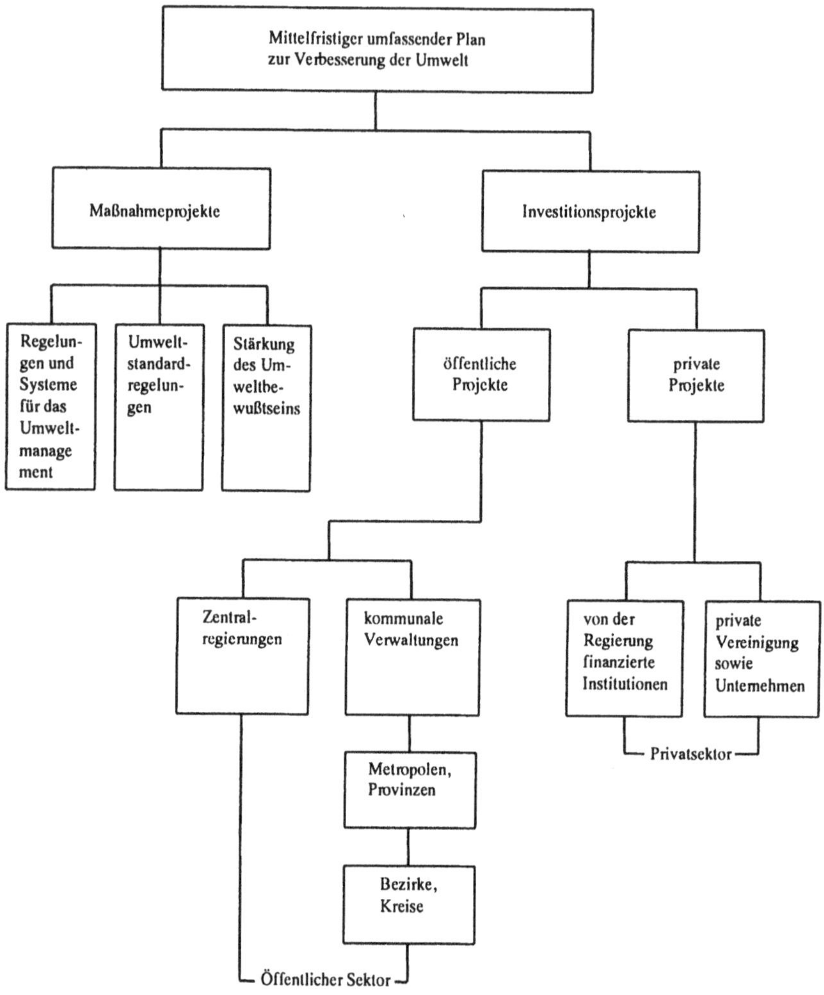

Quelle: Ministerium für Umwelt der Republik Korea, 1997a: 4

Tab. 2: Vorhaben des zweiten mittelfristigen Umweltplans (1997-2001)

Bereich	Vorhaben	Maßnahmen	Investitionen
Stärkung der Grundlagen des Umweltmanagement	17	16 Projekte, z. B. die Stärkung der Umweltverwaltung, Erhöhung der Investitionsmittel	1 Projekt zur Entwicklung von Umwelttechnologie
Verstärkung der Umwelterziehung	5	5 Projekte, z. B. die Entwicklung von Umwelterziehungsprojekten	-
Schutz der natürlichen Umwelt	14	11 Projekte, z. B. die zweite Untersuchung über den Zustand der natürlichen Umwelt im gesamten Staatsgebiet	3 Projekte, z. B. die Wiederherstellung der Lebensräume wild lebender Tiere und Pflanzen
Luftreinhaltung	19	14 Projekte, z. B. die Erweiterung des Ozonalarmsystems	5 Projekte, z. B. die Erhöhung der Zahl von Rauchgasentschwefelungsanlagen
Erhaltung der Wasserqualität	22	15 Projekte, z. B. die Durchführung von Sondermaßnahmen zur Wasserqualität in 4 großen Flüssen	7 Projekte, z. B. die Schaffung zusätzlicher Kläranlagen und die Einrichtung von Fäkalienbehandlungsanlagen
Trinkwassermanagement	14	5 Projekte, z. B. die Erhöhung der Zahl der Trinkwasserquellen	9 Projekte, z. B. die Entwicklung von Mehrzweckstaudämmen
Abfallmanagement	15	10 Projekte, z.B. zur Reduzierung industrieller und gewerblicher Abfälle	5 Projekte, z. B. der Ausbau des Management von Lebensmittelabfällen
Management von Chemikalien und Bodenschutz	14	12 Projekte, z. B. die Untersuchung der Situation der in Umlauf befindlichen Chemikalien	2 Projekte, z.B. der Ausbau der Bodenmeßnetze
Globaler Umweltschutz und internationale Kooperation	3	3 Projekte, z.B. Beitritt zu internationalen Abkommen und Verbesserung der Umsetzung	-
Schutz der Meeresumwelt	8	3 Projekte, z.B. die Auswahl von Indikatoren der Meeresverschmutzung	5 Projekte, z.B. die Untersuchung der Meeresumwelt
Summe	131	94	37

Quelle: Ministerium für Umwelt der Republik Korea: 1998b; Ministerium für Umwelt der Republik Korea 1997a

4.3.4 Vollzugsgrundlagen des mittelfristigen umfassenden Umweltplans

Der mittelfristige Plan dient der Gewährleistung der Effektivität des langfristigen Umweltplans. Der Umweltminister hat, um Anpassungen an die sich ändernden sozio-ökonomischen Rahmenbedingungen zu ermöglichen, jährlich einen Abänderungsplan aufzustellen. Bei diesem sind die jährlichen Investitionsergebnisse und die Vollzugssituation des mittelfristigen Plans zu berücksichtigen (§ 6 Abs. 1 KostUG). Die Leiter der zuständigen Ressorts haben die für den Abänderungsplan notwendigen Materialien und die jährlichen Investitionsergebnisse nach der mittelfristigen Planung dem Umweltminister vorzulegen (§ 8 Abs. 1 KostUG). Danach hat der Umweltminister die jährlichen Durchführungsergebnisse zusammenzustellen, sie zu analysieren, zu evaluieren und zu integrieren. Diese Ergebnisse werden dann wiederum beim Durchführungsplan für das nächste Jahr berücksichtigt. Auch hat der Umweltminister die sich dabei herausstellenden Probleme den Leitern der zuständigen Institutionen mitzuteilen. Die Leiter der zuständigen Institutionen haben die für eine effektive Durchführung notwendigen Maßnahmen zu ergreifen (§ 8 Abs. 2 KostUG). Der Umweltminister kann die Leiter der zuständigen zentralen Verwaltungen zur Vorlage der Materialien, die zur Erstellung des Berichts erforderlich sind, auffordern. Diese haben dem Folge zu leisten, soweit keine wichtigen Hinderungsgründe vorliegen (§ 8 Abs. 3 GUP).

Auf diese Weise ergibt sich eine wechselseitige Kooperation, Integration, Verteilung der Verantwortlichkeiten und eine verbesserte Vollzugskontrolle.

Für die Aufbringung der erforderlichen Investitionsmittel gilt folgendes:

1. Nach § 9 des Gesetzes über die Kostenaufbringung zur Verbesserung der Umwelt muß der Umweltminister im Falle der Feststellung von Umweltbelastungen durch Besitzer oder Eigentümer von Gebäuden oder Anlagen, welche Umweltbelastungen durch erhebliche Emissionen verursachen, darunter auch Besitzer von Kraftfahrzeugen, diesen die Kosten zur Verbesserung der Umwelt auferlegen. Die dadurch eingenommenen Mittel sind zur Durchführung des mittelfristigen Plans zweckgebunden.
2. Im Jahre 1994 wurde das Sonderfinanzgesetz zur Verbesserung des Umweltschutzes[6] erlassen. Zu seiner Begründung wurde erklärt, es sei Zweck des Gesetzes, die Investitionsmittel für Maßnahmen des Umweltschutzes zu erhöhen und weitere Mittel für den Umweltschutz durch eine Verschärfung des Verursacherprinzips zu beschaffen. Erforderlich hierfür sei die Übernahme von Kosten für Maßnahmen zur Verbesserung der Umweltsituation durch die Wirtschaft. Die so aufgebrachten Mittel sollen in einen Umweltschutzfond fließen. Nach § 2 des Sonderfinanzgesetzes werden die Finanzmittel durch den Umweltminister verwaltet. § 3 regelt die Aufbringung der Mittel. Es handelt sich um die nach dem Kostenaufbringungsgesetz erhobenen Mittel, Emissionsabgaben, Abfallgebühren, Gewässernutzungsabgaben usw.

---

[6] Sonderfinanzgesetz zur Verbesserung des Umweltschutzes vom 5. 1. 1994, Gesetz Nr. 4714, zuletzt geändert am 16. 9. 1998, Gesetz Nr. 5551.

4.3.5 Ergebnisse der Durchführung des ersten mittelfristigen Umweltplans (1992–1996)

Nach den Ergebnissen der Evaluation wurde der erste mittelfristige Umweltplan sowohl bezüglich der Maßnahmen der öffentlichen Hand, als auch der Privaten zumindest bei den Investitionen übererfüllt. Bei den Investitionen wurden im öffentlichen Sektor 123 % und im privaten Sektor 120 % der geplanten Ausgaben erreicht (vgl.: Ministerium für Umwelt der Republik Korea 1998a: 75 ff.; Ministerium für Umwelt der Republik Korea 1997a).

Die Durchführung des zweiten mittelfristigen Umweltplans ist noch im Gange. Wie oben erwähnt werden die Durchführungsergebnisse durch den Umweltminister bzw. durch die Leiter der zuständigen Ressorts jährlich evaluiert. Nach den bisher evaluierten Ergebnissen des zweiten mittelfristigen Plans wurden bis jetzt von 131 geplanten Projekten in den 11 Bereichen 130 planmäßig durchgeführt. Die Ergebnisse des Jahres 1997 stellen sich folgendermaßen dar:

1. Von 94 geplanten Maßnahmeprojekten wurden 93 Projekte im großen und ganzen durchgeführt.
2. Von den 37 Investitionsprojekten wurden insgesamt ca. 86 % durchgeführt und dabei zum Teil die Planziele übererfüllt. Dies gilt insbesondere für den Naturschutzbereich mit 180 %, den Bereich des Meeresschutzes mit 134,5 %, den Bereich des Trinkwassermanagement mit 119,4 % und den Bereich der Erhaltung der Wasserqualität mit 100,7 %. Im Umweltmanagement und –erziehungsbereich wurden 77,3 %, beim Abfallmanagement 98,4 %, im Bereich der Chemikalienkontrolle und Bodenschutz 88,5 % der geplanten Aufgaben erfüllt. Allerdings wurde im Bereich der Luftreinhaltung lediglich 40 % der geplanten investiven Ergebnisse erreicht. Der Grund dafür liegt darin, daß, wie oben erwähnt, bei den Luftreinhaltungs-Projekten der Investitionsanteil des privaten Sektors ca. 92,2 % beträgt und infolge der Verschlechterung der ökonomischen Rahmenbedingungen die privaten Investitionen nicht in dem geplanten Umfang durchgeführt werden konnten. Dennoch kann hinsichtlich der Luftqualität insgesamt infolge der bisherigen Maßnahmen und Investitionen im privaten Sektor eine tendenzielle Verbesserung festgestellt werden (vgl.: Ministerium für Umwelt der Republik Korea 1998b).

5 Langfristplanung für die Landesentwicklung

Die Einbindung ökologischer Belange in die bestehende Planung, insbesondere in die räumliche Gesamtplanung, in die Gesamtplanung für die Landesentwicklung und in die Fachplanung, hat durch die Empfehlungen der Agenda 21 Auftrieb bekommen.

Das dominante Planungs-System in der Republik Korea ist die seit Jahrzehnten etablierte Gesamtplanung für die Landesentwicklung. In Korea wurde seit den 70er Jahren regelmäßig im 10-jährigen Turnus ein umfassender Gesamtlandesentwicklungsplan aufgestellt und durchgeführt: Der Erste Gesamtplan für die Landesentwicklung galt für 1972–1981, der Zweite für 1982–1991 und der Dritte für 1992–2001. Die Gesamtplanung für die Landesentwicklung ist, wie eingangs erwähnt, in der Verfassung ausdrücklich verankert. Sie richtet sich nach dem Gesetz über die Gesamtplanung für die Landesentwicklung (GLEG)[7].

Nach § 1 GLEG ist es das Ziel des Gesetzes, das Gemeinwohl durch die wirtschaftliche, soziale und kulturelle Entwicklung des Landes zu fördern. Dies soll auf der Basis gründlicher Situationsanalysen erfolgen. Dabei sollen grundlegende Untersuchungen die Voraussetzungen dafür schaffen, die natürlichen Gegebenheiten des Landes umfassend zu nutzen, zu entwickeln und zu bewahren und einen ausgewogenen Ausgleich zwischen der industriellen Entwicklung und der Entwicklung der sozialen Umwelt zu erreichen.

Die Gesamtplanung für die Landesentwicklung wird ebenenspezifisch (Gesamtstaat, Sonderregionen, Provinzen, Kreise) unterschieden. Der landesweite Gesamtlandesentwicklungsplan ist den Entwicklungsplänen für die Sonderregionen und für die Provinzen zugrundezulegen. Sie wird durch folgende Merkmale charakterisiert:

- umfassende staatliche Planung, mit der eine ausgeglichene Entwicklung des Landes angestrebt wird,
- umfassende politische Richtlinie für die Nutzung, Erhaltung und Entwicklung des Landes,
- verbindlicher Rahmen für alle sektoralen Planungen auf der Ebene des Staates und der Selbstverwaltung,
- Grundlage der Investitionsplanung aller staatlichen Infrastruktur- und Basiseinrichtungen (Regierung der Republik Korea 1992: 19).

Jedes Ressort hat dem federführenden Bau- und Verkehrsminister einen Planungsvorschlag aus seinem Geschäftsbereich für den übergreifenden Gesamtlandesentwicklungsplan vorzulegen (§ 15 GLEG). Der Bau- und Verkehrsminister hat die Planungsvorschläge zusammenzufassen, zu koordinieren und danach im Ausschuß für die Gesamtplanung der Landesentwicklung zur Beratung zu bringen. Der Entwurf des Gesamtlandesentwicklungsplans muß nach Beratung im Kabinett vom Staatspräsidenten öffentlich bekanntgemacht werden.

Bei dem Planungsprozeß sind die räumlichen Planungen aller Gebietskörperschaften und die Fachplanungen der Ressorts untereinander abgestimmt und gegenseitig verzahnt. Bei den Planungen gilt sowohl das Hierarchieprinzip als auch das Gegenstromprinzip mit Bürgerbeteiligung, vor allem bei der regionalen und kommunalen Planung. Wechselbeziehungen bestehen nicht nur zwischen den verschiedenen Planungsebenen, sondern auch zwischen den durch unterschiedliche Integrationsverfahren verknüpften Fachplanungstypen.

Seit den 80er Jahren hat eine stärkere Integration des Umweltschutzes in die räumlichen Planung stattgefunden. Die Verknüpfung von räumlicher Planung und Umweltschutz, die Umsetzung des Umweltschutzes durch die Raumplanung, verstärkte sich zunehmend. Seit den 90er Jahren zielt die räumliche Planung vorrangig auf die nachhaltige Entwicklung ab.

---

[7] Gesetz über die Gesamtplanung für die Landesentwicklung vom 14. 10. 1963, Gesetz Nr. 1415, zuletzt geändert am 22. 12. 1994, Gesetz Nr. 4796.

Zwar kann die verstärkte Integration des Umweltschutzes in die räumliche Planung die spezifischen örtlichen Gegebenheiten nicht wesentlich ändern und Restriktionen etwa bei den verfügbaren Flächen und dem zum Teil nicht beseitigten Infrastrukturmangel nicht aufheben. Immerhin wird dieses Managementsystem des Landes aber im Sinne einer Effektivierung der Steuerungsfähigkeit laufend verbessert. Demzufolge dürfte sich das Gewicht der Raumplanung für eine vorsorgende und nachhaltige Entwicklung in den Städten und Regionen und im Gesamtland zukünftig noch weiter erhöhen.

6 Umweltfachplanung – das Beispiel des Leitplanes für den Schutz der natürlichen Umwelt

Wie erwähnt, finden sich in Korea außer den oben behandelten übergreifenden Planungen eine Reihe von Umweltplanungen, die gleichfalls für die nachhaltige Entwicklung bedeutsam sind. Ein gutes Beispiel ist die langfristige Forstentwicklungsplanung, die seit Anfang der 70er Jahre aufgestellt und durchgeführt wird und die seit den 80er Jahren verstärkt eine nachhaltige Produktion (sustainable yield) anstrebt. Sie ist nach einem Bericht der OECD (1997) eine bemerkenswert erfolgreiche Planung. Ein anderes Beispiel ist die „Leitplanung für den Schutz der natürlichen Umwelt".

Das Prinzip der nachhaltigen Entwicklung findet sich in seiner naturschutzrechtlichen Ausprägung im novellierten koreanischen Naturschutzgesetz, dem Gesetz zum Schutz der natürlichen Umwelt (NatSchG)[8]. Dem Naturschutzgesetz von 1997 liegt die Agenda 21 zugrunde.

Gemäß § 6 Abs. 1 NatSchG hat der Umweltminister nach Erörterung mit den Leitern der zuständigen zentralen Verwaltungen, den Gouverneuren und den Oberbürgermeistern der Metropolen und nach Beratung mit der Kommission für den Umweltschutz, die dem Ministerpräsident untersteht, eine „Leitlinie für den Schutz der natürlichen Umwelt" aufzustellen, in der Maßnahmen für den Ökosystemschutz, den Schutz der Tier- und Pflanzenwelt und andere Angelegenheiten des Naturschutzes enthalten sind.

Ferner hat der Umweltminister gemäß § 7 Abs. 1 NatSchG alle 5 Jahre eine „Leitplanung für den Schutz der natürlichen Umwelt für das gesamte Landesgebiet" nach Abstimmung mit den Leitern der zuständigen zentralen Verwaltungen, den Gouverneuren und den Oberbürgermeistern der Metropolen und nach Beratung mit der Kommission für den Umweltschutz gemäß § 36 GUP aufzustellen.

Bereits im Jahre 1994 wurde ein Leitplan für den Schutz der natürlichen Umwelt (1994-2003) aufgestellt. Jedoch basiert der Plan auf dem früheren Naturschutzgesetz, das im Jahre 1997 novelliert wurde. Nach dem novellierten Gesetz wird vom Umweltminister eine 2-stufige Planung, eine lang- und mittelfristige Planung aufgestellt.

[8] Gesetz zum Schutz der natürlichen Umwelt vom 31. 12. 1991 (NatSchG), Gesetz Nr. 4492, zuletzt geändert (Gesamtnovellierung) am 28. 8. 1997, Gesetz Nr. 5392 (Inkraftgetreten am 1. 1. 1998).

7 Aktionspläne für die Agenda 21 in der Republik Korea

Zur Umsetzung der Agenda 21 wurde in Korea die Nationale Agenda 21 erarbeitet. Sie besteht aus 40 Kapiteln einschließlich einer Präambel, die spiegelbildlich den Kapiteln der Agenda 21 von Rio entsprechen. In jedem Kapitel sind bereichsspezifisch entsprechende konkrete Ziele klar und systematisch aufgeführt, ebenso die jeweiligen Aktionsziele, die politischen Instrumente, die Reichweite, die Handlungsmängel und die Umsetzungsmodalitäten usw. Dieser entwicklungspolitische Aktionsplan der Republik wurde im Jahre 1996 festgelegt (Regierung der Republik Korea 1996).

In der letzten Zeit ist in Korea die Dezentralisierung ein wichtiges Thema. Früher wurde die Aufstellung staatlicher Pläne und politischer Entscheidungsprozesse hauptsächlich durch die Zentralregierung von oben nach unten durchgeführt. Nach der Dezentralisierung hat sich das Entscheidungsverhalten bei Plänen und Politiken in manchen Bereichen umgekehrt.

Wichtig sind die kommunalen Hauptsatzungen für den Umweltschutz. Ihr Wert liegt darin, daß entsprechend dem Prinzip 22 der Rio Umweltdeklaration und Kapitel 28 der Agenda 21 die Teilnahme und die Kooperation der auf eigenständigen Ideen basierenden Lokalverwaltungen entscheidende Bedeutung haben. Die Hauptsatzungen für den Umweltschutz auf der lokalen Ebene bilden Leitlinien für die umweltpolitische Rolle und die Pflichten der örtlichen Verwaltung und bilden die Ausgangsbasis einer autonomen Umweltpolitik. Durch die Hauptsatzungen für den Umweltschutz werden für alle Selbstverwaltungskörperschaften eigene Umweltpolitiken zum Programm erhoben und ihre Dauerhaftigkeit und Objektivität unterstützt. Ferner werden die regionalen Bedingungen und die Meinungen der Einwohner in der Umweltpolitik stärker berücksichtigt.

Zur Umsetzung des Entwicklungsleitbilds der nachhaltigen Entwicklung wurden in Korea zahlreiche kommunale Agenden aufgestellt. Bis zum Jahre 1998 wurden von den 16 Provinzialverwaltungen in 12 Fällen provinzielle Agenden aufgestellt, 4 sind in Arbeit. Auf der Ebene der Städte und Kreise wurden bisher in ca. 35 % aller Fälle kommunale Agenden aufgestellt. Weitere sind in Arbeit (Ministerium für Umwelt der Republik Korea 1997b: 17ff.; Ministerium für Umwelt der Republik Korea 1998a: 86ff.).

Ein besonders hervorstechendes Beispiel bildet die Stadt Seoul. Die am 7. Juni 1997 anläßlich des Weltumwelttages bekanntgemachte „Seoul Agenda 21“ zur Verwirklichung einer nachhaltigen Entwicklung zeichnet sich durch einen hohen Operationalisierungsgrad aus. Sie besteht aus 8 Sektoren, die Luft, Wasser, Abfälle, Ökosystem, Wohlfahrt, Kultur, Stadtplanung und Verkehr umfassen (Regierung der Metropole Seoul und Durchführungskommission der Seoul Agenda 21 1997a). In ihr werden die Prozesse des Agendasettings dargestellt, ferner werden die Einzelziele und ein Sustainability-Index für alle Einzelziele und Aktionspläne zur Zielerreichung, die von Bürgern, Unternehmen und Stadtverwaltung umgesetzt werden müssen, formuliert und schließlich die Umsetzungsstrategien dargelegt. Die Zielhorizonte sind aufgegliedert in kurzfristige, mittelfristige (bis 2002) und langfristige (bis 2007) Ziele. Typisch für die Seoul Agenda ist ihre detaillierte Ausdifferenzierung und Konkretisierung.

Alle Ziele machen deutlich, daß das Oberziel einer nachhaltigen Entwicklung der Stadt gleichzeitig das Oberziel der Stadtentwicklung, das Ziel der Wirtschaftsentwicklung und der Umweltpolitik ist und daß dies der Erreichung eines einheitlichen Zieldreiecks dient (Regierung der Metropole Seoul 1997a). Für eingehendere Erörterungen der Realisierung der nachhaltige Entwicklung sei auf weitere Veröffentlichen verwiesen (Lee 1999; Lee 1998).

8 Fazit

Thema des Beitrags war die Strategie der Nachhaltigkeit in der Republik Korea. Hierzu wurde ein komplexes Planungssystem eines demokratischen Staates dargestellt, bei dem die übergreifende lang- und mittelfristige Umweltplanung im Mittelpunkt steht. Auch wurde die Verzahnung mit einer Vielfalt weiterer Planungssysteme aufgezeigt. Charakteristika der koreanischen Planung sind neben dem hohen Integrationsgrad die Detailliertheit der räumlichen (staatlich, regional und kommunal) und zeitlichen (lang- und mittelfristig) Zielvorgaben, die systematische Anlage, die Konsequenz der detaillierten Durchführungspläne und die rechtlich vorgegebene und durchgeführte Planevaluation, welche strategische Umsteuerungen im Falle von Änderungen planungsrelevanter Rahmenbedingungen erlaubt. Hinzu kommen die Planelemente der Kooperation, Vorerörterung und Partizipation. Zu erwähnen ist weiterhin die Dynamisierung der Planung, ihre Flexibilität und die klare Festlegung der Verantwortlichkeiten. Die Abläufe der Planerstellung und Planumsetzung, die regelmäßige Berichterstattung und die Prüfung durch das Parlament folgen überwiegend rechtlichen Vorgaben – von der Verfassung bis zu Regelungen in Einzelgesetzen. Geregelt ist bei der ressortübergreifenden Planung – Gesamtlandesentwicklungsplanung oder die mittel- und langfristige übergreifende Umweltplanung – auch die Ressortabstimmung, die Federführung und die Vorlage der Vollzugspläne. Durch diese detaillierten Vorschriften werden regierungs- und verwaltungsinterne Reibereien, wenn nicht vermieden, so doch in geregelte Formen gebracht und verhindert, daß Pläne an Ressortegoismen scheitern.

Insgesamt war das Planungssystem der Republik Korea bis in die 70er Jahre durch die Zentralregierung dominiert. Seit den 80er Jahren trat eine Änderung des Charakters der Planung ein. Es erfolgte eine stärkere Integration der Impulse der regionalen und kommunalen Ebene und der privaten Akteure („Indikative Planung"). In den 90er Jahren wurde der Langfristplanung die Methode der indikativen Planung zugrunde gelegt, zugleich erfolgte eine Stärkung der Komponenten der „Strategischen Planung", bei der die strategischen Aufgaben als Planungsziele in den Vordergrund traten. Nunmehr waren sie von Regierung und Privaten gemeinsam durchzuführen. Diese Tendenz zeigte sich bei der Wirtschaftsplanung, der Raumplanung oder der Umweltplanung, zuletzt auch in dem 1998 aufgestellten staatlichen Plan mit der Bezeichnung: „Aufgaben für die Politik des Staates", an dem alle Ministerien beteiligt waren.

Die nationalen und lokalen Aktionspläne zur Umsetzung der Agenda 21 sind mit den anderen Plänen verzahnt. Um einen breiten Konsens zu schaffen, wurde und wird gerade bei der Aufstellung der lokalen Agenden eine breit angelegte

Partizipation angestrebt. Erwähnt sei in diesem Zusammenhang auch, daß die Umweltverträglichkeitsprüfung von der früher bereits recht wirksamen Projekt-UVP, bei der das einzelne Vorhaben den Mittelpunkt bildete, zu einem „Strategic Environmental Assessment“ ausgebaut wurde, mit dessen Hilfe Politik und Planung bewertet werden.

Die Ziele der lang- und mittelfristigen Pläne in den verschiedenen Bereichen wurden bis jetzt überwiegend erreicht, in vielen Fällen wurden Planziele auch überschritten. Defizite sind naturgemäß nicht zu vermeiden. Aber das Bemühen um Verbesserungen ist in allen Bereichen im Gange. Ein Anzeichen dafür ist, daß das Umweltministerium weiter verstärkt wurde: Im Jahre 1994, im Rahmen der Verwaltungsreform, bei der in sämtlichen Ministerien Verschlankung und Zusammenlegungen erfolgten, wurde das Umweltministerium aufgestockt. Auch in letzter Zeit sind weitere Organisationsänderungen und Änderungen der Aufgabenverteilung erfolgt. Personal und Aufgaben des Umweltministeriums wurden dabei weiter erhöht. Parallel dazu wurde der Umweltetat weiter verstärkt[9].

Planung in einem umfassenden Sinne ist ohne Zweifel dringend notwendig, um die Welt, in der wir leben, durch geeignete Problemlösungsprozesse in eine ökologie- und sozialverträgliche oder eben „sustainable“ Entwicklung zu bringen. Korea bietet auf diesem schwierigen Wege zweifellos wesentliche Erfahrungen.

[9] Das Budget der zentralen Ressorts im Umweltbereich hat gegenüber dem Bruttosozialprodukt im Jahre 1998 im Vergleich zu 1990 etwa um das 3,5fache zugenommen (vgl. Ministerium für Umwelt der Republik Korea, (Umwelt-Weißbuch) 1997: S 628; Ministerium für Umwelt der Republik Korea (Umwelt-Weißbuch) 1998a: S. 571).

Literatur

Kim, E. W., 1987: Land und Verfassung, in: Land und Aufbau Dezember 1987, Seoul: 38 ff.

Kim, H. Ch., 1986: Kommentar zum Umweltschutzgesetz, Seoul.

Ku, Y. Ch., 1988: Kommentar zum Grundgesetz für die Umweltpolitik – Entwurf, in: Environmental Law Review, Vol. X: 153 ff.

Kwon, N. S., 1989: Einführung in die Verfassung, Seoul.

Lee, Y. H., 1991: Umweltpolitik und Umweltinformation in Ballungsräumen, Baden-Baden.

Lee, Y. H., 1993: Umweltschutz und Bodenschutz in der Republik Korea – Bodenschutzpolitik, Bodenschutzinformation, Bodenschutzplanung und Bodenschutzrecht, in: FAGUS-Schriften Band 4, Berlin.

Lee, Y. H., 1995: Umweltschutz, Bodenschutz und Planung. Vergleichende Aspekte von Umwelt-, Bodenschutz und Planung in der Republik Korea und der Bundesrepublik Deutschland, in: FAGUS-Schriften Band 6, Berlin.

Lee, Y. H., 1996: Das koreanische Bodenschutzgesetz, in: Bodenschutz – Länderübergreifender Vergleich bestehender Gesetze und Gesetzentwürfe anhand des rechts- und naturwissenschaftlichen Forschungsstandes, Umweltpolitik und Umweltplanung, Band 3, Frankfurt/Bern/New York/Paris: 65 ff.

Lee, Y. H., 1998: Problematik der zukünftigen Entwicklung von Kulturlandschaften aus der Sichtweise der ostasiatischen Kultur unter besonderer Berücksichtigung der Republik Korea. Papers der interdisziplinären Forschungsarbeitsgemeinschaft FAGUS 1/1998, Berlin.

Lee, Y. H., 1999: Der Umgang mit der Natur. Das Gesellschaft-Umwelt-Verhältnis aus der Sicht der ostasiatischen Kulturen unter besonderer Berücksichtigung der Republik Korea. FAGUS-Schriften Band 7, Berlin.

Ministerium für Finanzen und Wirtschaft, Korea Development Institute, 1997: Staatliche Aufgaben (National Agenda) auf dem Weg zur offenen Marktwirtschaft – Vorbereitung für den Sprung ins 21. Jahrhundert, Seoul.

Ministerium für Umwelt der Republik Korea, 1991: Mittelfristiger umfassender Plan zur Verbesserung der Umwelt 1992–1996, Seoul.

Ministerium für Umwelt der Republik Korea, 1996: Langfristiger umfassender Plan für den Schutz der Umwelt (1996–2005). Environment Vision 21, Seoul.

Ministerium für Umwelt der Republik Korea, 1997a: Mittelfristiger umfassender Plan zur Verbesserung der Umwelt 1997–2005, Kwacheon.

Ministerium für Umwelt der Republik Korea, 1997b: Anleitung für die Aufstellung lokaler Agenden, Seoul.

Ministerium für Umwelt der Republik Korea, 1998a: Umwelt-Weißbuch 1998, Seoul.

Ministerium für Umwelt der Republik Korea, 1998b: Evaluation der Durchführung des zweiten mittelfristigen Plans im Jahre 1997, Kwacheon.

OECD, 1997: Environmental Performance Reviews Korea, Paris.

Regierung der Metropole Seoul und Durchführungskommission der Seoul Agenda 21, 1997a: Seoul Agenda 21. Aufbau eines grünen Seouls im 21. Jahrhundert, Seoul.

Regierung der Metropole Seoul, 1997b: Stadtplanung in Seoul (1394–2011), Seoul.

Regierung der Republik Korea, 1992: Der Dritte Gesamtlandesentwicklungsplan für die Republik Korea (1992–2001), Seoul.

Regierung der Republik Korea, 1996: National Action Plan for Agenda 21, Seoul.

Umweltagentur Seoul, 1984: Umweltschutz 1984, Seoul.

United Nations, 1993: Report of the United Nations Conference on Environment and Development, Rio de Janeiro, 3–14 June 1992, Vol. 1: Resolutions adopted by the Conference, Annex II: Agenda 21, New York.

Japans nationaler Umweltrahmenplan: Ende des umweltpolitischen Reformstaus?

Gesine Foljanty-Jost

Umweltplanung als neues strategisches Instrument hat sich in der Umweltpolitik im Zuge des institutionellen Innovationsschubs, der seit Ende der achtziger Jahre vielerorts feststellbar ist, bis heute in rund Zweidrittel aller Industrieländer durchgesetzt.

Angeregt und befördert wurde der Gedanke einer mittel- bis langfristigen Umweltplanung zunächst durch den Brundtland-Bericht, später durch die Umweltkonferenz von Rio de Janeiro 1992 und die Empfehlungen der Agenda 21. Heute existieren in mehr als 60 Ländern nationale Umweltplanungen (Jörgens 1998: 191f.).

Auch Japan gehört zu den Ländern, die im Zusammenhang mit der weltweiten Debatte um die Lösung globaler Umweltprobleme einen nationalen Umweltrahmenplan in ihren umweltpolitischen Instrumentenkatalog aufgenommen haben. Die Umweltpolitik wird damit um einen in diesem Politikfeld neuen Planungstyp erweitert, der bislang vor allem in der Industrie- und Strukturpolitik anzutreffen war.

Gleichwohl ist der Planungsgedanke in der japanischen Umweltpolitik nicht neu, sondern hat eine lange Tradition. Nahezu jeder umweltpolitisch relevante Bereich unterliegt mittel- oder langfristigen Planungen. So finden sich beispielsweise Planungen wie die industriepolitischen Visionen des MITI, die für einen ökologischen Umbau der Volkswirtschaft relevant sind, langfristige umfassende Nutzungsplanungen wie Flächennutzungsplanungen oder Landesentwicklungspläne, Energienutzungsplanungen sowie Detailplanungen auf lokaler und regionaler Ebene wie beispielsweise Entsorgungs- oder Wiederverwertungspläne.

Die Einführung eines nationalen Umweltrahmenplans ist im Falle Japans also kein Novum, sondern knüpft an die Tradition der indikativen Rahmenplanung an und weitet dieses Planungsinstrument auf die Umweltpolitik aus.

Mit dem vorliegenden Beitrag soll unter Berücksichtigung der Planungstradition im Umweltbereich Procedere, Inhalt und Umsetzung des neuen Plans vorgestellt und unter der Fragestellung diskutiert werden, inwieweit er einen innovativen Schub in der japanischen Umweltpolitik signalisiert.

Im folgenden wird daher zunächst auf die Umweltplanung eingegangen, wie sie zwischen 1967 und 1993 vorherrschend war. In einem zweiten Schritt wird dieser das Planungskonzept, wie es in dem neuen Umweltrahmenplan zum Ausdruck kommt, gegenübergestellt. Schließlich geht es in einem dritten Schritt um die Frage, inwieweit der aktuelle nationale Umweltplan die Anforderungen an eine moderne, sprich vernetzte und integrierte Umweltpolitik erfüllt.

1 Rückblick auf die Umweltplanung: die Pläne zur Verhütung von Umweltverschmutzung

Japan galt über lange Zeit als Vorreiter in der Umweltpolitik. Das Land konnte im nachsorgenden Umweltschutz beträchtliche Erfolge vorzeigen. Im Zusammenhang mit der Diskussion der Erfolgsbedingungen von Umweltpolitik wurde auf die traditionelle Planorientiertheit des politischen Systems Japans verwiesen, wobei davon ausgegangen wurde, daß mittel- und langfristige Planungen die Strategiefähigkeit des Staates erhöhen, weil sie Informationen über den aktuellen Problemstand, die angestrebten Ziele und den Weg zu ihrer Realisierung bereitstellen und dadurch Voraussetzungen für koordiniertes Vorgehen schaffen (Foljanty-Jost 1995: 28ff.).

Umweltpolitik als Querschnittsbereich war stets direkt und vor allem indirekt von zahlreichen Planungen betroffen, so insbesondere von den diversen Wirtschafts- und Strukturplänen, der Landesentwicklungsplanung und den Plänen zur Entwicklung der sozialen Wohlfahrt. Als problematisch im Hinblick auf die Optimierung umweltpolitischer Effizienz erwies sich allerdings, daß durch unterschiedliche Zuständigkeiten für die jeweiligen Planungen diese in der Regel die Handschrift des verantwortlichen Ministeriums oder Amtes tragen und nicht auf ihre Umweltverträglichkeit hin überprüft worden sind. Folge ist eine umweltpolitisch zu geringe Verzahnung der Planungen (Foljanty-Jost 1995: 191ff.).

Die wichtigste Planform in der Umweltpolitik war bis zum Inkrafttreten des nationalen Umweltrahmenplans die Implementationsplanung in Form der sogenannten Pläne zur Verhütung von Umweltverschmutzung (jap. kôgai bôshi keikaku, im folgenden: Umweltpläne). Sie reicht in die frühen Jahre der Institutionalisierung von Umweltpolitik zurück. So war bereits 1967 im ersten Rahmengesetz über Maßnahmen gegen Umweltverschmutzung (kôgai taisaku kihon-hô) die Formulierung von Umweltplänen vorgesehen.

Mit ihnen sollte und soll ausgewählten dezentralen Umweltverwaltungen ein Instrument an die Hand gegeben werden, um in Belastungsgebieten die Implementationschancen dadurch zu verbessern, daß auf der Grundlage eines mittelfristigen Plans Handlungsschwerpunkte, öffentliche Finanzzuweisungen und kommunale Umweltschutzinvestititionen koordiniert konzipiert werden.

Auch in dem neuen Umweltrahmengesetz von 1993 sind Umweltpläne als konkrete umweltpolitische Implementationsplanungen wiederum vorgesehen.[1] Nach Angaben des Umweltweißbuchs von 1997 (Kankyô-chô 1997: 272) sind gegenwärtig in 34 Gebieten Japans derartige Pläne in Kraft. Sie repräsentieren 9 % der Landesfläche mit 53 % der Bevölkerung und 59 % der industriellen Wertschöpfung. Faktisch sind damit die industriellen Belastungsgebiete Japans erfaßt.

[1] Kankyô kihon-hô (Umweltrahmengesetz) Abschnitt 4, §17–19. In Artikel 17 ist geregelt, daß für Gebiete, in denen es außerordentlich schwierig ist, Umweltschutzmaßnahmen integriert zu konzipieren und Umweltverschmutzung zu verhüten, sowie für Belastungsgebiete und Gebiete mit hohem Belastungspotential auf Grund von hoher Verdichtung, sogenannte Pläne zur Verhütung von Umweltverschmutzung zu formulieren sind.

Ziel der Pläne ist es, die Umweltqualität in Gebieten zu verbessern, in denen aufgrund der hohen Ausgangsbelastung ein Erreichen der Umweltqualitätsnormen problematisch erscheint. Dies soll durch die planvolle und koordinierte Festlegung von Einzelmaßnahmen geschehen. In der Begrenzung auf Belastungsgebiete sind Umweltpläne zum einen räumlich selektiv angelegt, d. h. sie gelten nur für designierte Belastungsgebiete. Sie sind zum anderen auf einige Umweltmedien begrenzt, also medial selektiv ausgerichtet. Darüber hinaus weisen sie keine übergeordneten langfristigen Zielperspektiven auf. Das Planungsverfahren erfolgt durch die dezentralen Umweltverwaltungen, die ihren Entwurf mit der jeweiligen Präfekturalverwaltung, mit dem Kabinettsausschuß für Umweltschutz (Kôgai taisaku kaigi)[2] sowie mit den betroffenen Ministerien abstimmen müssen. Weiterreichende Partizipationsmöglichkeiten der Öffentlichkeit sind nicht vorgesehen.

Das diesen Plänen zugrundeliegende Planungsverständnis spiegelt damit den Diskussionsstand in der umweltpolitischen Frühphase wider: Ende der sechziger und Anfang der siebziger Jahre ging es um eine wirksame Umsetzung von Umweltschutzmaßnahmen zur Bekämpfung der akuten Umweltkrise in Ballungsgebieten. Eine Einbettung von Umweltschutzmaßnahmen in eine weiterreichende Strategie nachhaltiger ökologischer Entwicklung stand in dieser frühen Phase nicht auf der umweltpolitischen Agenda.

Durch die Übernahme der Umweltpläne in unveränderter Form in das neue Umweltrahmengesetz von 1993 wird deutlich, daß an dem Konzept der dezentralen Implementationsplanung und der damit verbundenen planvollen Allokation öffentlicher Mittel für Umweltschutzinvestitionen in Belastungsgebieten festgehalten wird. Den Umweltschutzplänen wird nach wie vor in der Umweltberichterstattung ein breiter Raum zugewiesen. So berichtet das Nationale Umweltamt jährlich über den aktuellen Stand der Umsetzung der einzelnen Pläne.[3] Den Anforderungen an eine integrierte komplexe Umweltplanung, die auch dem Querschnittscharakter von Umweltpolitik gerecht wird, entspricht dieses Planungskonzept jedoch nicht.

2 Die Modernisierung von Umweltplanung nach 1993: der nationale Umweltrahmenplan

Gegenüber dieser herkömmlichen Form der Umweltplanung stellt der nationale Umweltrahmenplan von 1994 insofern einen Fortschritt dar, als staatliche Planun-

[2] Vorsitzender ist der Ministerpräsident, der als Mitglieder jeweils die Leiter der betroffenen Verwaltungsinstitutionen ernennt. Federführend für die Geschäftsführung des Ausschusses ist das Nationale Umweltamt.

[3] Für 1996 liegen Angaben vor, wonach insgesamt 75,8 % der zugewiesenen Mittel in den Belastungsgebieten für die Durchführung von umweltschutzbezogenen Maßnahmen im Berichtszeitraum ausgeschöpft worden sind. Schwerpunkte lagen bei der Anlage von Grünzonen um Industriegebiete, Förderung von Umweltschutzmaßnahmen bei Klein- und Mittelbetrieben, Förderung des Baus von Kanalisation und Müllbeseitigungsanlagen, Umwelterziehung in Schulen, Bodensanierung, Ausbau von Überwachungssystem, Anlegen von Grünanlagen und Parks, Verkehrspolitik und Maßnahmen gegen Bodenabsenkungen (Kankyô-chô 1997: 277).

gen nunmehr in eine umfassende Strategie zur Erreichung einer der ökologischen Nachhaltigkeit verpflichteten Gesellschaft integriert werden können (Kankyô-chô 1995a: 101f.).

Die Modernisierung des Planungskonzepts ist Ergebnis der großen umweltpolitischen Reformdebatte, die im Zusammenhang mit dem Klimagipfel von Rio in Japan geführt wurde und als wichtigstes Ergebnis zu der Verabschiedung des Umweltrahmengesetzes führte. Initiative und Förderung der Reformen waren dabei weniger Ergebnis von aktuellem ökologischen Schadensdruck oder einer umweltbewußten Öffentlichkeit, sondern gingen im wesentlichen auf die Ministerialbürokratie und die regierende Liberal-Demokratische Partei zurück, die damit im Vorfeld des Gipfels auf den umweltpolitischen Druck seitens des Auslands reagierten (Foljanty-Jost 1994/95).

Das neue Umweltrahmengesetz löste 1993 das seit 1967 geltende Rahmengesetz über Maßnahmen gegen Umweltverschmutzung und das Naturschutzgesetz von 1972 ab. Es sieht in Artikel 15 die Formulierung eines nationalen Umweltrahmenplans vor. In dem Artikel heißt es:

> Die Regierung ist verpflichtet, einen grundlegenden Plan zum Schutz der Umwelt zu verabschieden, um eine umfassende und planvolle Förderung von Umweltschutzmaßnahmen vorzunehmen.

Der Plan muß laut Gesetz politische Zielaussagen für den integrierten und langfristigen Umweltschutz treffen und darüber hinaus Maßnahmen formulieren, die sicherstellen, daß integrierte und planvolle Initiativen gefördert werden.

Zum Planungsprozeß sieht das Gesetz vor, daß der Ministerpräsident den Zentralrat für Umweltfragen (Chûô kankyô shingi-kai) mit einem Gutachten über Ziel und Inhalt des Plans beauftragt. Der Zentralrat wird nach Artikel 41 vom Nationalen Umweltamt eingesetzt. Er besteht aus maximal 80 Persönlichkeiten des öffentlichen Lebens, die vom Ministerpräsidenten ernannt werden und ihre Tätigkeit für den Ernennungszeitraum ehrenamtlich ausüben.[4] Die Beratungsergebnisse werden der Öffentlichkeit zugänglich gemacht und dienen der Ministerialbürokratie als Grundlage für die Erstellung des Planentwurfs. Dieser wird schließlich dem Kabinett zur Entscheidung vorlegt. Nach Verabschiedung durch das Kabinett soll der Plan unverzüglich veröffentlicht werden. Soweit das gesetzlich vorgesehene Planungsverfahren.

Im vorliegenden Fall beauftragte der Ministerpräsident den Zentralrat für Umweltfragen bereits zwei Monate nach Inkrafttreten des neuen Umweltrahmengesetzes im Januar 1994 damit, die Formulierung eines Umweltrahmenplans zu beraten und setzte damit den Planungsprozeß offiziell in Gang.

Der Rat tagte in seiner sechsmonatigen Beratungsphase bis zum Zwischenbericht 15-mal und führte 26 Anhörungen mit Institutionen und Organisationen durch, u. a. mit dem Verband der Umweltkranken, dem Dachverband der Ver-

[4] Mitglieder des Sonderausschusses und Planungsausschusses des Zentralrats für Umweltfragen, die den ersten Umweltrahmenplan berieten, kamen u. a. aus der Wissenschaft, den Medien, den Industrieverbänden, den Gewerkschaften und anderen Interessenverbänden.

braucherorganisationen, einzelnen Ämtern und Ministerien, dem Unternehmensdachverband Keidanren, Naturschutzorganisationen sowie der japanischen Industrie- und Handelskammer. Nach sechs Monaten präsentierte der Rat seinen Zwischenbericht, der publiziert und damit der Öffentlichkeit zugänglich gemacht wurde (Kankyô-chô 1994a). Danach folgten nochmals innerhalb von zwei Monaten öffentliche Anhörungen in neun Regionen, verbunden mit Exkursionen und Vor-Ort-Erhebungen in Nationalparks, Landschaftsschutzgebieten etc. Der Abschlußbericht wurde im Dezember 1994 schließlich dem Ministerpräsidenten vorgelegt. Sieben Tage später verabschiedete das Kabinett den Rahmenplan.[5] Der gesamte Prozeß bis zum Inkrafttreten des nationalen Umweltrahmenplans dauerte damit rund ein Jahr.

Im Vergleich zu der bis dahin vorherrschenden Umweltplanung enthält das gesetzlich vorgesehene Procedere zwei neue Elemente:

1. Mit dem nationalen Umweltplan soll ein Referenzrahmen für eine integrierte und planvolle Umweltpolitik vorgegeben werden, d. h. der nationale Umweltplan soll für andere umweltrelevante Planungen eine Leitfunktion übernehmen.
2. In die Vorbereitung und Formulierung des Plans wird über die Einbeziehung des Zentralrats für Umweltfragen die Öffentlichkeit einbezogen.

2.1 Der nationale Umweltplan: Struktur und Inhalt

Der Plan[6] gliedert sich in vier Teile, nämlich

1. Hintergrund und Bedeutung des Plans,
2. Grundlinien der Umweltpolitik,
3. Umweltpolitische Instrumente zur Durchsetzung der grundlegenden Ziele,
4. Implementationsbedingungen des Plans.

Sie sollen im folgenden kurz wiedergegeben werden.

---

[5] Der zeitliche und inhaltliche Ablauf der Beratungen des Zentralrats für Umweltfragen ist im Anhang 5 des Umweltrahmenplans dokumentiert (vgl. Kankyô-chô 1995a: 126–127).

[6] Die folgenden Ausführungen basieren auf dem nationalen Umweltrahmenplan, der als Monographie erschienen ist (Kankyô-chô 1995a).

Tabelle 1: Aufbau des nationalen Umweltrahmenplans

Kapitel	Teilaspekte	Detailregelungen
Teil 1 Hintergrund und Bedeutung des Plans	1. Ökologische Trends	- Entwicklung der Umweltproblematik - Aktueller Stand - Merkmale der aktuellen Probleme
	2. Ausweitung des Umweltbewußtseins und Verbreiterung der Aktivitäten	- internationale Lage - nationale Lage
	3. Bedeutung des Umweltrahmenplans	
Teil 2 Grundlinien der Umweltpolitik	1. Konzeptionelle Grundlagen	- ökologischer Kreislauf - Koexistenz von Mensch und Natur - Partizipation - globale Herangehensweise
	2. langfristige Ziele	
	3. Entwicklung von Zielwerten	
Teil 3 Umweltpolitische Instrumente	1. Realisierung einer belastungsarmen Kreislaufgesellschaft	- Luftreinhaltung - Gewässerschutz - Bodenschutz - Abfall und Recycling - Chemikalien - technologische Innovationen
	2. Koexistenz von Mensch und Natur	- harmonische Nutzung von Freiflächen - Wahrung der Artenvielfalt - Umweltschutz in der Stadtplanung
	3. Gerechte Aufgabenverteilung zwischen den gesellschaftlichen Akteuren	- Rolle der Akteure - Förderung von Eigeninitiativen der Akteure - Vorbildfunktion des Staates - Maßnahmen in den wichtigsten gesellschaftlichen Bereichen

Tabelle 1: Aufbau des nationalen Umweltrahmenplans (Forts.)

Teil 3 Umweltpolitische Instrumente	4. Querschnittsaufgaben	- Umweltverträglichkeitsprüfung - Regulierungen - ökonomische Instrumente - soziale Infrastruktur - Forschung, Kontrolle, Messung - Umweltberichterstattung - Umweltpläne - Schlichtung von Umweltkonflikten
	5. Globale Herangehensweise	- Förderung internationaler Kooperation - internationale Koordination von Kontrolle und Messungen - Förderung kommunaler und privater Initiativen - Beachtung von Umweltschutz bei internationaler Zusammenarbeit - Beachten internationaler Umweltschutzabkommen
Teil 4 Implementationsbedingungen	1. Umsetzung und Vernetzung der Akteure 2. Festlegung von Zielen 3. Finanzierung 4. Verhältnis zu anderen Plänen 5. Überprüfung, Kontrolle und Überarbeitung	

In Teil 1 heißt es zum Hintergrund des Plans, daß es im Interesse einer gesunden und kultivierten Lebensführung der Menschheit notwendig sei, die bisherige Konzentration auf materiellen Reichtum aufzugeben und gesellschaftliches Handeln in allen Bereichen an dem Ziel der nachhaltigen Entwicklung auszurichten. Ziel sei eine belastungsarme nachhaltige Gesellschaft, in der im Rahmen von internationaler Zusammenarbeit der Schutz der globalen Umwelt mit aktiven Maßnahmen gefördert werde.

Vom Anspruch her geht es damit anders als in vorhergehenden Umweltplanungen um ein allumfassendes Konzept von Zivilisation und gesellschaftlichem Leben.

Im zweiten Teil werden als langfristige Umweltschutzziele benannt und näher ausgeführt:

- Wahrung des ökologischen Kreislaufs,

- Koexistenz von Natur und Mensch,
- Beteiligung aller Betroffenen,
- Globale Vorgehensweise.

Der dritte Teil greift die genannten vier Grundprinzipien nochmals auf und konkretisiert sie zunächst für die einzelnen Umweltmedien. Hier sind im wesentlichen keine innovativen Aspekte aufgenommen, in vergleichbarer Weise findet man die Problemstandsbeschreibungen sowie die Gegenmaßnahmen auch im Umweltweißbuch.

Zur Realisierung der Wahrung einer reichhaltigen und gesunden Umwelt soll durch Natur- und Umweltschutz die Artenvielfalt gewahrt und entsprechend der natürlichen und gesellschaftlichen Besonderheiten die Koexistenz sichergestellt werden. Schließlich geht es auch um eine gerechte Aufteilung der Verantwortung für den Umweltschutz unter den gesellschaftlichen Gruppen, d. h. Unternehmen, Staat, den lokalen Selbstverwaltungskörperschaften, der Bevölkerung sowie den nicht-staatlichen Organisationen. Hierbei fällt auf, daß die Rolle des Staates sich vor allem auf koordinierende und vermittelnde Aufgaben bezieht. Insbesondere soll es die Funktion des Staates im Rahmen der gesellschaftlichen Arbeitsteilung sein, als Vorbild bei der Umsetzung des Plans zu wirken.

Den Präfekturen und Kommunen wird eine zentrale Rolle zugewiesen, da sie für die Implementation vor Ort verantwortlich sind. Ihre Aufgabe ist es, auf der Grundlage der staatlichen Vorlagen konkrete eigenständige politische Maßnahmen zu konzipieren, mit dem Land, den Unternehmen und der Bevölkerung zusammenzuarbeiten und für die Region integrierte komplexe Maßnahmen zu entwickeln.

Für die Unternehmer wird als Aufgabe festgehalten, daß sie in freiwilliger Selbstbeschränkung eine Reduzierung der Umweltbelastung durch unternehmerische Aktivitäten vornehmen sollen. Insbesondere die Etablierung von betrieblichem Ökomanagement wird ausdrücklich der freiwilligen Initiative der Unternehmen überlassen.

Abschnitt 4 des dritten Teils beschreibt ein umfangreiches Repertoire an Querschnittsmaßnahmen im Umweltschutz wie Umweltverträglichkeitsprüfung, Aufbau von Umweltinformationssystemen, nachgeordnete Umweltplanungen, Schlichtungsverfahren bei Umweltstreitigkeiten und Einsatz ökonomischer Instrumente. Die Angaben tragen den Charakter einer Auflistung bereits bestehender Regelungen bzw. Verfahren. Bei noch nicht eingeführten Instrumenten wie den ökonomischen Instrumenten werden keine konkreten Angaben gemacht, sondern darauf hingewiesen, daß deren Umsetzung, Effekte und wirtschaftlicher Einfluß allumfassend untersucht werden müßten. Konkret wird im Umweltrahmenplan lediglich die Prüfung einer Einführung von Deponiegebühren und eines Pfandsystems zur Förderung von Recycling und Reduzierung des Abfallaufkommens genannt. Darüber hinaus heißt es in dem Plan:

> Um konkrete Maßnahmen beurteilen zu können, sollen zunächst Untersuchungen über ihre ökologischen und wirtschaftlichen Auswirkungen auf die Reduzierung von CO_2-Emissionen, Umweltschutz im städtischen Bereich, Reduzierung von Abfallstoffen usw. gefördert werden.

Teil 4 des Planes schließlich befaßt sich mit den Bedingungen für eine effektive Umsetzung. Dabei geht es vor allem um die Zusammenarbeit der einzelnen Akteursgruppen, die finanzielle Ausstattung der geplanten Maßnahmen, die Regelung von Zielwerten sowie die Beziehung des Plans zu anderen staatlichen Planungen.

Die Formulierungen zur Bereitstellung von finanziellen Ressourcen sind offen gehalten. So ist man „bemüht", die notwendigen Finanzmittel bereitzustellen sowie weitere Maßnahmen in diesem Zusammenhang zu ergreifen.

Schließlich wird in einem letzten Abschnitt des Rahmenplanes festgeschrieben, daß der Zentralrat für Umweltfragen jährlich den aktuellen Umsetzungsstand des Umweltrahmenplanes feststellt und erstmals nach fünf Jahren eine umfassende Evaluation vornehmen soll.

2.2 Zum Stand der Umsetzung des Planes

Bereits im Dezember 1994, d. h. zusammen mit der Annahme des Rahmenplans durch das Kabinett, wurden eine Stabsstelle im Nationalen Umweltamt und ein „Koordinationsausschuß der an der Förderung des Umweltrahmenplanes beteiligten Ministerien und Ämter" unter Federführung des Nationalen Umweltamts eingerichtet, die die organisatorische Infrastruktur für die Planumsetzung bereitstellen sollen[7].

Gewissermaßen als Initialzündung für die Umsetzung der Planziele verabschiedete die Regierung im Zusammenhang mit der Annahme des nationalen Umweltrahmenplans einen Aktionsplan, um ihrer selbstgewählten Rolle als Vorbild im nationalen Umweltschutz gerecht zu werden.

Dieser Aktionsplan umfaßt folgende Punkte:

- Berücksichtigung von Umweltschutz bei der Beschaffung und dem Gebrauch von Leistungen und Gütern,
- Berücksichtigung von Umweltschutz bei öffentlichen Baumaßnahmen,
- Durchführung von umweltbezogenen Fortbildungsmaßnahmen der Beschäftigten,
- fortlaufende Überprüfung der Umsetzung des Aktionsplans.[8]

[7] Mitglieder des Koordinationsausschusses sind die Abteilungsleiter von 22 Ämtern und Ministerien.

[8] Die Zielwerte des Aktionsplans für die öffentlichen Verwaltungen sind konkretisiert worden und beinhalten beispielsweise folgende Werte:
- Reduzierung des Anteils von Neupapierverbrauch in der öffentlichen Verwaltung bis zum Jahre 2000: 80 % des heutigen Werts.
- Bemühen um Einfrieren des gesamten Papierverbrauchs auf dem heutigen Stand bis zum Jahre 2000.
- Bemühen um die Drosselung des Treibstoffverbrauchs der Kraftfahrzeuge im öffentlichen Dienst bis zum Jahre 2000 unter 90 % des heutigen Werts.
- Reduzierung des gesamten Abfallaufkommens der einzelnen Büros und Abteilungen unter 75 % des heutigen Werts bis zum Jahre 2000.

Er ist damit Ausdruck der gesellschaftlichen Arbeitsteilung, in der die gesellschaftlichen Akteure in Selbstverantwortung agieren und der Zentralstaat weniger regulative, als viel mehr Vorbildfunktion übernimmt.

Die aktuelle Umsetzung des Aktionsplanes durch die zentralen Verwaltungseinrichtungen soll jährlich überprüft und im Umweltweißbuch bekanntgegeben werden.

Die Ergebnisse dieser Initiative zur ökologischen Vorbildrolle des Staates sind erstmals im Weißbuch 1996 vorgelegt worden (Kankyô-chô 1996: 230–233). So wird die Umweltverträglichkeit behördlichen Handelns anhand konkreter Verbrauchswerte der Ministerien wie beispielsweise des Treibstoffverbrauchs von Dienstfahrzeugen, des Gebrauchs von Papier in Kilogramm, der zur Energieversorgung notwendigen Brennstoffmengen, des Müllaufkommens sowie des Wasserverbrauchs dargestellt. Daneben wird über den Stand von Aktivitäten wie der Förderung von Umwelterziehung oder der Durchführung von Informationskampagnen berichtet.[9]

Ein zweiter wichtiger Aspekt der Umsetzung des nationalen Umweltrahmenplans ist die Anpassung von öffentlichen Planungen an die übergeordneten Ziele einer ökologisch nachhaltigen Entwicklung, mit der 1996 begonnen wurde.[10]

Schließlich ist die regelmäßige Evaluation der Umsetzung angelaufen. Entsprechend der Vorgaben des Rahmenplans wurde von dem Unterausschuß für Politikplanung innerhalb des Zentralrats für Umweltfragen im Juni 1996 der erste jährliche Prüfbericht zusammengestellt und der Regierung vorgelegt. Geprüft wurden beispielsweise die Effektivität der Maßnahmen im Hinblick auf die Verhütung von Erdaufwärmung, Koexistenz von Natur und Mensch, Müllbeseitigung und Recycling usw. Die Ergebnisse gingen erstmals in die Umweltberichterstattung von 1996 ein. Zu diesem Zweck wurde entsprechend der Systematik des Umweltrahmenplans das Umweltweißbuch umstrukturiert vorgelegt, d. h. die bis dahin üblichen Berichtsbereiche werden nun den Zielangaben des Umweltrahmenplans zugeordnet, ohne daß allerdings die Form der Berichterstattung selbst sich deutlich von der früherer Weißbücher unterscheidet. Der Umweltbericht erhält damit den Charakter eines Berichts über den Stand der Umsetzung des Umweltrahmenplans.

Von November 1996 an wurde mit verschiedensten Erhebungen zum aktuellen Stand der Aktivitäten von Land, Selbstverwaltungskörperschaften und Unternehmen die zweite Kontrollrunde eingeleitet. Ferner wurden zwischen Januar und Februar 1997 in drei regionalen Blöcken Anhörungen sowie durch Post- bzw. Fax Meinungsumfragen durchgeführt. Unter Berücksichtigung dieser Erhebungen,

---

[9] So werden inzwischen durchschnittlich 48,5 % aller Schulbücher mit Altpapier hergestellt. In den regionalen Verwaltungen arbeiteten 1995 7.308 Umweltschutzbeauftragte und 1.825 Naturschutzbeauftragte. Daneben verfügen etwa 52 % aller Gemeinden über eine, wie auch immer geartete Umweltverwaltung (vgl. Kankyô-chô 1996).

[10] Es handelte sich hierbei um folgende Pläne: Fünfjahresplan zur Anlage von städtischen Grünflächen, Fünfjahresplan zur Sanierung von Kanalisation, Plan zur Bereitstellung von Müllverarbeitungsanlagen, Fünfjahresplan für Küstenprojekte, Fünfjahresplan für Hafenanlagen, Fünfjahresplan für Flughafenanlagen und Fünfjahresplan für Sondermaßnahmen zur Bereitstellung von Einrichtung zur Verkehrssicherheit.

Anhörungen usw. wurde im Mai 1997 das Ergebnis der zweiten Kontrollrunde bekanntgegeben.

Diese Schritte zur Umsetzung des Nationalen Umweltrahmenplans wurden begleitet durch die Einrichtung von speziellen Kommissionen bzw. Ausschüssen in einzelnen Ämtern und Ministerien, die seither die Umsetzung des Planes begleiten.

Es ist also festzuhalten, daß die Verabschiedung des Umweltrahmenplans eine Reihe von institutionellen Neuerungen zur Folge gehabt hat, die insgesamt den Rahmen für eine Kontrolle und fortlaufende Überarbeitung des Plans schaffen.

3 Kritische Würdigung des nationalen Umweltrahmenplans

Als Anforderungen für eine langfristige, integrierte Umweltpolitik sind an anderer Stelle eine Reihe von Kriterien formuliert worden (Jänicke et al. 1997), die gegeben sein sollten, wenn durch Umweltplanung eine Effizienzsteigerung in den nationalen Umweltpolitiken erreicht werden soll. Die Erwartung an einen positiven Einfluß von Umweltplanung auf die Ergebnisse von Umweltschutz richtet sich dabei u. a. auf:

- die Vergrößerung der Zeithorizonte für Umweltpolitik durch eine Loslösung von dem engen parteipolitischen Zyklus von Wahl, Wahlkampf und Wieder- oder Abwahl,
- eine Steigerung der Implementationsqualität von Umweltpolitik durch eine integrierte, komplexe Konzipierung von umweltpolitischen Einzelmaßnahmen, die der horizontalen Vernetzung von ökologischen Problemen gerecht wird,
- eine Verbesserung der Akzeptanz von Umweltschutz durch die planvolle Konzipierung und konsensuale Abstimmung von Maßnahmen mit den maßgeblichen gesellschaftlichen Akteuren über längere Zeiträume.

Um diesen Erwartungen entsprechen zu können, sollten Umweltpläne zumindest folgende Anforderungen erfüllen:

- Partizipation der relevanten gesellschaftlichen Gruppen,
- Transparenz bei Formulierung, Umsetzung und Auswertung des Plans,
- wissenschaftlich gestützte konkrete Zielvorgaben und
- Kontrollierbarkeit.

Folgt man dem gesetzlich vorgesehenen Procedere und dem Planungskonzept des japanischen Umweltrahmenplans, scheint er diesen Anforderungen weitgehend zu entsprechen:

- Die Formulierung eines nationalen Umweltrahmenplans ist gesetzlich fixierte Aufgabe des Staates.
- Die Partizipation gesellschaftlicher Interessengruppen wird durch die Einbindung des Zentralrats für Umweltfragen, seiner Untergruppen sowie seiner Instrumente (Anhörungen) gewährleistet. Zwar ist kritisch angemerkt worden, daß ein geregelter Proporz bei der Berücksichtigung der gesellschaftlichen

Interessengruppen nicht besteht. Kritische Vertreter von Umweltschutzinteressen würden damit in die Gefahr geraten, unterrepräsentiert zu sein[11]. Durch die faktische Benennung der Ratsmitglieder durch das federführende Ministerium könnten die tatsächlichen gesellschaftlichen Konflikte draußen vor der Tür bleiben, d. h. explizite Kritiker staatlicher Politik hätten schlechtere Chancen auf Ernennung in einen Ausschuß (Isono 1987: 11f.). Wenngleich dieser Kritik grundsätzlich zuzustimmen ist, zeigt jedoch der Vergleich der Zusammensetzung von unterschiedlichen Expertengremien, daß die Zusammensetzung je nach federführendem Ministerium sehr wohl differiert und Expertengremien unter Federführung des Nationalen Umweltamts insgesamt eine breitere Berücksichtigung gesellschaftlicher Interessengruppen aufweisen als beispielsweise die unter Federführung des MITI (Foljanty-Jost 1995: 199).

- Transparenz ist gegeben, da Planungsschritte, Zwischenbericht und Abschlußbericht sowie der vom Kabinett beschlossene Umweltrahmenplan veröffentlicht werden. Sie sind über jeden Buchladen zu erschwinglichem Preis zu erwerben. Damit ist eine Voraussetzung für die Information der Öffentlichkeit über die mittel- bis langfristigen politischen Zielsetzungen gegeben. Sie bietet den beteiligten gesellschaftlichen Gruppen eine Grundorientierung im Hinblick auf die Verteilung von Pflichten und Aufgaben bei der Umsetzung der Planziele. Gleiches gilt für die Überwachung und Fortschreibung, auch hier ist eine Veröffentlichung vorgesehen.
- Nicht ganz unproblematisch ist die Handhabung von Zielwerten im Plan. Er beinhaltet keine konkreten Zielwerte. Vielmehr ist im Anhang als Referenzmaterial eine Auflistung bestehender Grenz- und Zielwerte angeführt. Es handelt sich dabei um die gültigen Immissionsstandards für Luft, Wasser und Boden. Im Hinblick auf Ziele im Klimaschutz wird als Referenzquelle auf den Aktionsplan zur Verhütung von globaler Erwärmung, der vom Kabinett 1990 beschlossen wurde, verwiesen. Darüber hinaus wird Bezug genommen auf eine Reihe von Spezialgesetzen wie beispielsweise das Gesetz über den Schutz der Ozonschicht oder auf den Plan zur Gesamtmengenreduzierung von Stickoxyden aus Autoabgasen, der 1993 von den Gouverneuren der Präfekturen verabschiedet und vom Ministerpräsidenten angenommen worden ist. Das gleiche gilt auch für die gesamte Müllproblematik, wo zum einen Bezug genommen wird auf die Zielwerte für die Wiederverwendung von Altpapier und die Wiederverwertung von Glasscherben bzw. auf den Bericht des Industriestrukturrates, der 1990 die Zielwerte für die Wiederverwertung von Stahl und Aluminiumkonserven festgelegt hatte. Sämtliches Referenzmaterial beinhaltet den ausdrücklichen Verweis, daß die Werte nicht Bestandteil des Plans und nicht Gegenstand seiner Verabschiedung waren. Dies hat zu der Kritik geführt, daß eine Bewertung der Zielerreichung des Plans schwierig sei. Der Zentralrat für Umweltfragen hat diese Kritik aufgenommen und die Empfehlung an die politischen Entscheidungsträger gerichtet, möglichst umgehend Indikatoren zu entwickeln, um eine konkrete Bewertung der Umsetzung des Umweltrahmen-

[11] Der Unterausschuß zur Beratung des Umweltrahmenplans bestand aus 49 Mitgliedern, darunter 17 Hochschullehrer, 10 Wirtschaftsvertreter, ein Vertreter des Gewerkschaftsdachverbands, acht Journalisten und je einem Vertreter von sechs Nicht-Regierungsorganisationen.

planes vornehmen zu können. 1995 hat die Regierung die Entwicklung von komplexen Indikatoren eingeleitet.

Zusammenfassend ist festzuhalten, daß mit dem nationalen Umweltrahmenplan institutionell die Umweltplanung konsolidiert worden ist. Erstmals liegt nun ein planerisches Gesamtkonzept vor, das zu einer Vereinheitlichung aller umweltrelevanten Aussagen in den verschiedenen Planungen führen kann. Der Plan stellt alle existierenden umweltschutzrelevanten Zielwerte, Planungen und Maßnahmen in den Gesamtrahmen eines belastungsarmen, der Nachhaltigkeit verpflichteten Gesellschaftsmodells. Dies ist deshalb bedeutsam und stellt einen deutlichen Fortschritt in der institutionellen Ausdifferenzierung von Umweltpolitik dar, weil in der Vergangenheit die Planungsfülle durch Zuständigkeitsüberlappungen, wie sie im Umweltschutz typisch sind, nicht selten zu Widersprüchen, mangelnder Abstimmung zwischen einzelnen Plänen und zu geringer Treffsicherheit geführt hat (Foljanty-Jost 1995: 191ff.).

Die Ausweitung des Konzepts der Rahmenplanung auf die Umweltpolitik in Form des nationalen Umweltrahmenplans kann darüber hinaus als Bedeutungszuwachs der Umweltpolitik im Gesamtkontext japanischer Politik interpretiert werden. Als typisches und nahezu standardisiertes Element von Politikformulierung ist dieser Planungstyp vor allem für westliche Beobachter wiederholt als Ursache für politischen Erfolg diskutiert worden (Foljanty-Jost 1995: 27ff.; McMillan 1989: 90). Die Tatsache, daß nunmehr dieses Instrument auch für die Umweltpolitik eingeführt worden ist, stellt diese zumindest formal in eine Reihe mit der Struktur- und Industriepolitik, die ebenfalls mit Rahmenplanungen operieren. Die – wenn auch weich formulierte – Anforderung an andere Planungen, den grundlegenden Prinzipien des Umweltrahmenplans zu entsprechen, verleiht dem Plan den Status eines programmatischen Referenzrahmens für alle Politikbereiche.

Im Vergleich zur Vergangenheit ist die Position des Nationalen Umweltamts im Planungsprozeß und bei der Überwachung durch den Zugriff auf den Zentralrat für Umweltfragen und dessen Einbindung in den Planungsprozeß sowie durch die Zuständigkeit für Koordination und Fortschreibung gestärkt worden. In Verbindung mit der geplanten Aufwertung des Amtes zu einem Ministerium ist allein dies eine beträchtliche institutionelle Stärkung des Umweltschutzgedankens und damit ein Fortschritt in der japanischen Umweltpolitik.

Ob dies auch ein Fortschritt für die Reduzierung von Umweltbelastungen bedeuten wird, muß hier offen bleiben. Das Fehlen klarer quantitativer Zielwerte macht den Plan gegenwärtig noch zu einem politischen Programmpapier, das auf einem formalen Konsens der beteiligten gesellschaftlichen Gruppen basiert. Er gibt eine breite qualitative Zielsetzung vor, die Konkretisierung geschieht nicht durch die zentralstaatlichen Instanzen, sondern folgt der Idee der gesellschaftlichen Arbeitsteilung zwischen Bevölkerung, Wirtschaft, Kommunen und Staat. Die offenen Formulierungen bieten viel Raum für flexible Lösungen, aber auch hohe Anforderungen an integrative Aushandlungsprozesse zur Definition konkreter Ziele und Maßnahmen, soll die Umwelt nicht dem Konsens zum Opfer fallen.

Literatur

Foljanty-Jost, G., 1994/95: Das neue Umweltrahmengesetz: Japans Umweltpolitik an der Schwelle zum 21. Jahrhundert, in: Japan Aktuell Dez. 1994/Jan. 1995: 16–19.
Foljanty-Jost, G., 1995: Ökologie und Ökonomie in Japan – Politik zwischen Umweltschutz und Wirtschaftswachstum, Opladen.
Isono, Y., 1987: Kôgai gyôsei to chûô kôgai taisaku shingi-kai no yakuwari (Umweltadministration und die Rolle des Zentralrats für Umweltpolitik), in: Hôritsu jihô 2/1987: 11–16.
Jänicke, M./ Carius, A./ Jörgens, H., 1997: Konsensuale Zielbildung, in: Ökologisches Wirtschaften 2/1997: 6–7.
Jörgens, H. ,1997: Strategische Umweltplanung und umweltpolitisches Staatsversagen, in: Mez, L./ Weidner, H. (Hrsg.), Umweltpolitik und Staatsversagen – Perspektiven und Grenzen der Umweltpolitikanalyse, Berlin: 190–196.
Kankyô-chô (Hrsg.), 1994a: Kankyô kihon keikaku no sakutei ni mukete (Im Zeichen der Formulierung des Umweltrahmenplans), Tôkyô.
Kankyô-chô, 1995a: Kankyô kihon keikaku (Der Umweltrahmenplan), 3.Aufl., Tôkyô.
Kankyô-chô (laufende Jahrgänge) Kankyô hakusho (Umweltweißbuch), Tôkyô.
McMillan, C.J., 1989: The Japanese Industrial System, Berlin/ New York.

Strategien der Nachhaltigkeit – Resümee der Länderberichte

Udo E. Simonis

Der Prospekt zur Tagung benennt drei Fragen:

1. Was tut sich in den Vorreiterländern bezüglich einer strategisch orientierten Umweltpolitik?
2. Was sind die Vorzüge einer kooperativen Umweltplanung?
3. Und was ergibt sich daraus für Deutschland?

Diese letzte Frage, meine Damen und Herren, ist einer der Gründe dafür, daß ich, obwohl so viele Gäste aus dem Ausland unter uns sind und manche der deutschen Teilnehmerinnen und Teilnehmer gestern ihr bestes Englisch hervorholten, in Deutsch sprechen werde. Der zweite Grund ist der, daß ich unsere Übersetzerinnen traf und seither weiß, daß sie aus meinem schlechten Deutsch ein viel schöneres Englisch machen werden...

Weshalb wurde ich eingeladen? Diese Frage kann ich nicht endgültig beantworten. Im Programm aber steht: *„Einführung und Resümee des ersten Tages"*. Da man am zweiten Tag einer Tagung den ersten Tag nicht mehr einführen kann, möchte ich diesen Satz so verstehen, daß mein Resümee des ersten Tages der Einführung in den zweiten Tag der Tagung dienen soll. So also sei es. Bleibt nur die Frage, wie und was ich resümieren soll!

Als erstes fiel mir auf, daß von sieben Vortragenden fünf Männer und zwei Frauen waren. Damit ist die Gender-Problematik zwar nicht gelöst, aber immerhin erkannt.

Nicht gelöst, aber immerhin erkannt, ist auch das Ökologieproblem der Industriegesellschaft. Nicht gelöst, sagen viele, weil Umweltpolitik und Umweltplanung medien- oder sektorbezogen betrieben werden, aber medienübergreifend und sektoral-integriert sein müßten. Dies ist ein Stichwort, das ich aufgreifen möchte. Wir brauchen medien- und sektorbezogenen Umweltschutz, wir brauchen aber auch medien- und sektorübergreifenden Umweltschutz. Und daraus schloß ich für mich,

- ein vortrags-bezogenes (I) und
- ein vortrags-übergreifendes Resümee (II) ziehen zu sollen.

Mit ersterem kann man Gerechtigkeit gegenüber den Vortragenden walten lassen; ein zentrales Element des Nachhaltigkeitskonzepts. Und mit letzterem kann man ein paar Fragen an sich selbst einfließen lassen, an Forschung, Lehre und Praxis.

I Vortrags-bezogenes Resümee

1 Ralf Fücks

Ralf Fücks verband mit seinem Eingangsstatement eine Erwartung und ein Postulat: Die Erwartung, daß, zumindest in Zeiten wie diesen, die Teilnahme an einer Tagung über ein vergessenes Thema – „Umweltpolitik steht in Deutschland auf dem Abstellgleis“ – nicht nur ein berufliches, sondern auch ein politisches Interesse signalisiere.

Er formulierte dann aber auch eine Vor-Antwort auf die Frage, was denn Umweltplanung sei: Sie müsse als Querschnittsaufgabe verstanden und formuliert werden, um den sporadisch-zufälligen Eingriff und die Situation des „zahnlosen“ Fachministeriums zu überwinden – nur integrierte Umweltplanung habe Biß. (Das Abendessen war in der Tat „al dente“.) Doch Fücks ist ein Fuchs, ihm geht es offenbar um mehr als dies, um eine „forcierte ökologische Umstrukturierung der Wirtschaft“.

2 Martin Jänicke

Wie man das von einem Professor erwartet – von jemandem, der seinen Titel (von *profiteri* – bekennen) ernst nimmt – gab Martin Jänicke uns erst mal eine Definition mit auf den Weg, eine Definition, an die sich dann alle nachfolgenden Vortragenden mehr oder weniger, in ihren jeweils eigenen Worten, hielten. Umweltplanung sei als neuer strategischer Ansatz, als soziale und politische Innovation zu verstehen, und das beinhalte mindestens vier Aspekte:

1. die einvernehmliche Orientierung auf langfristige Ziele,
2. die Akteursorientierung von Politik,
3. breite Beteiligung und Kooperation der verschiedenen sozialen Gruppen,
4. Berichterstattungspflicht und Transparenz.

Es gebe zwar höchst unterschiedliche Typen nationaler Umweltplanung, was einem den internationalen Vergleich (eine Aufgabe der Tagung) durchaus erschwere (eine Aufgabe der Forschung); nicht bestreitbar aber seien zweierlei Tendenzen:

1. Umweltpolitische Innovationen verlaufen schneller als wirtschafts- und sozialpolitische Innovationen,
2. die Internationalisierung von Umweltpolitik, die Orientierung an bestimmten, allgemeingültigen Prinzipien, das „Lernen vom Nachbarn“, verlaufe schneller als die vielbeschworene Internationalisierung von Wirtschaft und Technik.

„Laßt uns also auch über Globalisierung von Umweltpolitik streiten, nicht nur über die Globalisierung der Wirtschaft.“ Und dann formulierte Jänicke den schönen Satz von der „umweltpolitischen Modernisierung von Planung“, und meinte damit – vor allem oder besonders? – die notwendige Modernisierung der traditionellen, verkrusteten, obrigkeitsstaatlichen, ordnungsrechtlichen und end-of-thepipe-orientierten, von Juristen, nicht von Ökonomen und Politologen geprägten bisherigen Umweltpolitik. Meinte er das so? Ich meine, er meinte es so!

Und dann sprach er schließlich von den „Vorreiterländern" – und gab damit den Startschuß für die Fallstudien, die danach präsentiert wurden.

Ich wußte zwar noch nicht, daß

- die Niederlande,
- Schweden und
- Südkorea

reiten können. Doch wenn mein sehr geschätzter Kollege sagt, dies seien Vorreiterländer, dann wird das wohl so sein. Jedenfalls lieferten alle folgenden Vortragenden dafür den Beweis – doch, wie ich noch zeigen muß, auf höchst unterschiedliche Art und Weise.

3 Felix Luitwieler

Zunächst, meine Damen und Herren, dachte ich, Luitwieler, das muß ein Schwizer sein und sein erster Satz schien dies auch zu belegen: Er wolle, so sagte er, über den ersten, zweiten und dritten NEPP sprechen. Doch Schweiz? Nein, die Niederlande!

Und da wurden Erinnerungen wach:

- 1989: „To choose or to loose",
- 1998: „To achieve or not to achieve".

So sind sie, die Holländer:

- problem-orientiert,
- partner-orientiert,
- quantitativ-orientiert.

Dies, meine Damen und Herren, war aber nicht die soziologische Definition unserer westlichen Nachbarn, dies waren die strategischen Elemente der praktizierten holländischen Umweltplanung!

Nur in einer Gesellschaft, die so kohärent ist wie die niederländische, so hieß es später in der Diskussion, könne ein Problem als Problem erkannt, nicht zerredet, sondern angegangen werden.

Doch der schweizerische Niederländer verschwieg nicht die Probleme, die auch in Holland nicht gelöst wurden:

- De-coupling von Bruttosozialprodukt und verschiedenen Emissionen,
- Re-coupling durch fortdauerndes und fort-dauernd angestrebtes weiteres Wirtschaftswachstum.

„Re-coupling": Herr Kollege, mit diesem Begriff möchte ich Sie in Zukunft öfter zitieren dürfen – vielen Dank im voraus!

Felix Luitwieler (ein schöner Name!) sprach aber nicht nur von der Überkompensation von an sich beachtlichen Erfolgen im Umweltschutz durch Wirtschaftswachstum, er sprach auch von „steigenden Kosten". Seine Antwort hierauf: mehr *Flexibilität.*

Er sprach nicht, worauf ich und viele andere deutsche Teilnehmer gewartet hatten, von der „Öko-Steuer" – er nannte es, typisch holländisch, cool und klar, den notwendigen Übergang von der Besteuerung der Arbeit zur Besteuerung der Energie.

NEPP 4 wird wohl im Jahr 2001 kommen – politische Analysten aufgepaßt! Ich aber paßte auch auf, als Luitwieler von konkreten Optionen sprach. Und eine Option hieß – „Reuse of *quiet* asphalt." Gibt's ihn also doch, den *Asphalt Cowboy?* Ja, es gibt aber auch 2 Billion Guilders in der Umweltplanung der Niederlande.

4 Jon Kahn

Jon Kahn war in mancherlei Weise bemerkenswert. Er sprach über Schweden und überholte damit Dänemark – obwohl das doch in der Geschichte auch schon einmal anders war. Er trägt einen amerikanischen *Vornamen,* doch er war das Gegenteil dessen, was ich sonst mit seinem *Nachnamen* verbinde!

Es war ein faszinierender Vortrag über den wechselnden Fokus der Umweltpolitik in Schweden: von den Punktquellen, über die ökonomischen Instrumente, zu sektoralen Verantwortlichkeiten, zum Kooperationsprinzip...

Obwohl für mich *sustainable development* nur etwas sein kann, was ökologisch in Ordnung ist, sprach er, und zwar wiederholt, von: „ecological sustainable development". Ja, die Schweden!

Aber dann kam etwas, was mich wieder versöhnte – der *Faktor 10.* Keiner sonst erwähnte den Faktor 10, auch Martin Jänicke nicht, dem ich doch sonst jede Innovation zutraue.

Ich wurde dann aber gleich wieder eingeholt in meiner Begeisterung: Jon Kahn sprach auch von 93 Maßnahmen, die in Schweden geplant sind. Die deutsche Bundesregierung behauptet, sie würde die Klimapolitik mit 103 Maßnahmen vorantreiben. 93 – 103, fangen nun auch die Schweden an zu übertreiben?

Nun, ich muß dies wohl offen lassen, weil mich zumindest eine dieser 93 Maßnahmen regelrecht faszinierte: Die Schweden wollen ihre Pensionsfonds ökologisch einsetzen. Wie, zum Teufel, macht man das?

Und ich war noch von einem weiteren Hinweis angetan: Der Referent berichtete von zwei Parallel-Aktionen. Als 68er dachte ich spontan: „Doppelstrategie". Ja, es ist so etwas ähnliches. Aber außer mir fiel es niemandem in der Diskussion auf.

Doch die Diskussion des Kahn'schen Vortrages war sicherlich einer der Höhepunkte des ersten Tages. Ich übertreibe willigst und stilisiere die Debatte in Form einiger Hypothesen:

1. Es gibt die Koinzidenz günstiger Umstände: Nicht alles, was gewollt wird, gelingt; nicht alles, was gelingt, war so gewollt.
2. Es gibt nicht nur die Vorteile des „Nachrückers" *(the advantage of the latecomer),* wie wir sie aus der Entwicklungstheorie kennen (und was übrigens ei-

nen Teil der Erfolge Südkoreas erklären mag); es gibt auch den Vorteil des kleinen Landes:

- Kleine Länder müssen mit anderen kooperieren;
- in kleinen Ländern müssen die sozialen Gruppen miteinander kooperieren;
- in kleinen Ländern muß die Umwelt intakt bleiben, weil es keine Ausweichgebiete gibt;

kleine Länder sind auch oft (Schweden ist da allerdings nicht gemeint) dicht besiedelt; und wenn man dem Nachbarn/der Nachbarin schon dicht auf dem Pelz hockt, muß man mit ihm/mit ihr möglichst gut auskommen.

Gemach, gemach, rief da der holländische Kollege: Auch in Schweden, auch in den Niederlanden gibt es weiterhin *growthmen,* Wachstumsfetischisten, die Umweltschutz über mehr Wachstum erreichen wollen, wenn überhaupt.

Und dann kam, das muß ein deutscher Traum gewesen sein, in der Diskussion die Frage: „Wie implantiert man eine Vision in einen Umweltplan, der doch so viele Beschränkungen enthält, enthalten muß?" „Die Negation ist das Konkrete – Visionen sind nichts als Nebel", sagte einer – so, oder so ähnlich, weshalb ich denn seinen Namen nicht nennen will.

5 Robert Donkers

Robert Donkers hatte einen fulminanten Start: Europa, Brüssel, die absolute Kontroverse, das tägliche Chaos! Er referierte über das 5. Aktionsprogramm und die Notwendigkeit eines neuen – des 6. – und verriet, daß dies schon 2000, spätestens 2002 kommen könne.

Das 5. Programm der EU wiederholt und überhöht in seiner Begrifflichkeit das Dilemma der „UN-Konferenz über Umwelt und Entwicklung" in Rio de Janeiro 1992: Die einen redeten über *Umwelt,* die anderen über *Entwicklung.* Und wie heißt das 5. EU-Programm? Es geht um *environment and sustainable development* – als ob das, worum es bei *sustainability* geht, nicht auch *environment* ist.

Nun man kann in Deutsch eine „Fünf" und in Mathematik eine „Eins" haben. Robert Donkers aber befürchtet, daß Europa auch in der ökologischen Mathematik eine „Fünf" verdient haben könnte.

Beispiele: Energie, Transport, Tourismus, alle relevanten Indikatoren weisen in die falsche Richtung, sind non-sustainable, nicht nachhaltig.

Es sagte es in umschriebener Form – doch mit einem Wort möchte ich auch Robert Donkers in Zukunft öfter zitieren dürfen: „Was das Beispiel Transport angeht, sind wir – ist Europa – auf dem Bangkok-Pfad." Wer von Ihnen schon einmal in Bangkok war, mag spüren, was dieser Satz impliziert.

Nun noch ein nachtragendes Wort – und eine Ankündigung: Die „European Environment Agency" in Kopenhagen erwähnte Donkers erst in der Diskussion, nicht im Vortrag: Muß uns das Sorgen machen? Und die Ankündigung:

Müßte die EU-Kommission, müßte Brüssel nicht „best practice" in der Umweltplanung zu einem Projekt für Europa machen? Motto: *Alle EU-Staaten nehmen sich in der Umweltplanung ein Vorbild an Land A... oder B.*

Die Diskussion enthielt für mich noch eine Überraschung. Ein bekannter Grüner fragte, sagte: „Oft stehen ökonomische Argumente aber den ökologischen Zielen entgegen.“ Donkers antwortete – nicht wörtlich aber sinngemäß: „Unsinn! Die Ökonomie muß sich im Rahmen des Ökosystems bewegen.“ Das hat mir gut gefallen – ein Schelm, der Böses dabei denkt!

6 Yeong Heui Lee

Höhepunkte eines Tages mögen in der Intuition oder der Präzision eines Vortrages liegen. Professor Lees Vortrag war ein Höhepunkt. Korea (Süd-Korea) ist ganz offensichtlich ein planungsfreudiges Land. Da kam Stimmung auf bei vielen, die sich an die Planung in diesem Teil Deutschlands erinnerten. Entsprechend wurde es in der folgenden Diskussion echt teutonisch; freundlicher formuliert: Europäischer Hochmut machte sich breit. So viel, so präzisierte, detaillierte Planung, das sei asiatischer Perfektionismus! Kann sein. Doch vielleicht trifft auch hier das Wort eines Diskutanten zu, der zuvor einen prophetischen Satz gesagt hatte: „Deutschland ist innovations-resistent.“

Konkret, eine Wette – wer hält dagegen? Ich wette, daß mehr Koreaner wissen, um was es bei der *Agenda 21* geht als Deutsche. Ich weiß, daß Korea den Umweltschutz schneller und umfassender in die Verfassung aufgenommen hat als Deutschland. Wer berichtet mir, bitte schön, von einem deutschen „Sonder-Finanzgesetz für den Umweltschutz“ und darüber, daß der Umweltetat erhöht wurde? Wo, bitte sehr, ist der Plan „Sustainable Berlin“? Und wo ist der jährliche Bericht der Bundesregierung an den Bundestag über die ökologische Situation des Landes?

Zu Korea und zu uns:

- Detailliertheit der Umweltplanung: wahrscheinlich übertrieben,
- Langfristigkeit: sehr erwünscht,
- Berichterstattung: sehr gut,
- Flexibilisierungsvorgaben: sehr bedenkenswert (Umsteuerung jährlich).

Weil dies alles relevante, aber auch strittige Fragen sind, ist das wohl eine Erklärung dafür, daß die Tagungsleitung sich in der Diskussion des Korea-Beitrages nicht mehr einig wurde, wer der Tagungsleiter war.

7 Gesine Foljanty-Jost

Nach dem („bissigen“) Abendessen ging die Stimmung beim Vortrag über Japan in ruhigere Bahnen über. Dabei betonte die Referentin, und zwar mehrfach, daß es eine Reihe von Ähnlichkeiten zwischen Japan und Korea gebe, das Demokratieverständnis, das Planungskonzept, die Langfristorientierung von Politik...

Doch während Korea 1996 schon die zweite Langfristplanung lancierte, entstand der erste Umweltrahmenplan Japans erst 1995. Immerhin: die Umweltberichterstattung in Japan entstand viel früher, und sie gilt als vorbildlich.

Das jährliche Weißbuch zur Umwelt folgt, neuerdings, der Struktur des Umweltplans, so daß sich hieraus, anders als aus den „Daten zur Umwelt“ unseres

Umweltbundesamtes, tatsächlich Soll und Ist vergleichen lassen. Es gibt sogar nachvollziehbare Ökobilanzen einzelner Ministerien!

Der Zentralrat für Umweltfragen Japans ist zwar, so die Referentin, demokratisch nicht ausgewogen, in Deutschland aber dauerte es bis zum Juli 1998, bis der Vorschlag auf Einrichtung eines „Rates für Nachhaltige Entwicklung“ in einem Dokument des Bundestages – der letzten Umwelt-Enquête – erstmals auftauchte.

„Nur wenn Umweltinteressen stark sind, ist Konsensorientierung in der nationalen Umweltplanung wirklich erfolgreich“, sagte die Referentin und brachte dann einige konkrete Beispiele:

- Das Beschaffungswesen der staatlichen Verwaltung ökologisch ausrichten;
- die staatlichen Bauaktivitäten ökologisieren;
- die Umweltbildung in der staatlichen Verwaltung voranbringen.

All dies mag für jemanden, der mit hohen Erwartungen zu dieser Tagung kam, nicht viel dünken. Glücklich wird dieser Tagungsteilnehmer/diese Teilnehmerin aber auch erst werden, wenn er/sie die Gewißheit hat, daß die Anstrengungen bei uns wenigstens in dieselbe Richtung laufen!

Womit ich ein „Gesetz“ formuliert habe – und somit vom ersten zum zweiten Teil meines Resümees gekommen bin...

Ach, Sie wollen wissen, was für ein Gesetz das war? Es ist Arthur Schopenhauers Gesetz des Glücks und der Zufriedenheit – und das lautet etwa so: „Wenn Du glücklich und zufrieden sein willst, hast Du zwei Möglichkeiten: Reduziere Deine Erwartungen oder erhöhe Deine eigenen Anstrengungen!“

II Vortrags-übergreifendes Resümee

Kein Zweifel, die Vorträge des ersten Tages waren sehr vielfältig – als Ökologe möchte man sagen: ökologisch, eine Bio-Diversität wissenschaftlicher Ideen und politischer Konzepte!

Doch irgendwie, wenn auch nur beim mitternächtlichen Nach-Denken, scheint es, als ob sie alle dem *spiritus rector* der Tagung folgten. Es ging um

- die Langfristorientierung der Politik;
- Partizipation der Gesellschaft,
- transparente Umweltberichterstattung.

Was ergibt sich daraus für Deutschland? Diese Frage, die sich im Einladungsprogramm der Tagung findet, ist nicht – noch nicht – beantwortet.

Gibt es ein holländisches, schwedisches, koreanisches, japanisches „Modell“ für uns? Oder ist es das dänische Beispiel, das – leider – nicht präsentiert werden konnte?

Warum, so habe ich mich bei dem brillanten Vortrag des Vertreters des europäischen Gemeinwohls (Robert Donkers) gefragt, warum gibt es keinen EU-Vorschlag über optimale nationale Umweltplanung:

- eine *Theorie des Essentiellen;*
- eine *Praxis des Sinnvollen;*

- einen *Disput des Notwendigen,* dessen, was jetzt unbedingt Priorität haben sollte?

So viele Details, so wenig Wissen über das, was wirklich wichtig ist – im Leben, in der Politik, für die Umwelt?!

Ich habe noch etwas anderes vermißt, noch ein paar andere, offene Fragen und Anmerkungen (an mich und andere):

- Daß auch auf dieser Tagung nicht genügend Frauen vertreten waren, habe ich nur milde kritisiert;
- daß kein Land aus dem Osten und dem Süden repräsentiert war, stimmt nachdenklich, zumal doch im Publikum zahlreiche Vertreter dieses Teils der Welt entdeckt werden konnten;
- „Vorreiter“ reiten manchmal nicht schnell genug, „Nachzügler“ holen dagegen oft schnell auf! Das eigentliche Problem aber mögen die „Sitzenbleiber“ sein, jene, bei denen nicht über *pro und contra* von Umweltplanung gestritten wird, sondern gar nicht.

Womit wir dann vielleicht – mit Ihrer Erlaubnis, Herr Fücks – irgendwie schon bei einer weiteren Veranstaltung der Heinrich-Böll-Stiftung angekommen wären. Weil ich weiß, daß wir Berliner vor kurzem einen der Besten aus der Umweltszene an das neue Büro der Stiftung in Washington verloren haben, könnte ja vielleicht eine der ersten Initiativen nach der Bundestagswahl lauten „Was die USA (und andere Länder) vom rot-grünen Projekt in Deutschland lernen können.“

Überhaupt: die trotz aller Erfolge nationaler Umweltplanung weiterhin offenen, ungelösten grenzüberschreitenden, globalen Umweltprobleme verdienen vermehrte Beachtung – so sagten es alle Referenten des ersten Tages.

Vielen Dank, meine Damen und Herren, für Ihre wirklich große Geduld – und Verbeugung vor den Übersetzerinnen, die all das, was mir so, mehr oder weniger spontan, kurz vor und nach Mitternacht durch den Kopf ging, aus einem krautigen Deutsch in bestes Oxford-Englisch bringen mußten!

Was eine weitere, letzte Frage anschließen läßt: Wo stehen eigentlich die Engländer in der Umweltplanung? Noch ein Thema für eine Konferenz!?

Teil B

Übergreifende Analysen

Nationale Pläne und Strategien zur nachhaltigen Entwicklung in Industrienationen

James Meadowcroft

Um die Diskussion über Strategien zur nachhaltigen Entwicklung und strategische Umweltpläne in einem breiteren Kontext anzusiedeln, haben Professor Jänicke und seine MitarbeiterInnen mich gebeten, über die Ergebnisse eines Projektes zu berichten, an dem Kollegen und ich in jüngerer Zeit gearbeitet haben. Unsere Studie befaßte sich mit der Reaktion von Industrienationen auf das Leitbild der nachhaltigen Entwicklung[1]. Da die Arbeiten zur Studie noch andauern, handelt es sich somit um vorläufige Schlußfolgerungen.

Unsere Studie konzentrierte sich auf Initiativen zur nachhaltigen Entwicklung, die von den Regierungen in neun Ländern mit einem hohen Konsumniveau – Australien, Kanada, Deutschland, Japan, Niederlande, Norwegen, Schweden, Großbritannien und USA – und den zentralen Institutionen der Europäischen Union ergriffen wurden. Schlußfolgerungen aus diesen Stichproben lassen sich natürlich nicht unbedingt auf alle OECD-Länder übertragen, doch sind sie wahrscheinlich durchaus typisch für die meisten entwickelten Länder. Die Ergebnisse der Studie sind sehr komplex und können hier nur in allgemeinen Zügen wiedergegeben werden.

Die beiden wichtigsten internationalen Ereignisse im Zusammenhang mit einer Politik nachhaltiger Entwicklung waren die Veröffentlichung des Berichts der *World Commission on Environment and Development* (WCED) 1987 und der Erdgipfel in Rio 1992. Im ersten wurde das Konzept der Nachhaltigkeit formuliert und damit seine offizielle Karriere gestartet. Das zweite Ereignis bedeutete die öffentliche Verpflichtung der Regierenden weltweit zur nachhaltigen Entwicklung als Ziel internationaler und nationaler Politik. Diese Daten stellten zwei wesentliche Ausgangspunkte unserer Studie dar; der dritte war die Fünfjahres-Revision der Agenda 21 durch die Vollversammlung der Vereinten Nationen im Juli 1997. In den vergangenen zehn Jahren gab es zahlreiche Diskussionen über die Frage, was unter nachhaltiger Entwicklung verstanden werden sollte. Die berühmte Aus-

---

[1] William Lafferty und James Meadowcroft, Koordinatoren des Projekts „Implementing sustainable development in high consumption societies: a comparative assessment of national strategies and initiatives". Weitere Mitglieder im Team: Susan Baker, Christiane Beuermann, Gary Bryner, Katarina Eckerberg, Oluf Langhelle, Marie Louise van Muijen, Elim Papadakis, Glen Toner, Miranda Schreurs und Stephen Young. Das Projekt wurde finanziert von ProSus (The Centre for Research and Documentation for a Sustainable Society, Oslo) und dem britischen Economic and Social Research Council (R000221956). Der vorliegende Text basiert auf der Arbeit aller am Projekt beteiligten Personen. Fehler oder Ungenauigkeiten liegen allein in der Verantwortung des Autors.

sage der Brundtland-Kommission, daß die Bedürfnisse der Gegenwart befriedigt werden sollen, ohne „die Bedürfnisse kommender Generationen zu gefährden", wird nach wie vor zitiert, wenngleich die begleitenden Bemerkungen über die absolute Priorität der Grundbedürfnisse der Armen und die sozial determinierten Grenzen der ökologischen Kapazität weniger nachdrücklich genannt werden (WCED 1987). Wie andere normative Ideen, die in der Politik eine wichtige Rolle spielen – Demokratie, Freiheit und Rechte – ist auch die nachhaltige Entwicklung ein umstrittenes Konzept. Über seine genaue Bedeutung läßt sich diskutieren, Interpretationsspielraum ist gegeben. Dennoch umfaßt es einige konstituierende Grundsätze und Schlüsselelemente. Normativ im Zusammenhang mit dem Konzept einer nachhaltigen Entwicklung sind: die Förderung der Wohlfahrt, insbesondere die Berücksichtigung der Bedürfnisse der am stärksten benachteiligten Menschen; der Schutz der Umwelt, vor allem der für den Erhalt des Lebens wesentlichen Systeme; die Integration von Wirtschaft und Umwelt in der Entscheidungsfindung; die Anerkennung differenzierter Verantwortung für Länder auf verschiedenen Stufen der sozioökonomischen Entwicklung; die Bedeutung der öffentlichen Beteiligung an den Entscheidungen in bezug auf Umwelt und Entwicklung (Lafferty 1996; Meadowcroft 1997a).

In unserer Studie haben wir untersucht, wie Regierungen mit der Herausforderung der nachhaltigen Entwicklung umgehen. Es wird niemanden überraschen, wenn ich ausführe, daß die Ergebnisse unserer Untersuchung ergeben haben, daß die Haltungen der Regierungen in dieser Frage durchaus widersprüchlich sind: einerseits gibt es eine erstaunliche Menge von Aktivitäten im Zusammenhang mit nachhaltiger Entwicklung, andererseits gibt es einen großen Widerstand gegen Veränderungen von Praktiken, die als „nicht nachhaltig" kritisiert werden.

Wir haben unter anderem untersucht, wie weit das Konzept nachhaltiger Entwicklung auch idiomatisch einen Niederschlag im jeweiligen Rechtsraum, d. h. im offiziellen Sprachgebrauch der zehn betrachteten Länder gefunden hat. Man könnte zwar denken, daß Sprache nicht unbedingt wichtig ist, denn Regierungen oder Individuen können ähnlich handeln, dies jedoch unterschiedlich benennen oder unterschiedliche Maßnahmen ergreifen, und dies mit den gleichen Begriffen beschreiben, doch werden neue gesellschaftliche Praktiken in der Regel von neuen Formen in Sprache und Denken begleitet, und die Übernahme eines neuen Idioms ermöglicht durchaus neue Verhaltensformen (Ball/Farr/Hanson 1989). Angesichts der Bedeutung, die internationale Organisationen der „Wende" hin zur nachhaltigen Entwicklung beigemessen haben, ist es interessant zu sehen, ob die Sprache der Nachhaltigkeit von Regierungskreisen akzeptiert und übernommen wurde.

Die Ergebnisse dieser Untersuchung finden sich in Anhang 1. Es zeigt sich, daß in den meisten Rechtsbereichen nachhaltige Entwicklung recht gut in den Sprachgebrauch auf der Regierungsebene eingegangen ist. Dies gilt vor allem für Kanada, Norwegen, die Niederlande und Schweden, und etwas weniger für Australien, Großbritannien, Japan und die Europäische Union. Ausnahmen finden sich jedoch auch. In den USA spielt Nachhaltigkeit im nationalen politischen und administrativen Diskurs nach wie vor eine marginale Rolle. Mit anderen Worten: die Idee ist im Grunde wirkungslos geblieben. Deutschland stellt einen Sonderfall dar: die Regierung reagierte hier bei der idiomatischen Übernahme des Konzepts der

Nachhaltigkeit eher langsam. Man hatte anfangs vor allem im ökologischen Establishment Angst, die Idee könnte die geltende Verpflichtung gegenüber dem Vorsorgeprinzip aushöhlen, und war davon überzeugt, daß das Land bereits führend in der Umweltpolitik wäre. Später dominierten wirtschaftliche Probleme und die der Wiedervereinigung die öffentliche Agenda. Dennoch setzten sich nach 1996 das Umweltbundesamt und das Bundesumweltministerium verstärkt für die nachhaltige Entwicklung ein, und wir können davon ausgehen, daß diese in Zukunft eine bedeutendere Rolle spielen wird.

Weiterhin untersuchten wir die Frage, wie die betreffenden Regierungen Nachhaltigkeit verstanden haben. Analysen von Erklärungen im Rahmen der Regierungspolitik deuten darauf hin, daß die Themen Umweltschutz und eine Wirtschaft und Umwelt integrierende Entscheidungsfindung eng mit nachhaltiger Entwicklung assoziiert werden. Konzepte internationaler Gerechtigkeit und gesellschaftlicher Partizipation standen weniger im Mittelpunkt der Aufmerksamkeit. Die geringste Betonung lag auf der Sorge um zukünftige und nationale Gleichberechtigung und soziale Gerechtigkeit. Doch auch hier gibt es signifikante Unterschiede im Vergleich der betrachteten Länder: die Fragen internationaler Gerechtigkeit – Fairness zwischen Nord und Süd und globaler Abbau der Armut – fanden sich vor allem in den offiziellen Verlautbarungen zur Nachhaltigkeit der Regierungen der Niederlande, Norwegens und Schwedens, und weniger deutlich in Deutschland, USA und Großbritannien. Das partizipatorische Element der Nachhaltigkeit wurde vor allem in Kanada betont, während die Sorge um die Zukunftsfähigkeit (manchmal auch als Gleichberechtigung der Generationen oder inter-generative Gerechtigkeit bezeichnet) sich im Zusammenhang mit Äußerungen zur nachhaltigen Entwicklung stärker prononciert in Japan und Deutschland findet. In den Niederlanden findet sich dieser Aspekt auf einzigartige Weise im NEPP wieder, der niederländischen Verpflichtung zur Verringerung der Umweltbelastung der Zukunft, die innerhalb einer Generation auf Null reduziert werden soll.

In bezug auf soziale Managementprinzipien, mit denen Nachhaltigkeit assoziiert wird, zeigt eine Analyse des Umgangs mit 15 solcher Prinzipien in wichtigen politischen Statements, daß internationale Zusammenarbeit, die Zusammenarbeit auf Regierungsebene, Umweltverträglichkeitsprüfungen, die Förderung von kurativen Umweltschutztechnologien und veränderte Produktionsverfahren überwiegend als zentral für eine nachhaltige Entwicklung erachtet werden. Andererseits wurden die Berücksichtigung der Tragekapazität *(carrying capacity)* der Natur, Risikoanalysen, das Verursacherprinzip und die Veränderung der Konsummuster am wenigsten häufig erwähnt (siehe Anhang 2).

Wir untersuchten auch Muster institutionellen Engagements im Bereich nachhaltiger Entwicklung. Im Gegensatz zu früheren Phasen ökologischer Innovationen wurde das Aufkommen der Nachhaltigkeit nicht primär mit der Schaffung neuer Ministerien oder zuständiger Institutionen in Verbindung gebracht. Dort, wo neue Einrichtungen entstanden, z. B. die *Environment Agency* in Großbritannien oder die Europäische Umweltagentur, bezogen sich ihre Aufgaben zwar auf nachhaltige Entwicklung, doch die Initiativen zur Schaffung dieser Institutionen begannen größtenteils vor dem Aufkommen des neuen Paradigmas. Drei wesentliche Entwicklungen charakterisieren das institutionelle Engagement der Regierungen als Antwort auf das Konzept der Nachhaltigkeit:

1. die Akzeptanz des Konzepts durch die bestehenden Ministerien und Institutionen;
2. die inter- und intraministeriellen Umorganisationen;
3. die Schaffung einer Reihe neuer Beratungs-, Konsultations- und Aufsichtsgremien.

Von den bereits bestehenden Strukturen waren Umweltministerien und -ämter die am unmittelbarsten betroffenen Organisationen. Eine Ausnahme in diesem allgemein gültigen Muster stellen die USA dar, wo es kein Umweltministerium gibt und wo die Prioritäten der EPA durch einen relativ rigiden gesetzlichen Rahmen festgelegt werden: Dort ist der *President's Council on Sustainable Development* die einzige aktive Institution dieser Art (PCSD, 1996). In vielen Ländern wurden zudem die für Energie und natürliche Ressourcen zuständigen Ministerien eng eingebunden, so z. B. das Ministerium für Primärindustrie und Energie in Australien (*Department of Primary Industry and Energy)*, das Industrie- und Energieministerium in Norwegen (*Ministry of Industry and Energy*) oder das Ministerium für Landwirtschaft, Natur und Fischereiwesen in den Niederlanden (*Ministry of Agriculture, Nature Management and Fisheries*). Bei den externen Aspekten der Nachhaltigkeitspolitik spielen die Außenministerien und internationale Entwicklungsagenturen in den von uns untersuchten Ländern eine tragende Rolle. In den USA sind es bei der Übernahme des entstehenden Konzepts der Nachhaltigkeit das *State Department* und US AID gewesen, die als das aktivste Ministerium im Kabinett bzw. als aktivste Institution gelten können.

Einige Länder betonen eine die gesamte Regierung einbeziehende Herangehensweise an die nachhaltige Entwicklung. Sie argumentieren, daß die Nachhaltigkeit alle Bereiche der Regierungstätigkeit betreffe, und dementsprechend die Ämter und Ministerien in den verschiedenen Sektoren adäquate Politiken formulieren müssen. Dieser Ansatz wird von Norwegen, Schweden und vor allem Kanada verfolgt.

Die inter- und intraministerielle Umstrukturierung der Abteilungen und Ministerien konzentrierte sich in erster Linie auf die Frage der strategischen Koordination und auf die Förderung der sogenannten „externen Integration“, d. h. der Integration von Umweltfragen in die Arbeit anderer Ministerien und Behörden. In den Umweltministerien forcierte man die Herstellung von Verbindungen zu anderen Ministerien und Ämtern und zu anderen behördlichen Ebenen. 1989 wurde beispielsweise das Umweltministerium in Norwegen umstrukturiert und der Ausschuß der Staatssekretäre zu Umweltfragen (*State Secretaries Committee on Environmental Issues*) eingerichtet. In Japan erfolgte, ebenfalls 1989, die Einrichtung des Ministerrates für Globalen Umweltschutz (*Ministerial Council for Global Environmental Conservation*). Großbritannien führte ein System „Grüner Minister“ ein, damit Umweltfragen in allen Ministerien berücksichtigt würden. Es gab auch Bemühungen, Funktionen zu festigen: So fusionierten 1997 in Schweden eine Reihe von Entwicklungsagenturen in eine reformierte Schwedische Internationale Entwicklungsagentur (*Swedish International Development Agency*).

Die auffälligste Entwicklung im Zusammenhang mit der Bildung neuer Organisationen war die Einrichtung verschiedener „nationaler Komitees" mit konsultativer Funktion und dem Ziel der Einbeziehung wichtiger gesellschaftlicher Akteure und/oder der allgemeinen Öffentlichkeit in die Bemühungen um eine Implementierung der nachhaltigen Entwicklung. Einige Komitees entstanden zwecks Vorbereitung der nationalen Beiträge für den Gipfel in Rio, andere hatten von Anfang an einen umfassenderen Aufgabenbereich. In der Regel hatten die nationalen Komitees die Verantwortung für die Konsensbildung bezüglich der Prioritäten bei der Umsetzung einer nachhaltigen Entwicklung, für die Benennung von Problemen, für die Erarbeitung von Empfehlungen an die Regierung, für die Überwachung der Umsetzung auf nationaler Ebene, die Verbesserung der Kommunikation zwischen offiziellen Stellen und den verschiedenen sozialen Gruppen (Wirtschaft, Initiativen und Organisationen der Zivilgesellschaft usw.) sowie für die Förderung der Aufklärung der allgemeinen Öffentlichkeit. Teils handelte es sich bei diesen Komitees um elitäre Beratungsgremien, teils waren sie eher kampagnenartige Organisationen mit breiter Basis. Auch das Maß, in dem sie tatsächlich funktionierten, variierte erheblich. Einige, wie das Nationale Komitee in Norwegen, blieben weitgehend inaktiv. Im Gegensatz dazu spielte das schwedische Komitee für die Agenda 21 eine aktive Rolle im politischen Leben der Gesellschaft.

Neben diesen Komitees wurden weitere Beratungs- und Kontrollgremien institutionalisiert. In Deutschland trug die Parlamentarische Enquête-Kommission „Schutz des Menschen und der Umwelt" (1994–1998) dazu bei, daß die nachhaltige Entwicklung in die politische Agenda des Landes aufgenommen wurde. Das in Kanada (1995) neu geschaffene Amt des *Commissioner for the Environment and Sustainable Development* spielt eine wichtige Rolle bei der parlamentarischen Kontrolle der Nachhaltigkeitsstrategien in den Ministerien.

Wenn man die Veränderungen charakterisieren will, die durch das Engagement der nationalen Regierungen für eine nachhaltige Entwicklung entstanden sind, fallen drei Themen auf:

1. der Versuch einer Umwelt und Wirtschaft integrierenden Entscheidungsfindung;
2. die Herausbildung einer viele Seiten mit einbeziehenden umweltpolitischen Steuerung;
3. die Internationalisierung der Ansätze in der Umweltpolitik.

Integration bedeutet eine Konzentration auf die Berücksichtigung von Umweltaspekten in der zentralen und lokalen politischen Entscheidungsfindung zu einem frühen Zeitpunkt und auf die Unterstützung der Akteure im Wirtschaftssektor (Produzenten und Verbraucher), die ökologischen Folgen ihrer Entscheidungen zu berücksichtigen. Für die Einbeziehung von Akteuren verschiedener sozialer Bereiche (öffentliche Institutionen, Wirtschaft, zivilgesellschaftliche Bewegungen) in die umweltpolitische Steuerung sind die oben genannten nationalen Komitees nur ein Beispiel. Wesentlich bedeutender sind oftmals Netzwerke, die sektoral oder problemorientiert entstehen und die Sozialpartner in den Prozeß der politischen Entscheidungsfindung und der Implementation einbeziehen. Die niederländischen *Covenants* sind dafür das bekannteste Beispiel (Lafferty/Meadowcroft 1996; Glasbergen 1998). „Internationalisierung“ finden wir in den Fragen, denen Priorität eingeräumt wird (Klimawandel, Biologische Vielfalt, Handel usw.), dem zunehmend stärker werdenden Einfluß internationaler Abkommen für das Handeln auf nationaler Ebene (EU-Beschlüsse, Klimarahmenkonvention usw.), sowie in den deutlichen Harmonisierungsbestrebungen der nationalen Behörden bei den nationalen und internationalen Aspekten der Umweltpolitik. Im vergangenen Jahrzehnt betrieben alle von uns untersuchten Regierungen eine aktive Umweltdiplomatie. Besonders wichtig war diese Frage jedoch für die kleineren Staaten (wozu gemessen am großen Nachbarn und Handelspartner im Süden hier auch Kanada zählt). Bei der Integration der nationalen und internationalen Dimension in die umweltpolitischen Ziele sind die Niederlande wohl am weitesten gegangen.

Weitere interessante Entwicklungstendenzen der betrachteten Länder sind:

- Zunehmende Anwendung des UVP-Verfahrens einschließlich erster Aufnahmen in die Rechtsprechung. In diesem Feld herrschte anfangs große Skepsis. Umfassende Gesetzgebungen wurden 1995 in Kanada und 1997 in Japan erlassen. Verfahren zur Abschätzung von Umweltfolgen wurden EU-weit eingeführt und auch von Norwegen übernommen.
- Entwicklung von routinemäßigen Umweltmessungen; Konsolidierung und Ausweitung von Umweltberichten; neue Projekte im Zusammenhang mit nationalen Umweltbilanzen; Kooperation mit OECD und UNCSD bei der Entwicklung von Indikatoren für nachhaltige Entwicklung. Im Vergleich zum Zeitraum vor 1987 werden heute eine Vielzahl von Umweltbelastungen gemessen, der *pressure-state-response*-Ansatz wurde weitgehend übernommen. Hier wirken vor allem die Berichtspflichten im Zusammenhang mit den Konventionen zur Klimaveränderung und zur biologischen Vielfalt. Ob dieser Fortschritt anhält, ist jedoch ungewiß, denn die Programme unterliegen periodischen Austeritätstrends und behördlichen Umstrukturierungen. In Kanada wurde beispielsweise eine innovative Abteilung bei *Environment Canada* Mitte der neunziger Jahre als Folge der Haushaltskürzungen aufgelöst.
- Programme zur Ökologisierung der Regierung, die auf ein stärkeres Bewußtsein der Beamten und öffentlichen Angestellten in Umweltfragen, Energieverbrauch und Recycling in Regierungsstellen, ökologische Beschaffungspolitik usw. abzielen. Beispiele hierfür sind der japanische *Action Plan for Greening Government Operation* und die schwedische *Green Purchasing Initiative*.
- Weitere Reformen in der Abfallwirtschaft. In den meisten Ländern wurden in den vergangenen zehn Jahren neue Gesetze erlassen. Großbritannien beendete z. B. das Verklappen von Abfall auf See und führte zum ersten Mal in der Geschichte des Landes eine Steuer auf Mülldeponien ein. Wichtiger noch: neue, nachhaltigkeitskonforme Konzepte, wie z. B. die Erweiterung der Produkthaftung und die Betonung der Umweltaspekte im gesamten Produktzyklus, spielen als Rahmen der Abfallpolitik eine zunehmend wichtige Rolle. Das beste Beispiel dafür ist vermutlich das 1993 in Schweden verabschiedete Gesetz über den ökologischen Kreislauf *(Eco-Cycle-Bill)*.
- Auf der Input-Seite gab es verschiedene Initiativen zur Energie- und Wertstoffeffizienz. Natürlich konnten Länder wie Japan und Schweden bereits vor

zwanzig Jahren große Fortschritte im Bereich der Energie erzielen. Im Zusammenhang mit den Nachhaltigkeitsdebatten und vor allem der Diskussion über den Klimawandel haben diese Fragen jedoch neue Brisanz erhalten. Auch hier wurden neue Konzepte entwickelt, wie z. B. „Faktor 4“ oder „Faktor 10“, die insbesondere in Schweden und Deutschland von großer Bedeutung waren.

In zwei Bereichen hat sich dagegen bemerkenswert wenig bewegt: Konsum und Öko-Steuern. Nur wenige Regierungen konnten sich für Programme zur Änderung von Konsummustern begeistern. Einige Maßnahmen wurden in bezug auf Umweltzeichen und Verbraucherinformation ergriffen, insbesondere in Deutschland, den Niederlanden, Norwegen und Schweden. Norwegen spielt in der Förderung eines Programms zum Thema „nachhaltige Produktion und nachhaltiger Konsum“ auf der internationalen Ebene eine führende Rolle, die Idee muß allerdings erst noch von anderen Regierungen aufgegriffen werden. Auch die Ökologisierung des Steuersystems steht noch aus. In den späten achtziger und frühen neunziger Jahren konnte hier ein gewisser Fortschritt erzielt werden: Innovativere Regierungen führten die eine oder andere Form von CO_2-Steuern ein, wobei es allerdings für bestimmte Sektoren umfassende Ausnahmeregelungen gab. Auch hier war es das Trio Niederlande, Schweden und Norwegen, das aus der Masse der von uns untersuchten Länder herausragte. Der Versuch der Einführung einer CO_2-Steuer in der Europäischen Union scheiterte, vor allem aufgrund des Widerstandes der größeren Länder. Zur Zeit sind die neuerungswilligen Länder nicht bereit, allein weiter zu machen, da Auswirkungen auf die Wettbewerbsfähigkeit ihrer Industrie spürbar sind (Andersen/Liefferink 1997).

Diese Liste deutet insgesamt auf ein signifikantes Maß an länderübergreifender Konvergenz hin. Einige Länder sind zwar eher bereit, innovative Maßnahmen zu ergreifen, als andere, doch im Lauf der Zeit können wir bei vielen Politiken und Techniken offenbar doch eine Diffusion in der ganzen Ländergruppe beobachten. Das gilt in jedem Fall für die Initiativen zur Umweltverträglichkeitsprüfung, zum Öko-Audit, für Initiativen zur Ökologisierung der Regierung, ökologische Regierungsinitiativen, Umweltabkommen usw. OECD, UNCSD, die Weltbank und die Strukturen der Europäischen Union haben bei der Förderung der Konvergenz und bei der Aufstellung von Normen „guter Praxis“ eine Rolle gespielt. Hier wirkt sicherlich auch eine gewisse Form des „sozialen Lernens“, wenngleich die Übernahme von Perspektiven und Techniken letztlich manchmal etwas ganz anderes mit sich bringt, als im Ursprungsland angestrebt. Es scheint, als wären die größeren Staaten, vor allem die USA (Jänicke/Weidner 1997), langsamer beim Import von Ideen und Praktiken der internationalen Gemeinschaft, als die kleineren.

Bevor wir zum Thema der strategischen Planung kommen, sollen ein paar Worte zu den drei wichtigsten Abkommen von Rio gesagt werden: Die Agenda 21 und die Konventionen zum Klimaschutz und zur biologischen Vielfalt. Alle von uns betrachteten Staaten haben sich zu den Grundsätzen der Agenda 21 verpflichtet. In einigen Ländern wurden nationale Komitees eingerichtet oder nationale Pläne aufgestellt, andere finanzieren oder fördern zumindest lokale Maßnahmen zur Agenda 21. Alle Regierungen haben der UNGASS Berichte über den Fortschritt bei der Umsetzung der Agenda 21 vorgelegt (UNGASS 1997). Anhang 3 zeigt jedoch, daß sich nur sechs der zehn von uns untersuchten Länder in ihren wichtigsten politischen Erklärungen durchgehend auf die Agenda 21 beziehen; nur in zwei Ländern gibt es offizielle Agenda 21-Aktionspläne; nur drei haben nationale Agenda 21-Komitees eingerichtet. Auf der lokalen Ebene, wo die Agenda 21 am sichtbarsten ist, haben acht Regierungen (mehr oder weniger) die Aktivitäten zur Lokalen Agenda 21 unterstützt, doch nur zwei stellten dafür auch Gelder zur Verfügung. In den Vereinigten Staaten hat die Agenda 21 praktisch keine innenpolitische Bedeutung. Auch Kanada bezieht sich kaum auf sie. Ebenso war sie auch für die australische und bis vor kurzem die deutsche Regierung nicht von herausragender Bedeutung, wenngleich im Fall Deutschland die Aktivitäten von Umweltgruppen dem Dokument ein höheres öffentliches Profil verliehen haben.

Die meisten Regierungen betrachten die Agenda 21 als symbolisches Ergebnis der UNCED, ein Ausdruck der Verpflichtung der Nationen,

1. gemeinsame Schritte zu ergreifen, um die globalen Umweltprobleme zu bewältigen, und
2. den Entwicklungsländern ständige Unterstützung zu gewähren.

Beide Aspekte werden von den Staaten unterschiedlich gewichtet, entsprechend ihrer historischen Haltung in bezug auf Entwicklungshilfe. In diesem Zusammenhang beziehen sich die Regierungsstellen zwar oft auf die in der Agenda 21 festgehaltenen Ziele, doch kein Land hat bisher wirklich versucht, die Agenda 21 „zu implementieren“, d. h. sie zu nutzen, um die Parameter und Prioritäten für die innenpolitische Entwicklung festzulegen. Damit soll nicht gesagt werden, daß Symbole unwichtig wären. Und viele Ideen und Vorschläge der Agenda 21 finden durchaus ihren Weg in die nationale Politik. Mehr noch: in vielen Ländern, vor allem in Europa, sind lebendige und facettenreiche lokale Bewegungen unter dem Banner der Agenda 21 entstanden (Lafferty/Eckerberg 1997). Dennoch muß gesagt werden, daß für die Zentralregierungen die Agenda 21 so etwas wie „das fünfte Rad“ am politischen Wagen geblieben ist.

Zum Klimawandel: Alle von uns untersuchten Staaten haben die Klimakonvention unterzeichnet und ratifiziert. Sie beteiligen sich aktiv an der wissenschaftlichen und politischen Erörterung der entsprechenden Fragen und haben nationale Programme zur Verringerung der Treibhausgase aufgelegt (O'Riordan/Jäger 1996; Collier/Lofstedt 1997). In allen untersuchten Ländern gibt es Kontrollmaßnahmen gemäß der Klimarahmenkonvention. Die weitreichendsten Programme wurden in Deutschland und den Niederlanden verabschiedet, die USA reagierten im Gegensatz dazu am zögerlichsten. Aktuell scheinen Deutschland und Großbritannien die einzigen Länder zu sein, die das ursprüngliche UNCED-Ziel einer Rückführung der CO_2-Emissionen auf das Niveau von 1990 bis zum Jahr 2000 erreichen werden. In beiden Fällen läßt sich dies weitgehend auf Faktoren zurückführen, die nicht unmittelbar mit der Klimapolitik zu tun haben: in Großbritannien wirkt sich der Niedergang der Kohleindustrie aus, in Deutschland die Wiedervereinigung. Bisher beruhen Maßnahmen zur CO_2-Reduzierung auf freiwilligen Vereinbarungen mit der Industrie, zusammen mit einigen maßvollen Erhöhungen der Energiesteuern. Die Niederlande, Norwegen und Schweden haben CO_2-Steuern eingeführt, in den meisten Ländern stieß eine solche Besteuerung jedoch auf Widerstand. Dem Verkehrssektor wurde bisher kaum Aufmerksamkeit gewidmet, obwohl hier der drastischste Anstieg der Emissionen zu beobachten ist. Alle von uns untersuchten Länder haben das Protokoll von Kyoto unterzeichnet. Es bleibt abzuwarten, ob es – insbesondere von den USA – ratifiziert wird. Wesentliche Elemente des Protokolls sind die Akzeptanz differenzierter Zielvorgaben, die Einführung eines Abweichungsspielraums ohne Sanktion, die Öffnung für den Emissionshandel, *Joint Implementation* (gemeinsame Umsetzung), der *Clean Development Mechanism* und die Waldsenken. Die von uns untersuchten Regierungen werden Schwierigkeiten haben, die Kyoto-Zielvorgaben zu erfüllen, es sei denn ein großer Teil der Reduzierung findet über die *Joint Implementation* und den *Clean Development Mechanism* statt. Daher ist eine Vereinbarung über die Modalitäten für diese Mechanismen für weitere Verhandlungen der Vertragsparteien (COP) essentiell. Wir stehen zwar erst am Anfang einer Klimapolitik, doch es sollte nicht unterschätzt werden, wie weitreichend die Ergebnisse in Kyoto (einschließlich der Einrichtung eines Kontrollsystems) potentiell sein können.

Die Konvention über die Biologische Vielfalt hat drei ehrgeizige Ziele:

1. Erhalt der Artenvielfalt;
2. eine nachhaltige Nutzung zu gewährleisten; und
3. Gewährleistung einer gerechten Verteilung der genetischen Ressourcen.

Sie deckt einen großen Bereich ab und wirft grundlegende Fragen über die Natur und die Dimension menschlicher Eingriffe in die natürliche Welt – in bezug auf Technologie, Bevölkerung, Produktions- und Konsummuster – auf. Viele Regierungen haben nachweislich begonnen, ihr Verständnis von Maßnahmen zur Erhaltung oder zum „Naturschutz“ zu ändern. Der Nachdruck liegt heute weniger auf der Bewahrung einzelner Arten als auf dem Erhalt von Ökosystemen und Lebensräumen. Der mehrdimensionale Wert der „Biologischen Vielfalt“ wird ebenfalls stärker gewürdigt: sie kann lebenserhaltende Umweltfunktionen, die Ressourcen für die zukünftige Entwicklung, nationale Vermögenswerte, Konventionen und ethische Werte umfassen. Dennoch wird in einigen Ländern (vor allem in den USA und Kanada) immer noch über einzelne Spezies diskutiert. Die Rahmenbedingungen für die Berichterstattung gemäß der Konvention zwingen die Regierungen, die Skala ihrer Biodiversitäts-Ressourcen zu bewerten. Einige denken heute systematischer über ihre Politik in bezug auf ihre Reserven nach. Hier ist die EU-Initiative zur Entwicklung von europaweiten Verbindungskorridoren ermutigend. Unter den von uns untersuchten Ländern ist Schweden das Land, in dem die deutlichsten Schritte im Bereich der Biologischen Vielfalt unternommen worden sind, dagegen wurden in den USA (die die Konvention noch ratifizieren müssen) kaum entsprechende Maßnahmen getroffen. Deutschland, das Land, dessen Regierung lange Zeit behauptete, der Artenschutz sei von der bestehenden Gesetzgebung ausreichend gewährleistet, muß noch eine Biodiversitäts-Strategie entwickeln. Es hinkt diesbezüglich den anderen von uns betrachteten Ländern hinterher.

Grundsätzlich hat der Entwicklungsdruck, der zur Erosion der Biologischen Vielfalt führt, nicht nachgelassen. Darüber hinaus befindet sich die Konvention über die biologische Vielfalt in keinem guten Zustand. Im Gegensatz zur Klimakonvention hat sich hier nur sehr langsam etwas getan. Es gab Probleme mit dem

Sekretariat, und obwohl es Entwürfe für ein halbes Dutzend Protokolle gab, wurde bisher nur über das Protokoll zur Biologischen Sicherheit verhandelt. Offenbar haben die Parteien (insbesondere die Entwicklungsländer) Interesse verloren, und vielleicht gibt es auch ein gewisses Maß an „Abkommensmüdigkeit". Darüber hinaus ist deutlich geworden, daß die finanziellen Erträge der Entwicklungsländer für die Gewährleistung des Zugangs zur Biologischen Vielfalt nicht so hoch sein würden, wie ursprünglich erwartet. Dies ist im wesentlichen darauf zurückzuführen, daß die entwickelten Länder bereits große Reserven von exotischem Keimplasma aufgebaut haben, und auch, weil die Biologische Vielfalt – global gesprochen – noch keine knappe Ressource ist (McGraw 1998). Mit anderen Worten: es wird sich, auf absehbare Zukunft, um einen nachfragedominierten Markt für Einkäufer handeln. Das langfristige Überleben der Konvention als ein lebensfähiger Rahmen, innerhalb dessen internationale Bemühungen im Bereich der Biologischen Vielfalt organisiert werden, kann nicht als gesichert gelten.

Kommen wir jetzt zu dem Thema zurück, das uns hier unmittelbar interessiert: strategische Planungen für die Umwelt und für eine nachhaltige Entwicklung. Dies war zweifellos eine der signifikantesten Reaktionen auf das Konzept der Nachhaltigkeit (Carew-Reid et al. 1994; Dalal-Clayton 1996; Johnson 1995). Für die von uns betrachteten Länder läßt sich die Situation grob wie folgt zusammenfassen: Australien entwickelte 1992 eine nationale Strategie, die auf einem substanziellen öffentlichen Input und einer fortschrittlichen Zusammenarbeit von Commonwealth und Staat im Bereich der Umwelt basierte. Diese Strategie ist jedoch in der anhaltenden Debatte über Umweltfragen von immer weniger Bedeutung. Kanada verabschiedete 1990 einen Green Plan, der jedoch weniger Plan als allgemeine Ausgabenrechnung für Umweltbelange war. Nach dem Erdgipfel in Rio wurde ein partizipatorischer Prozeß einer Gesellschaftsvision, das *Projet de Société*, initiiert, dem die Zentralregierung jedoch schon nach wenigen Jahren die Unterstützung entzog. 1995 verabschiedete man ein System, mit dem die Bundesbehörden Nachhaltigkeitsstrategien entwickeln sollten. Diese werden von einem *Commissioner for the Environment and Sustainable Development* geprüft, der dem Amt des *Auditor General* zugeordnet ist. In Deutschland gibt es keinen Strategieplan, doch eine Reihe von Berichten, unter anderem das Dokument „Nachhaltige Entwicklung in Deutschland: Entwurf eines umweltpolitischen Schwerpunktprogramms", die darauf hindeuten, daß sich Deutschland in Richtung einer offiziellen Verabschiedung eines Planes bewegt. Japan hat gemäß den Bestimmungen des *Environment Basic Law* einen *Environment Basic Plan* verabschiedet, zudem gibt es einen Plan zur Implementierung der Agenda 21. In den Niederlanden konnten wir den umfassendsten und systematischsten Ansatz feststellen: dort wurden seit 1989 dreieinhalb Umweltpläne verabschiedet. In Norwegen hat die Regierung eine Reihe bindender Erklärungen abgegeben, die eine Orientierung für die Nachhaltigkeitspolitik darstellen. Die Planung wurde ebenfalls gefördert durch die Integration von Umweltbelangen in Haushaltsroutinen. Auch in Schweden wurden periodisch Orientierungshilfen für eine Politik der nachhaltigen Entwicklung verabschiedet. Eine vom SEPA vorbereitete Nachhaltigkeitsstrategie für die von diesem Amt bearbeiteten Felder wird ebenfalls umgesetzt. Der Planungsprozeß in Großbritannien umfaßte die Veröffentlichung mehrerer strategischer Dokumente und zunehmend detailliertere Berichte über die Umsetzung und das Erreichen der Zielvorgaben. In den USA gibt es weder einen nationalen Plan für die nachhaltige Entwicklung, noch einen Umweltplan oder -planungsprozeß, wenngleich es einige Bemühungen im Bereich strategischen Denkens im Projekt „Umweltziele" (EPA 1996) gab. Mittlerweile wurde diese Projekt jedoch eingestellt. Somit gibt es, außer in Deutschland und den USA, in allen von uns untersuchten Ländern formale Mechanismen einer strategischen Planung für Umwelt und nachhaltige Entwicklung.

Im Vergleich zu früheren umweltpolitischen Prozessen sind die Umweltpläne und Strategien für eine nachhaltige Entwicklung von einem umfassenderen Ansatz gekennzeichnet. Man bemüht sich um Management-Optionen für einen signifikanten Teil der nationalen Umweltbelastungen. Auch eine substantielle Integration wird angestrebt: Der zugrundeliegende Gedanke ist es, analytische, regulative und kurative Strategien auf der Grundlage disziplin-, sektor- und länderübergreifenden Handelns mit den biologisch-physikalischen und sozialen Interdependenzen in Übereinstimmung zu bringen. Es wird ein langfristiger Ansatz gewählt: man konzentriert sich unmittelbar auf die kommenden vier bis fünf Jahre, berücksichtigt jedoch auch die möglichen Szenarien, die zwanzig, dreißig oder fünfzig Jahre in die Zukunft weisen. Nationale Probleme und Vorschläge für die Politik werden im Rahmen internationaler Inititiaven und der Verpflichtung, einen Beitrag zu globalen Lösungen für umwelt- und entwicklungspolitische Probleme zu leisten, diskutiert. Das Konzept einer „nachhaltigen Entwicklung" bietet darüber hinaus eine wesentliche konzeptionelle Verankerung für diese Pläne und Strategien, es bietet den Rahmen für die Integration von umwelt- und wirtschaftsrelevanten Entscheidungen und betont die Bedeutung der lebensfördernden und wohltuenden Funktion der Umwelt, wodurch auch die Belange der kommenden Generationen berücksichtigt werden. Die ausdrückliche Referenz ist in der Regel der Brundtland-Bericht und/oder der Erdgipfel in Rio sowie das grundlegende Verständnis vom Begriff der nachhaltigen Entwicklung, der sich durch die Verwendung bei internationalen Zusammenkünften etabliert hat.

Konzeptionell gesehen scheint es große Unterschiede zwischen nationalen Umweltplänen einerseits und nationalen Strategien für eine nachhaltige Entwicklung andererseits zu geben. Geprägt durch den internationalen politischen Sprachgebrauch, wurde die nachhaltige Entwicklung mit einer Reihe normativer Ziele, die über das Thema der Umweltqualität hinausgehen, assoziiert. Nachhaltige Entwicklung beinhaltet einen Einklang der Forderungen nach wirtschaftlicher Effizienz, sozialer Gerechtigkeit und Umweltschutz. Damit müßten die Strategien für eine nachhaltige Entwicklung – wie zum Beispiel von der Agenda 21 vorgesehen – wesentlich mehr Themen beinhalten und stärkere Bemühungen im Hinblick auf eine gesellschaftliche Vision unternehmen, als man in der Regel im Zusammenhang mit „umweltpolitischer" Planung assoziieren würde. In der Praxis konnte sich eine terminologische Differenzierung jedoch nicht halten, denn die „Umwelt-Politik-Pläne" haben die nachhaltige Entwicklung als Kernkonzept und Rahmen übernommen (selbst wenn in ihnen nicht alle politisch relevanten Dimensionen der nachhaltigen Entwicklung angesprochen werden). Zudem befassen sich auch die bisher veröffentlichten Strategien für eine nachhaltige Entwicklung nicht mit dem gesamten Spektrum politischer Fragen, die im Zusammenhang mit der nachhaltigen Entwicklung im UNCED-Prozeß assoziiert werden.

Trotz ihrer gemeinsamen Form (als offizielle, auf der staatlichen Ebene verabschiedete und innerhalb der Landesgrenzen geltende „Pläne“ und „Strategien“), und trotz der Ähnlichkeit der oben ausgeführten wesentlichen Elemente, unterscheiden sich die nationalen Pläne und Strategien, die wir hier diskutiert haben, in hohem Maß hinsichtlich vieler anderer Punkte. Einige konzentrieren sich auf allgemein gehaltene Bestrebungen (Großbritannien), andere formulieren präzise Zielvorgaben und Zeitpläne (Niederlande), einige fassen bereits bestehende politische Verpflichtungen zusammen und kombinieren diese (Japan), andere führen neue Programme und Finanzierungsinitiativen ein (der kanadische *Green Plan*). Einige entstanden hauptsächlich im Rahmen einer inter-ministeriellen Zusammenarbeit (Japan), bei anderen gab es einen Prozeß umfassender Konsultation und Partizipation (Australien). Einige haben sich als „Eintagsfliegen“ erwiesen, die durch politischen Prioritätenwechsel und den Austausch von Personen an Bedeutung verloren haben (der kanadische *Green Plan*), andere scheinen sich im Rahmen eines zyklischen Prozesses der Revision und Überarbeitung zu formalisieren (Niederlande).

Natürlich gibt es auch ein beträchtliches Maß an Instabilität oder Flüchtigkeit bei diesen Initiativen. In vielen Ländern wurde mit mehreren Prozessen experimentiert, und frühe Versuche wurden nicht selten zugunsten neuerer Projekte verworfen. So testete Kanada den *Green Plan*, von dem es sich dann wieder verabschiedete. Es folgte zunächst das *Projet de Société*, dann ein System von ministeriellen Nachhaltigkeitsstrategien und ein Monitoring-System unter Kontrolle des *Commissioners*. Auch Australien nahm eine Neubewertung seines strategischen Ansatzes vor. Norwegen diskutiert zur Zeit die *Green Book*-Methode der Umweltbilanzierung, während Großbritannien eine neue Nachhaltigkeitsstrategie erarbeitet. Selbst in den Niederlanden, wo der Umweltplanungsprozeß am stärksten institutionalisiert ist, wurde darüber debattiert, ob die NEPPs in der gegenwärtigen Form fortgeschrieben werden sollten. Die Regierungen sind also eindeutig alles andere als sicher, daß die von ihnen entwickelten Formen nationaler Planung und Strategie die für ihre Bedürfnisse am besten geeigneten sind.

In diesem Kontext gibt es eine Reihe von wiederkehrenden Problemen:

1. Definition des adäquaten Rahmens der Planung, d. h. Festlegung der Elemente nachhaltiger Entwicklung, die vom Plan erfaßt werden sollen; und
2. Entscheidung darüber, wie die Integration des Umwelt- oder Nachhaltigkeitsplanungsprozesses in die bestehenden Planungsstrukturen und -modalitäten erfolgen kann; dies betrifft insbesondere die Aufstellung und Verabschiedung des Budgets und das System von Flächennutzungsplänen.

Es muß keineswegs so sein, daß der umfassendere Ansatz (der mehr Aspekte der nachhaltigen Entwicklung berücksichtigt) der erfolgreichere ist (Meadowcroft 1997b). Nachhaltige Entwicklung ist ein enorm komplexes Ziel und ein selektiverer Ansatz, der sich auf die wichtigsten und am besten handhabbaren Aspekte konzentriert, kann der beste Weg sein, um Erfahrung zu gewinnen.

Die Entwicklung dieser Planungs- und Strategieprozesse war in den vergangenen zehn Jahren zentral in den Bemühungen der Industrieländer um eine nachhaltige Entwicklung. Dies wurde auch von der Agenda 21 angestrebt, die ja ausdrücklich die Erarbeitung „nationaler Strategien, Pläne, Politiken und Prozesse" fordert (UNCED 1992). Die von den Zentralregierungen initiierten strategischen Planungsprozesse können dazu beitragen, daß die Verbindungen zwischen Umwelt- und Entwicklungsfragen besser beleuchtet werden; sie erleichtern die Entwicklung einer langfristigen politischen Vision; sie fördern das Lernen über komplexe soziale Prozesse und das Erkennen der Hindernisse, die einer Veränderung im Weg stehen; sie bieten Maßstäbe zur Bewertung der zukünftigen Entwicklung (Jänicke/Jörgens 1998). Doch müssen wir, nach nur knapp einer Dekade Erfahrung mit derartigen Projekten selbst in den innovativsten und nur wenigen Jahren Erfahrung in den übrigen Staaten feststellen, daß es sich nach wie vor um Experimente handelt, deren langfristige Effekte es abzuwarten gilt.

Aus breiterer Perspektive gesehen ist der heutige Versuch, Institutionen zu schaffen, um die Umwelt- und Entwicklungspolitik kompatibel gestalten, ein deutlicher Widerhall auf Bemühungen in den früheren Jahren des zwanzigsten Jahrhunderts um den Aufbau der institutionellen Strukturen des Sozialstaates. Die Herausforderung einer nachhaltigen Entwicklung ist gewiß in mancher Hinsicht komplexer, denn wir können sie verstehen als ein die Institutionen umfassendes Konzept, um wirtschaftliche und soziale Fragen ebenso wie Umweltfragen zu managen, und auch, da es letztlich keine „nationalen" Lösungen unabhängig vom internationalen Handeln geben kann. Doch eine gewisse Parallele läßt sich ziehen, und sie suggeriert wenigstens drei Aspekte:

1. Regierungen neigen dazu, mehrere Ansätze zu testen, und die sich daraus entwickelnden Systeme sind sowohl das Ergebnis eines pragmatischen Inkrementalismus wie auch eines rationalen Entwurfs;
2. verschiedene Länder können unterschiedliche Lösungsansätze wählen, die, wenngleich funktionell ähnlich, lokal jeweils beträchtliche Unterschiede aufweisen;
3. institutionelle Lösungen sind meist nur relativ stabil.

Mit anderen Worten: Ebenso, wie wirtschaftlicher, sozialer und politischer Wandel uns zwingt, das Funktionieren der von der Nachkriegsgeneration übernommenen Institutionen des Sozialstaats zu überdenken, machen auch die andauernden Veränderungen in der Beschaffenheit und der Wahrnehmung von Umweltbelastungen sowie der Entwicklungsgebote periodisch die Erneuerung der Institutionen erforderlich.

Literatur

Andersen, M./Liefferink, D. (Hrsg.), 1997: European Environmental Policy: the Pioneers, Manchester.

Ball, T./Farr, J./Hanson, R. (Hrsg.), 1989: Political Innovation and Conceptual Change, Cambridge.

Carew-Reid, J./Prescott-Allen, R./Bass, S./Dalal-Clayton, B., 1994: Strategies for National Sustainable Development, London.

Collier, U./Lofstedt, R. (Hrsg.), 1997: Cases in Climate Change Policy, London.

Dalal-Clayton, B., 1996: Getting to Grips with Green Plans: National Experience in Industrial Countries, London.

EPA, 1996: Environmental Goals for America ,Washington.

Glasbergen, P., 1998: Co-operative Environmental Governance, Dordrecht.

Jänicke, M./Jörgens, H., 1998: National environmental policy plans and long-term sustainable development strategies: learning from international experiences, in: Environmental Politics 7: 27–54.

Jänicke, M./Weidner, H., 1997: Germany, in: Jänicke, M./Weidner, H. (Hrsg.), National Environmental Policies: a Comparative Study of Capacity Building, Berlin.

Johnson, H., 1995: Green Plans: Greenprint for Sustainability, Lincoln.

Lafferty, W., 1996: The politics of sustainable development: global norms for national implementation, in: Environmental Politics 5: 185–208.

Lafferty, W./Eckerberg, K. (Hrsg.), 1997: From Earth Summit to Local Forum: Studies of Local Agenda 21 in Europe, Oslo.

Lafferty, W./Meadowcroft, J. (Hrsg.), 1996: Democracy and the Environment: Problems and Prospects, Aldershot.

Lafferty, W./Meadowcroft, J., 1998: Patterns of Governmental Engagement. Working paper for the project „Implementing Sustainable Development in high consumption societies.“

McGraw, D., 1998: The Convention on Biological Diversity at the Cross-roads, paper presented to the workshop on 'Implementing policies of sustainable development: examining actor relationships and negotiating processes', 25–26 May 1998, Geneva.

Meadowcroft, J., 1997a: Planning, democracy and the challenge of sustainable development, in: International Political Science Review 18: 167–190.

Meadowcroft, J., 1997b: Planning for sustainable development: insights from the literatures of political science, in: European Journal of Political Research 31: 427–454.

O'Riordan, T./Jager, J., 1996: Politics of Climate Change: A European Perspective, London.

President's Council on Sustainable Development (PCSD), 1996: Sustainable America: a New Consensus for Prosperity, Opportunity and a Healthy Environment, Washington.

UNCED, 1992: United Nations Conference on Environment and Development, Agenda 21, New York.

UNGASS, 1997: Programme for the Further Implementation of Agenda 21, New York.

World Commission on Environment and Development, 1987: Our Common Future, Oxford.

Anhang

Tab.1: Integration des Begriffs der „nachhaltigen Entwicklung" in den Sprachgebrauch der Regierungen ausgewählter OECD-Länder (1998) (Quelle: Lafferty/Meadowcroft (1998) Patterns of Environmental Engagement. Working Paper for the project „Implementing Sustainable Development in high consumption societies").

	Diskursiver Kontext	Aus	Can	Deu	Jpn	Nld	Nor	Swe	GB	USA	EU
1	offizielle Übersetzung	nz	nz	?	ja	ja	ja	ja	nz	nz	*
2	verwendet von offiziellen Stellen, Institutionen, Komitees	++	++	++	++	++	++	++	++	+	+
3	Bezeichnungen von Ämtern und Komitees	+	+	+	+	-	+	+	+	+	+
4	Bestandteil im Geltungsbereich von Ministerien oder Regulierungsbehörden	+	++	-	+	++	++	++	++	-	+
5	Nennung in wichtigen Erklärungen zur Regierungspolitik	+	+	-	+	++	++	++	+	-	+
6	Nennung in wichtigen legislativen oder administrativen Beschlüssen	+	++	+	+	++	++	++	+	-	+
7	Nennung in Dokumenten mit potentiell verfassungsberührender Bedeutung	+	-	-	-	-	-	-	-	-	+
8	Präsenz in parteipolitischen Diskussionen, Parteiprogrammen usw.	+	++	+	-	++	++	++	+	-	-
9	Zusammenfassung 2-7	7	8	4	6	8	9	9	7	2	6

Symbole: - = nein, + = ja, ++ = ja, häufig und signifikant, nz = nicht zutreffend
Ein + wurde vergeben, wenn nachhaltige Entwicklung substanziell im entsprechenden diskursiven Kontext erwähnt wird. Ein zweites + verweist auf eine besonders signifikante und verbreitete Verwendung des Begriffs. Genaugenommen bezieht sich Punkt 8 nicht auf den offiziellen (staatlichen) Diskurs, sondern mehr auf den breiteren Kontext parteipolitischer Debatten. Dennoch handelt es sich hier um einen klaren Indikator für die idiomatische Integration des Konzepts der Nachhaltigkeit in die Regierungsebene. Die Summe aus 2-7 gibt einen groben Hinweis auf die Intensität der idiomatischen Integration im jeweiligen Land. Bei 7 erhielt Australien aufgrund des *Inter Governmental Agreement on the Environment* (IGAE) ein +; ebenso die EU aufgrund der Bezugnahme auf die nachhaltige Entwicklung in den Verträgen von Maastricht und Amsterdam.

Tab. 2: Betonung sozioökologischer Management-Grundsätze in politischen Äußerungen zur nachhaltigen Entwicklung in ausgewählten OECD-Ländern (1987–1998) (Quelle: Lafferty/Meadowcroft (1998) Patterns of Governmental Engagement. Working paper for the project „Implementing Sustainable Development in high consumption societies").

Management-Grundsatz	Aus	Can	Deu	Jpn	Nld	Nor	Swe	GB	USA	EU
Öko-Audit	N	M	M	N	M	M	M	N	N	M
Umweltverträglichkeitsprüfung	H	H	H	N	M	M	M	M	H	H
Faktor-Effizienz-Ansatz	N	N	H	H	H	M	H	N	M	N
Integrierte Umweltverschmutzungskontrolle	N	N	M	N	M	N	M	H	N	H
Regierungszusammenarbeit	H	M	M	M	H	H	H	N	H	M
Internationale Kooperation	H	H	H	H	H	H	H	M	N	H
Stoffkreislauf/Öko-Kreislauf	N	N	H	H	H	N	H	N	N	N
Verursacherprinzip	N	N	H	N	N	N	N	N	N	H
Vorsorgeprinzip	H	N	H	M	M	H	N	N	N	H
Umwelttechnologische Entwicklung	M	N	M	H	M	M	H	M	H	H
Risikofolgenabschätzung/Risiko-Management	N	N	N	N	M	N	N	N	M	N
Soziale Partizipation	M	H	N	N	H	M	M	M	M	M
Veränderung des Konsumverhaltens	N	N	M	N	M	H	N	N	N	N
Veränderung der Produktionsprozesse	M	M	M	H	M	M	M	M	H	M
Respekt vor der Tragekapazität der Natur	N	N	N	N	N	M	N	N	N	N

Symbole: H = hoch; M = mittel; N = niedrig

Ausgewertet wurde hier die Verwendung des Konzepts der nachhaltigen Entwicklung in den wichtigsten politischen Erklärungen, Plänen und Strategien. In den einzelnen Ländern wurde die Betonung der verschiedenen Grundsätze mit „hoch", „mittel" oder „niedrig" klassifiziert, entsprechend dem Ausmaß, in dem das Befolgen des jeweiligen Grundsatzes als wichtig für das Erreichen von Fortschritt auf dem Weg zu einer nachhaltigen Entwicklung erachtet wird.

Tab. 3: Reaktionen der Regierungen ausgewählter OECD-Länder auf die Agenda 21 1992–1997 (Quelle: Lafferty/Meadowcroft (1998) Patterns of Governmental Engagement. Working paper for the project „Implementing Sustainable Development in high consumption societies").

Aktivitäten	Aus	Can	Deu	Jpn	Nld	Nor	Swe	GB	USA	EU
Erwähnung in wichtigen politischen Erklärungen	nein	nein	nein	ja	ja	ja	ja	ja	nein	ja
Vorbereitung eines Nationalen Aktionsplans	nein	nein	nein	ja	nein	nein	ja	nein	nein	nein
Einrichtung eines Nationalen Komitees für Agenda 21	nein	nein	ja	ja	nein	nein	ja	nein	nein	nein
Staatliche Förderungen von Aktivitäten im Rahmen der Lokalen Agenda 21 (einschließlich indirekter Finanzierung)	ja	nein	nein	ja	ja	ja	ja	ja	nein	ja
Direkte staatliche Finanzierung von Aktivitäten im Rahmen der Lokalen Agenda 21	nein	nein	nein	nein	ja	nein	ja	nein	nein	nein

Diese Tabelle konzentriert sich auf Aktivitäten der Zentralregierungen im Rahmen der Agenda 21. „Nationaler Aktionsplan" und „Nationales Komitee" bezieht sich auf Pläne und Komitees, die explizit zur Förderung der Agenda 21 formuliert bzw. geschaffen wurden. Mitberücksichtigt wurde hier auch die Förderung der Aktivitäten im Rahmen der Lokalen Agenda 21, da es sich hier um einen der wenigen Bereiche handelt, in dem die Agenda 21 aktiv aufgegriffen wurde.

Umweltplanung und technologische Innovation: Eine Form des Politiklernens ?

Daniel J. Fiorino

Umweltschutz ist zu nachhaltiger Entwicklung geworden. In weniger als dreißig Jahren haben sich die Ansätze auf nationaler Ebene verändert: nach der Konzentration auf die Beseitigung alter Umweltprobleme und dem Versuch der Verhinderung neuer Probleme hat man den eingeschränkten Bereich des Umweltmanagement hinter sich gelassen und ist weiter gegangen: Im Mittelpunkt der Aufmerksamkeit steht jetzt das wesentlich weiter gefaßte und komplexere Thema des gesellschaftlichen und wirtschaftlichen Wandels. Die Herausforderung besteht nicht länger nur darin, soziale und wirtschaftliche Aktivitäten zu regeln. Es geht vielmehr darum, Institutionen und gesellschaftliche Beziehungen im Sinne langfristiger Nachhaltigkeit neu zu gestalten.

Damit sich die Konsummuster grundlegend ändern, müssen innovative Technologien das Kernstück der Nachhaltigkeitsstrategien bilden. Ohne einen drastischen technologischen Wandel werden die mögliche Verdoppelung des BIP pro Kopf und ein Anwachsen der Weltbevölkerung um mehr als das Zweifache bis zum Jahr 2050 eine dramatische Belastung für die Umwelt darstellen. Der 1992 in Rio de Janeiro erzielte Konsens der UNCED und die seitdem von vielen Regierung ergriffenen Maßnahmen sind Ausdruck der Überzeugung, daß die Märkte allein nicht die Triebkräfte für eine veränderte Technologie sein werden. Staatliches Handel ist gefordert. In welcher Form dies erfolgen wird, wird Gegenstand von Debatten sein.

Die Frage, die sich heute stellt, lautet: Wie sollte der Staat intervenieren, um die innovativen Technologien zu fördern, die nötig sind, um langfristig Nachhaltigkeit zu erreichen? Eine Antwort könnte die Auswertung der politischen Instrumente liefern, die bisher zur Lösung von Umweltproblemen eingesetzt wurden, um festzustellen, welche dieser Instrumente die gewünschte Wirkung gezeigt haben. Welche sichtbaren oder erwarteten Folgen haben technologieorientierte Normen, Emissionsabgaben oder eine umfassende Informationspolitik beispielsweise für die Innovation der Technologie?

Es gibt Belege dafür, daß eine Konzentration auf die politischen Instrumente allein nicht ausreicht. „Die vergleichende Forschung hat gezeigt, daß die Entscheidung für ein bestimmtes Instrument nur einen geringen Beitrag zur Erklärung von Erfolg oder Scheitern der Umweltpolitik leistet.“ (Jänicke/Jörgens 1998: 27). Die von den Regierungen gewählten politischen Instrumente sind nur einer von vielen Faktoren, die ein innovatives Verhalten in der Industrie fördern. Spezielle Charakteristika von Unternehmen und verschiedenen Sektoren, Marktstrukturen, das finanzpolitische Klima, allgemeine politische Aspekte (z. B. die Beziehungen zwischen Regierung, Industrie, NGOs und anderen) sowie weitere Faktoren beeinflussen die Entwicklung und Verbreitung innovativer Technologien. Damit genügt eine Konzentration auf die politischen Instrumente allein nicht (Hemmelskamp 1997). Aus der Perspektive der öffentlichen Politik gesehen besteht hier jedoch ein Dilemma: Wir möchten entscheiden, welche (Kombination von) politischen Maßnahmen den gewünschten Einfluß auf die technologische Innovation hat, müssen jedoch erkennen, daß die dem Staat zur Verfügung stehenden politischen Instrumente nur ein Teil des Gesamtbildes sind. Diese Erkenntnis, so behaupte ich, ist ein Grund für die verstärkte Betonung der nationalen Planung in den meisten Ländern. Schon seit langem weiß man, daß die Märkte allein die Umweltprobleme nicht lösen werden. Jetzt wird uns überdies bewußt, daß die durch die regulativen Maßnahmen erfolgten Korrekturen ebensowenig genügen, zumal wenn es um die bei der Nachhaltigkeit implizierten langfristigen und integrierten Lösungen geht. Daher steht heute der Wandel durch neue Muster der Kooperation des privaten und öffentlichen Sektors durch das, was Jan Kooiman (1993) als *„social-political governance"* oder Martijn Van Vliet (1993) als *„communicative governance"* bezeichnet hat, im Vordergrund. Die nationale Umweltplanung schafft den Rahmen, der gegeben sein muß, damit dieser politische Wandel möglich wird.

Bevor ich im folgenden auf die politischen Instrumente eingehe, möchte ich mein Verständnis einiger Begriffe definieren.

Umwelttechnologien sind „Überwachungsinstrumente, Instrumente zur Behandlung und Kontrolle, Technologien zur Verhinderung von Verschmutzung und Prozeßmodifizierungen, die eingesetzt werden, um die negativen ökologischen Auswirkungen zu minimieren" (USEPA 1998b: 1). Der Begriff „innovativ" bezieht sich auf „Systeme zur Verhinderung oder Steuerung von Verschmutzung, die noch nicht in der Praxis demonstriert wurden" (USEPA 1998b: 1). Eine Differenzierung zwischen der Entwicklung neuer Technologien und ihrer Diffusion nach dem Abschluß der Entwicklungsarbeiten ist sinnvoll.

Die Zeit spielt eine wichtige Rolle im Prozeß der technologischen Innovation. Das jüngst in den Niederlanden verabschiedete „Politische Dokument zu Umwelt und Wirtschaft" (1997) schlägt drei zeitliche Rahmenvorgaben vor:

- Langfristig: ein Zeitraum von mindestens zwanzig Jahren, in denen neue, nachhaltige Produkte und Prozesse entwickelt werden müssen.
- Mittelfristig: ein Zeitraum von fünf bis zwanzig Jahren zur Entwicklung geschlossener Kreisläufe.
- Kurzfristig: der fünfjährige Zeitraum für die Markteinführung neuer Technologien, der zu verkürzen ist.

Es ist angemessen, festzuhalten, daß der (häufig als technologiefördernd beschriebene) traditionell regulative Ansatz der USA und anderer Länder in der Vergangenheit die kurz- bis mittelfristige Perspektive der technologischen Innovation im Blick hatte. Ein stärkeres Vertrauen auf die nationale Planung reflektiert die Anerkennung der Notwendigkeit langfristigen Denkens. Das bedeutet in Ländern wie den Niederlanden auch die Schlußfolgerung, daß die traditionelle Strategie staatlicher Intervention mit direkt regulativ wirkenden Instrumenten allein nicht ausreichend ist.

Dieser Vortrag konzentriert sich zunächst auf die Diskussion einiger aktueller Überlegungen zum Verhältnis zwischen den politischen Instrumenten und der Innovation im Bereich der Umwelttechnologie. Dabei steht die Perspektive der Auswirkungen von technologieorientierten Standards auf langfristige Innovationen im Mittelpunkt. Im Anschluß befassen wir uns mit der Umweltplanung der USA. Auf der nationalen Ebene gibt es in den USA keinen Plan, der dem Planungsstand und dem Institutionalisierungsgrad anderer Länder entspricht. Im folgenden Teil des Textes wird ein Modell des politischen Lernens vorgestellt, das die Möglichkeit der Gestaltung eines effektiveren Systems der Umweltplanung sein kann und langfristig die technologische Innovation fördert. Ich behaupte, daß ein „technisches" Lernmodell nicht zur Förderung einer langfristigen und kontinuierlichen Innovation geeignet ist. In dem Maß, in dem politische Systeme die Kapazitäten für „konzeptionelles" und „soziales" Lernen fördern, werden sie auch ein Umfeld schaffen, in dem neue Umwelttechnologien besser entwickelt und verbreitet werden können. Ein solches Lernumfeld bewirkt auch eine größere Wirksamkeit der verschiedenen eingesetzten politischen Instrumente.

Mein Vortrag basiert auf der Annahme, daß die Auswahl und Anwendung politischer Instrumente wichtig ist, daß die Lernfähigkeit eines politischen Systems jedoch nicht außer acht gelassen werden darf. Die relativen Erfolge vieler Länder in Europa im Bereich der nationalen Planung – die Niederlande sind hier das beste Beispiel – sind auch auf ihre relativ größeren Fähigkeiten bei der Umsetzung von konzeptionellem und sozialem Lernen in der Gestaltung der Umweltpolitik zurückzuführen.

Was wissen wir über politische Instrumente und technologische Innovation?

Politische Maßnahmen sind ein Faktor unter vielen. Es ist daher schwer, sichere Aussagen über ihren Einfluß auf die Innovation zu treffen. Dennoch erlauben jüngere Evaluierungen in den Vereinigten Staaten einige Schlußfolgerungen in bezug auf die Wirkungen des Hauptinstruments der US-Umweltpolitik – direkte Regulierung – auf Innovationen.

Die erste Bewertung ergibt sich aus einer von der EPA finanzierten Untersuchung von Regulierern (Genehmigungen erteilende Beamte in den staatlichen Umweltbehörden), Nutzern (Umweltmanager in den von Regulierungen betroffenen Einrichtungen) und Anbietern von Umwelttechnologien (USEPA 1998b). Diese wurden nach Innovationshindernissen (regulativer und finanzieller Art), deren Quellen sowie nach den Möglichkeiten, diese zu überwinden, gefragt.

Die als signifikant genannten regulativen Hindernisse standen häufig im Zusammenhang mit direkten Interventionen: das Fehlen von Anreizen, damit mehr als die festgesetzten Mindeststandards gewahrt werden; Unsicherheit und extrem lange Dauer der Genehmigungsverfahren; mangelnde Erfahrung der Genehmigungen erteilenden Stellen; zu wenig Zeit für Tests und Implementierung innovativer Technologien. Die Antworten der drei Gruppen variierten. Regulierer und Anbieter hielten das Fehlen von Anreizen, damit mehr als Mindeststandards eingehalten werden, für das Haupthindernis. Nutzer nannten die Unsicherheit und lange Dauer der Genehmigungsverfahren. Insbesondere ergab die genannte Umfrage, daß „mehr als 70 % der jeweils befragten Gruppe glaubte, daß die regulativen Systeme für Luft, Wasser und Abfall zumindest in gewisser Hinsicht mögliche Hindernisse darstellen können. Die Gruppen waren sich darin einig, daß die meisten Hindernisse in den regulativen Systemen bei der Regulierung von Feststoff- und Giftmüll bestehen." Auf die Frage nach Lösungen sagten mehr als die Hälfte der Nutzer und Anbieter, daß eine Verkürzung der Genehmigungsfristen und ein stärkeres Vertrauen in Erfüllungsnormen anstelle von Technologie- oder Konstruktionsnormen ein Beitrag zur Förderung innovativer Technologien wären. Alle drei Gruppen waren sich einig, daß ein Abbau der regulativen und genehmigungsrelevanten Innovationshindernisse die Kosten für die Einhaltung der Bestimmung um mindestens 25 % verringern könnten. Ein Viertel der Befragten war davon überzeugt, daß die Unternehmen vielversprechende Technologien nicht weiter verfolgen, weil es keine Sicherheit in bezug auf die künftigen Anforderungen von Umweltnormen oder Genehmigungen gibt (USEPA 1998b: 7).

Die Umfrage der EPA erfaßte die Wahrnehmung von Personen, die mit technologischer Innovation zu tun haben. Eine andere, von der EPA finanzierte und vom *Environmental Law Institute* (ELI) durchgeführte Studie zielte auf eine direktere Bewertung der umwelttechnologischen Hindernisse und des Einsatzes von Umwelttechnologien ab. Zu diesem Zweck wurde eine Reihe von Fallstudien durchgeführt. Das ELI untersuchte Innovationshindernisse in sechs Branchen: Bäckereien, Reinigungen, Elektrizitätswerke, Stahl- und Eisenindustrie, Papier- und Zellstoffindustrie und Abwasserwirtschaft. Die vom Institut festgestellten unternehmerischen und finanziellen Faktoren, die innovationshemmend wirkten, beschränkten sich nicht allein auf den Umweltbereich und erklären nicht, warum innovative Technologien hier weniger als in anderen Sektoren eingesetzt werden. Der Bericht schließt mit folgender Aussage: „Spezifische Hindernisse im Bereich der Umwelttechnologie sind auf die Gestaltung und Durchsetzung der umweltrechtlichen Bestimmungen und deren Einfluß auf betriebliche Entscheidungen zurückzuführen" (ELI 1998: 5). Vor allem „technologieorientierte Emissionsgrenzwerte und Ablaßnormen, die sich in den meisten Umweltgesetzen finden, spielen eine Schlüsselrolle bei der Behinderung innovativer Prozesse" (ELI 1998: 5).

Technologiebasierte Standards können in verschiedener Hinsicht innovatives Verhalten behindern, sagt der ELI-Bericht. Zum einen verhindern technologische Anforderungen, die auf einer verringerten *end-of-pipe*-Konzentration basieren, die Nutzung von Technologien, die zu den gleichen oder besseren Ergebnissen bei einer Verringerung der Emissionen führen, aber am Ausgang der Anlage nicht gemessen werden können. Veränderungen beim Einsatz von Rohstoffen, Prozessen und am Produktdesign können zu besseren Ergebnissen führen, doch werden sie von den Betrieben nicht in Betracht gezogen, da diese spezielle technologische Bestimmungen einhalten müssen, um gesetzlichen Bestimmungen gerecht zu werden. Allumfassende Erfüllungsstandards wären diesem Ansatz vorzuziehen, denn sie erlauben den von den Verordnungen betroffenen Unternehmen Flexibilität im Gegensatz zu den technologieorientierten Normen, bei denen die Optionen für die Einhaltung der Bestimmungen eingeschränkt sind.

Zum zweiten führen viele bestehende Bestimmungen zu Hindernissen, da sie die Auswahl an Optionen, um einen Standard zu erfüllen, auf die begrenzen, die bereits erhältlich sind. Selbst wenn eine Technologie den gesetzlichen Emissionsgrenzwerten zu entsprechen scheint, sind risikoscheue Unternehmensmanager häufig unwillig, die Gefahr einer Nicht-Zustimmung der risikoscheuen Genehmigungsbehörden einzugehen. Die Wirkung einer Festlegung auf spezielle Technologien hat ein Verharren auf bestimmten Technologien zur Folge und verhindert solange die Entwicklung anderer Technologien, bis die gesetzlichen Bestimmungen aktualisiert werden.

Eine dritte Barriere stellen die Genehmigungsverfahren dar. Wie bei jeder neuen Technologie müssen auch Umwelttechnologien die Akzeptanz von Unternehmensleitungen finden. Gleichzeitig ist auch die Zustimmung der Genehmigungen erteilenden Regierungsstellen erforderlich, ein Prozeß, der häufig durch große Unsicherheit und langwierige Zustimmungsprozesse gekennzeichnet ist. „Diese beiden Schritte", schlußfolgert ELI, „erhöhen den Kosten- und Zeitaufwand für Innovationen" (ELI 1998: 5). Da in der Regel die Genehmigung nationaler und bundesstaatlicher Institutionen eingeholt werden muß, ergibt sich eine weitere Verzögerung in den Verfahren.

Das vierte Hindernis entspricht im wesentlichen einem von den von der EPA Befragten genannten Problem: Emissions- und Ableitungsstandards spezifizieren einen Wert, der einzuhalten ist, stellen jedoch keinen Anreiz für die Unternehmen dar, mehr als das gesetzlich geforderte Maß anzustreben. Die Einhaltung von Bestimmungen ist das Ziel; es gibt keinen Grund, mehr zu tun, als erwartet wird. Daher „mangelt es an einer Kultur permanenter Verbesserungen im Umweltbereich, die nötig sind, um Forschung, Entwicklung und Investitionen in bezug auf Innovationen nachhaltig zu machen" (ELI 1998: 5–6). Darüber hinaus, schließt der ELI-Bericht, konzentriert sich die Forschung in einem System technologieorientierter Standards im Großen und Ganzen auf die „angewandte Forschung mit kurzfristiger Perspektive" (ELI 1998: 15).

Ein fünftes von der ELI-Studie genanntes Hindernis ist die „Eindimensionalität" der meisten Technologiestandards des amerikanischen Umweltrechts. Das amerikanische System ist stark fragmentiert, mit nach verschiedenen Aspekten der einzelnen Umweltbereiche (Luft, Wasser und Abfall) getrennten Gesetzen und Standards. Was bei der Emissionskontrolle einer einzelnen Quellenart sinnvoll ist, ist jedoch nicht unbedingt die beste Option für das Umweltmanagementsystem als Ganzes. Die ELI-Fallstudien zeigen, daß die „aktuellen Bestimmungen die *end-of-pipe*-Technologien fördern, die äußerst ressourcenintensiv sind und ein hohes Abfallaufkommen mit sich bringen" (ELI 1998: 6). Beispiele dafür sind Reinigungsgeräte, die sehr viel Kalk und Strom verbrauchen, und Giftmüllverordnungen, die die Entsorgung von Reststoffen vorsehen, die eigentlich wiederverwertet werden können.

Diese beiden Berichte aus jüngerer Zeit führen eine Reihe von kritischen Kommentaren zu den hemmenden Folgen des regulativen Systems der USA für

Innovationen im Umweltbereich fort. In den achtziger Jahren gab es kaum bzw. zurückgehende Investitionen in die Umwelttechnologie. Um festzustellen, wo die Probleme liegen, setzte die EPA das TIE (*Technology Innovation and Economics Committee*) ein, dessen Aufgabe u. a. darin bestand, die Ursachen der Probleme herauszuarbeiten und Lösungsvorschläge zu erarbeiten. Im Bericht des TIE werden grundlegende Änderungen bei den Verordnungen und Genehmigungen vorgeschlagen. Diese basieren auf einer Kritik, die sich im ELI-Bericht von 1998 wiederfindet. Seitdem ist die Finanzierung von Umwelttechnologien noch weiter zurückgegangen. Belief sich die Summe 1990 noch auf 200 Mrd. US Dollar, waren es 1996 nur noch 30 Mrd. US Dollar. Eine umfassende Auswertung der nationalen und bundesstaatlichen Genehmigungsprogramme der EPA Mitte der neunziger Jahre nennt viele der bereits genannten Barrieren bei der Entwicklung und Verbreitung neuer Umwelttechnologien.

Eine andere Evaluierung der Wirkung verschiedener politischer Instrumente für die Innovation findet sich in einem Bericht des OTA (*Office of Technology Assessment*) aus dem Jahr 1995. Hier wurden verschiedene Kriterien herangezogen, u. a. die Gewährleistung des Erreichens der Zielvorgaben, Kosteneffizienz, Anpassungsfähigkeit, Forderungen an die Regierung und die Förderung technologischer Innovation und Diffusion. Von den bewerteten Instrumenten hält das OTA in seinen Schlußfolgerungen Produktverbote und Verschmutzungsgebühren für die wirksamsten Motoren einer Innovationsförderung. Wenn ein Produkt vom Markt genommen werden muß, entsteht eine Nachfrage nach einem anderen Produkt oder Prozeß. Dieses Instrument wurde eingesetzt bei Stoffen wie PCB, FCKW, Asbest und phosphathaltigen Reinigungsmitteln. Es handelt sich jedoch um ein stumpfes Instrument. Verschmutzungsabgaben bewirken einen Druck auf die Unternehmen, Innovationen vorzunehmen, um ihre zu zahlenden Gebühren zu senken. Sie bieten ihnen zugleich Flexibilität bei der Entscheidung darüber, wie die Umweltbelastung verringert werden kann. Das Instrument der Emissionsabgaben wurde in den USA nur selten angewandt. In Europa werden jedoch zunehmend mehr Erfahrungen damit gemacht (Burke 1997).

Der OTA-Bericht hält einen Emissionshandel und Design-Normen insgesamt für wenig effektiv bei der Innovationsförderung. Durch sie wird eher die Diffusion bestehender Technologien als die Entwicklung neuer Technologien gefördert. Standards, die eine bestimmte Technologie vorschreiben, sind noch weniger dazu angetan, sich positiv auf Innovationen auszuwirken: „Instrumente, die konkrete Technologien als Beispiele nennen, wie den Gesetzen und Verordnungen entsprochen werden kann oder die es riskant erscheinen lassen, experimentelle Technologien anzuwenden, lassen die Innovation für die Unternehmen zu einer weniger reizvollen Option werden“ (OTA 1995: 192/193). Technologiestandards fördern die Diffusion bestehender Technologien und sollten dann das Mittel der Wahl sein, wenn eine kurzfristige (binnen drei bis fünf Jahren erfolgende) Veränderung angestrebt wird. Der OTA-Bericht basiert auf einer im beschränkten Umfang durchgeführten empirischen Studie. Die Schlußfolgerungen zu den Wirkungen der technologiebasierten Standards entsprechen jedoch den Ergebnissen ähnlicher Evaluierungen.

Zusammenfassend läßt sich also folgendes formulieren: Das Argument, das bestehende regulative System sei ein Innovationshindernis, wird in den USA häufig gehört (siehe Fiorino 1996; NAPA 1997; EPA 1998a; PCSD 1996; Chertow 1997). Mehrere bedeutende Reform-Initiativen betonen das geringe Innovationstempo, so die *Common Sense Initiative*, *Project XL* und die *Permits Improvement Task Force* (USEPA 1997b). Dennoch hat es kaum eine fundamentale Veränderung hin zu einem besseren Klima für die technologische Innovation gegeben. Kann eine Veränderung überhaupt bei Beibehaltung des aktuellen regulativen Modells erfolgen? Können die Erfahrungen mit nationalen Umweltplänen anderer Länder ein Modell für die USA darstellen? Was läßt sich aus den Erfahrungen mit den Plänen lernen und welche Implikationen sind für die technologische Innovation zu erwarten?

In den folgenden zwei Abschnitten möchte ich die Unterschiede zwischen den USA und anderen Ländern in bezug auf die Umweltplanung diskutieren und aufzeigen, was diese Unterschiede für die institutionellen Kapazitäten bei der Förderung technologischer Innovation bedeuten.

Vergleichende Umweltplanung: Unterschiede zu den USA

Als ich einem Kollegen sagte, ich würde einen Vortrag über die nationale Umweltplanung in den USA halten, antwortete er mit der Bemerkung: „Das wird dann eine kurze Rede sein.“ In der Tat: „Planung“ ist kein Begriff, den man mit dem inkrementalistischen, pluralistischen politischen System der Vereinigten Staaten assoziieren würde. Hier hatte man, um politische Ziele zu erreichen, immer schon Marktlösungen den Vorzug vor einer staatlichen, zentralen Planung gegeben.

In anderen Ländern sind nationale Umweltpläne eher üblich. Martin Jänicke und Helge Jörgens (1998) dokumentierten die Bemühungen in 17 OECD-Staaten bei der Entwicklung und Implementierung nationaler Umweltpläne zwischen 1989 und 1997. Für diese Bemühungen waren die UNCED 1992 und die Agenda 21 stimulierend oder zumindest fördernd. Zu den Kennzeichen nationaler Pläne gehört die Betonung umfassender und langfristiger Ziele sowie die Integration von Umweltpolitik in andere Sektoren, wie z. B. Energie, Landwirtschaft und Verkehr. Sie beinhalten den Versuch eines Ausbaus der Zusammenarbeit mit den gesellschaftlichen Gruppen, u. a. mit den Unternehmen, die von den Verordnungen betroffen sind. Es wird versucht, bei der Lösung von Umweltproblemen „zusätzliche gesellschaftliche Kapazitäten“ freizusetzen (Jänicke/Jörgens 1998: 28). Es geht also nicht nur um die Ausarbeitung eines Planes, sondern auch um seine Institutionalisierung und die Entwicklung von Kapazitäten, um ihn zu implementieren. Die Umweltplanung gilt als „ein permanenter Prozeß des Lernens, der Festschreibung von Zielen, der Formulierung und Implementierung von Maßnahmen“ (Jänicke/Jörgens 1998: 28). Die Pläne können unterschiedlicher Art sein: in den Niederlanden und Südkorea ist es ein allgemeiner Planungsprozeß, in Großbritannien und Neuseeland eine nationale Strategie der nachhaltigen Entwicklung, Schweden und Norwegen haben formale Pläne mit Zielvorgaben und Berichtspflicht, Dänemark und die Schweiz eine regionale und sektorale Planung.

Die USA glänzen durch Abwesenheit. Hier gibt es keinen nationalen Plan, der der von Jänicke und Jörgens gegebenen Definition entsprechen würde, und es wurde bisher kein Versuch unternommen, institutionelle Kapazitäten für die Umsetzung eines solchen Planes, wenn es ihn denn gäbe, zu schaffen. Die sichtbarste Reaktion der USA auf die Aufforderung zur Entwicklung von Nachhaltigkeitsplänen in der Agenda 21 war der 1996 vorgelegte Bericht des PCSD (*President's Council for Sustainable Development*). Der deutlichste Versuch einer Festlegung nationaler Ziele in Verbindung mit Mechanismen zur Implementierung findet sich im Strategieplan der EPA (EPA 1997a). Beide Ansätze genügen jedoch nicht der hier verwandten Definition nationaler Umweltplanung. Obwohl der PCSD eine große Bandbreite von Interessen im allgemeinen Bereich der Nachhaltigkeit zusammenfügt (Verwaltung, Bevölkerung, natürliche Ressourcen), konnte er sich nicht zur Annahme meßbarer Ziele durchringen. Die Institutionalisierung erfolgte nur minimal. Der Strategieplan der EPA spezifiziert demgegenüber meßbare Ziele. Es handelt sich jedoch um ein weitgehend internes Dokument, das außerhalb des bestehenden gesetzlichen Rahmens nicht bindend ist. Im übrigen erfolgt keine Verknüpfung zwischen den Emissionskontrollbehörden der EPA und anderen Politikbereichen, die sich auf die Nachhaltigkeit auswirken, gleichgültig, wie eng man dies auslegt. Es handelt sich im Grunde um einen sehr knapp formulierten Plan für die nationale Emissionsschutzbehörde, und nicht um ein Nachhaltigkeitskonzept für die Vereinigten Staaten insgesamt.

Warum hat man also in dem Land, das in den vergangenen dreißig Jahren meist führend beim Umweltschutz war, bisher keine Umweltplanung erwogen? Zur Zeit der Konferenz von Stockholm (1972) gab es in den USA bereits umfassende nationale Gesetze zur Luft- und Gewässerreinhaltung. 1969 war bereits der *National Environmental Policy Act* verabschiedet worden. In den siebziger Jahren folgten nationale Verordnungen zu den Themen Giftmüll, Trinkwasser, toxische Chemikalien und Abfallwirtschaft. Fast alle diese Vorschriften wurden zwischen 1984 und 1990 ausgeweitet und verschärft (Fiorino 1995; Portney 1990). Die in den USA geltenden Umweltnormen gehören zu den strengsten der Welt. Andere Länder, die eine regulierende Umweltpolitik neu einführten, kopierten die gesetzlichen Bestimmungen und die Maßnahmen zur Einhaltung derselben (Jänicke/Weidner 1997: 309). Warum sind die USA nicht führend, ja nicht einmal folgend in Sachen Umweltplanung? Was bedeutet dieses mangelnde Interesse oder die nicht gegebene Fähigkeit zur nationalen Planung für die Perspektiven von Innovation?

Die Antwort besteht meiner Meinung nach darin, daß die Vereinigten Staaten weitgehend auf das vertrauen, was Peter Glasbergen (1996) „technisches" Lernen in der Entwicklung von Umweltpolitik genannt hat. Um die Kapazitäten für die Umweltplanung zu verbessern, muß die Fähigkeit zum „konzeptionellen" und „sozialen" Lernen in der Umweltpolitik gefördert werden. Der größere Erfolg vieler anderer Länder bei der Entwicklung und Institutionalisierung von Umweltplänen ist auf ein stärkeres Vertrauen auf andere Formen des Lernens zurückzuführen. Die Dominanz des technischen Lernens dagegen wirkt, so mein Argument, zugleich beschränkend auf die Fähigkeit der USA, Nachhaltigkeit über innovative Technologie zu erzielen.

Umweltpolitik als Lernprozeß

Ansätze zum politischen Wandel, die auf einem Lernmodell basieren, „gehen allgemein davon aus, daß Regierungen aus ihren Erfahrungen lernen können und ihr aktuelles Handeln auf der Grundlage ihrer Interpretation des Handelns ihrer Vorgänger in der Vergangenheit modifizieren können" (Bennett/Howlett 1992: 276). Ein am Lernprozeß orientierter Ansatz wirkt komplementär zu den traditionellen Ansätzen der politischen Wissenschaft zum politischen Wandel, die die Regierung als relativ passiv und durch gesellschaftliche Konflikte und Druck motiviert sehen. Ein Lernmodell betont den Erwerb und die Anwendung von Wissen. Politiker gelten weniger vom Druck der politischen Gruppen und Interessenverbände getrieben, denn als Quellen und Umsetzer von Ideen, Information und Analyse. Jänicke und Jörgens (1998: 28) betonen die Relevanz eines Lernmodells und beschreiben Planung als einen „permanenten Prozeß des Lernens, der Festlegung von Zielen, des Formulierens und Implementierens von Maßnahmen".

Eine frühzeitige Anwendung des Lernansatzes für den politischen Wandel findet sich in Hugh Heclos *Modern Social Politics in Britain and Sweden* (1974). Heclo beschreibt politisches Lernen als „relativ dauerhafte Verhaltensänderung, die aus Erfahrung resultiert" (Heclo 1974: 306). Die Lernfähigkeit eines politischen Systems hängt von seiner Fähigkeit, aus der Erfahrung (der eigenen oder der anderer) zu lernen und auf der Grundlage des Gelernten Verhalten zu ändern, ab. Damit „findet erst dann ein Lernen statt, wenn es eine Art von politischem Wandel gibt, der aus dem Lernprozeß resultiert" (Bennett/Howlett 1992: 285). Peter Glasbergen (1996) definiert vier Arten des politischen Lernens, die wir zur Beschreibung umweltpolitischen Handelns heranziehen können. Drei dieser Typen werde ich im folgenden anwenden, um die US-amerikanische Umweltpolitik zu analysieren. *Technisches Lernen* bedeutet die Anwendung einer begrenzten Zahl politischer Instrumente im Kontext einer relativ festgesetzten Gruppe politischer Ziele. Es kann zu Veränderung kommen, doch nur in begrenztem Rahmen. Auch eine Diskussion über grundlegende Ziele oder Strategien erfolgt nur eingeschränkt. Ein Einsatz neuer Instrumente findet kaum statt. *Konzeptionelles Lernen* ist ein Prozeß der Neudefinition politischer Ziele und die Anpassung von Problemdefinitionen und Strategien. Über politische Ziele wird diskutiert, der Blickwinkel in bezug auf die Probleme ändert sich, Schlüsselstrategien werden neu formuliert. Neue Konzepte, wie z. B. Prävention von Umweltverschmutzung, ökologische Modernisierung und Nachhaltigkeit werden mitgedacht. *Soziales Lernen* basiert auf den Formen und dem Ausmaß der Interaktion und Kommunikation zwischen den Handelnden. Es baut auf den kognitiven Kapazitäten des technischen Lernens und dem Überdenken von Zielen und Strategien aus dem Prozeß des konzeptionellen Lernens auf. Beim sozialen Lernen liegt die Betonung auf dem politischen Handeln als „einem sozialen Prozeß, in dem die intersubjektive Information eine Rolle spielt" (Glasbergen 1996: 183).

Die Vereinigten Staaten haben sich in der Vergangenheit weitgehend auf das technische Lernmodell verlassen und waren damit auch durchaus erfolgreich, insbesondere bei der kurzfristigen Emissionskontrolle und der Realisierung von Managementzielen (siehe Davies/Mazurek 1998). Ein gewisser Fortschritt konnte bei der Umsetzung konzeptionellen Lernens erzielt werden. Vorsichtige Schritte wurden hin zu einer Verbesserung der Fähigkeit zum sozialen Lernen unternommen. Dennoch basiert der gesetzliche und institutionelle Rahmen nach wie vor weitgehend auf dem Modell des technischen Lernens. Dieses Vertrauen in technisches Lernen stellt ein Hindernis beim Bemühen um die technologische Innovation dar, die benötigt wird, um langfristige Nachhaltigkeit zu erreichen.

Technisches Lernen: Die Grundlagen der amerikanischen Politik

Beim technischen Lernen sind die Problemdefinitionen eng gefaßt. Man konzentriert sich auf die Gefahren für die menschliche Gesundheit. Es gibt eine zentrale Umweltverwaltung ohne wirkliche Verbindungen zu anderen Sektoren und Agenturen. Probleme werden separiert betrachtet, politische Strategien sind fragmentiert. Technisches Lernen basiert auf einem mechanistischen Verständnis von der Beziehung zwischen Regierung und Gesellschaft, die auf direkter Regulierung basiert. Ziel öffentlicher Politik ist die Steuerung des Verhaltens durch Regeln. Abschreckung ist daher der Hauptmodus für die Beeinflussung des Verhaltens beim technischen Lernen (Bardach/Kagan 1982). Komparative Studien über Reaktionen auf Umweltprobleme in Industrieländern legen nahe, daß technisches Lernen eine typische Phase im Prozeß des „*capacity-building*“ ist (Jänicke/Weidner 1997). Die ersten Jahre der nationalen Umweltpolitik der USA waren deutlich vom „technischen Lernen“ geprägt. Die ersten Problemdefinitionen konzentrierten sich auf große, sichtbare Emissionsquellen (Stahlwerke, petrochemische Anlagen, Elektrizitätswerke) und ihre Folgen für die menschliche Gesundheit. In den siebziger und achtziger Jahren reagierten die Politiker auf Probleme erst, als diese bereits virulent waren. Es wurden Statuten und bürokratische Strukturen geschaffen, die nur in fragmentierter Form Probleme lösen konnten. Die Verantwortung lag bei einer einzigen Behörde, die zwar umfassende Befugnisse bei der Kontrolle der Emissionen der Industrie hatte, jedoch in anderen Sektoren, die die Umweltqualität verschlechterten (Landwirtschaft, Energie, Verkehr), einflußlos war. So entstand in den USA auf der Grundlage von Vorschriften und Abschreckung ein System des „adversen Legalismus“ (Kagan 1995). Ein derart „mechanistisches und staatlich orientiertes Modell einer *top-down*-Politik“ (Jänicke/Jörgens 1998: 27) wird in vielen Studien als Hindernis für die Entwicklung und Diffusion innovativer Technologien genannt.

Die USA konnten ihre Kapazitäten für das technische Lernen in hohem Maße ausbauen. Die wissenschaftlichen und gesetzlichen Ressourcen sowie die Möglichkeiten der Durchsetzung der Bestimmungen trafen auf Bewunderung und wurden weltweit nachgeahmt. Dennoch gab es Schwierigkeiten bei der Integration anderer Lernformen in die politischen Prozesse und Strukturen. Daher konzentrierte man sich stärker auf den kurzfristigen Einsatz von Technologie als auf eine langfristige technologische Entwicklung. Seit den frühen achtziger Jahren gab es in den USA jedoch ein Interesse am konzeptionellen Lernen.

Vom technischen zum konzeptionellen Lernen

Nach Glasbergens Analyse führt ein zunehmendes Bewußtsein über die Grenzen des technischen Lernens zur Suche nach neuen Zielen, Strategien und politischen Instrumenten. Mitte der achtziger Jahre waren in den USA die Defizite des bestehenden Systems Gegenstand der öffentlichen Diskussion. Das bestehende System wurde als zu rigide, zu teuer und zu konfliktträchtig angesehen. Es konzentrierte sich zu stark auf die Kontrolle von Verschmutzung und nicht genug auf Prävention und Risikomanagement. Als Schwäche dieses „*command-and-control*"-Systems galt auch die Tatsache, daß es ein Hindernis für Innovationen darstellte.

Als Folge des Hinterfragens bestehender Ziele, Strategien und Instrumente ergab sich eine Verschiebung vom ausschließlich technischen zum konzeptionellen Lernen. Die Politiker begannen, Probleme ganzheitlicher zu sehen. Sie betrachteten nun auch die Ursachen, nicht nur die Wirkungen. Künstliche Trennungen zwischen den Umweltmedien und den Politikbereichen galten als problematisch im Versuch einer wirksamen Problemlösung. Es entstand ein Interesse an neuen politischen Instrumenten, wie z. B. Marktanreizen und Information, in Ergänzung zu den direkt reglementierend wirkenden Instrumenten. Die Behörden gingen zu konsensorientierten Methoden wie gemeinsames Aushandeln über, um Konflikte beizulegen. Die Politiker in den USA und anderswo begannen zu erkennen, daß ökonomische und ökologische Ziele einander nicht immer ausschließen. Begriffe wie „nachhaltige Entwicklung" und „ökologische Modernisierung" fanden in den achtziger Jahren Eingang in den politischen Sprachgebrauch, wenn auch stärker in Europa als in den USA (zur Diskussion dieses und anderer „Diskurse" siehe Hajer 1995; Dryzek 1997).

In diesem Übergang zum konzeptionellen Lernen wurden die Folgen eines öffentlichen Umweltmanagementsystems auf der Grundlage technischen Lernens zunehmend in Frage gestellt. Die Gründung eines EPA-Komittees für technologische Innovation und Wirtschaft im Jahr 1989 kann als Teil dieses Übergangs gesehen werden. Das Vertrauen auf Technologienormen, die isolierte Betrachtung von Umweltmedien bei der Festlegung der Normen und Standards, die kurzfristige Perspektive, die Konzentration auf Einhaltung der Bestimmungen statt kontinuierlicher Verbesserung sowie die Transaktionskosten des regulativen Systems (z. B. Kosten für Genehmigungen) galten als Hindernisse für Innovationen. Ein Teil der Motivation für den Übergang zum konzeptionellen Lernen in den USA liegt in der Anerkennung genau dieser Effekte. Diese Anerkennung brachte die Politiker dazu, die Fähigkeit zum konzeptionellen Lernen zu entwickeln und Wege zu suchen, um diese Kapazität in das bestehende politische System zu integrieren.

Verschiedene Aspekte des konzeptionellen Lernen unterscheiden dieses von einem rein technischen Modell. Ein Aspekt ist das verstärkte Interesse an der Prävention von Umweltverschmutzungen und Risikomanagement, im Gegensatz zur reinen Kontrolle. Anfang der achtziger Jahre gab es in den USA massive Kritik an *end-of-pipe*-Standards und Technologieanforderungen. Das EPA organisierte 1989 ein spezialisiertes Büro für die Prävention von Umweltbelastungen. Der Kongreß verabschiedete 1990 den *Pollution Prevention Act*. Immer mehr

Forschungs- und Managementstudien unterstützten die verstärkte Hinwendung zu Präventionsprogrammen auf der bundesstaatlichen und nationalen Ebene (z.B. Ochsner 1998). Das Bewußtwerden über die Bedeutung von Prävention war ein wesentlicher Schritt auf dem Weg zur Nachhaltigkeit.

Ein zweiter Aspekt des konzeptionellen Lernens ist die Suche nach neuen politischen Instrumenten. Ein Beispiel ist die stärkere Nutzung wirtschaftlicher Anreize in den USA ab den späten siebziger Jahren, ein Trend, der bis heute anhält (Hockenstein 1997). Obwohl es in den USA keine Emissionsabgaben gibt, wurden Instrumente des Emissionshandels, die sogenannten handelbaren Verschmutzungsrechte, erfolgreich eingesetzt. Zum ersten Mal in den Emissionshandel- und „*Bubble*"-Programmen der achtziger Jahre eingesetzt, war der Emissionshandel im Rahmen des Programms gegen den Sauren Regen ein wesentliches Element der *Clean Air Act Amendments* von 1990. Der ELI-Bericht von 1998 nennt dies als Beispiel für ein flexibles politisches Instrument, das innovationsfördernd wirkt.

Ein dritter Aspekt des konzeptionellen Lernens ist die Suche nach integrierten Strategien. Kritiker des amerikanischen Regelungssystems (einschließlich fast aller EPA-Manager) betonen beständig die Problematik einer Trennung der Programme für Luft, Wasser und Abfall (Ruckelshaus 1998; Andrews 1997). Probleme, die in einem Bereich gelöst werden, verschieben sich unter Umständen in einen anderen Bereich. Emissionen können an einer Austrittsquelle mit hohen Kosten kontrolliert werden, und bleiben an anderen Austrittsquellen, bei denen die Kosten zur Senkung von Emissionen billiger wären, ohne Regelung. Ein Hauptthema der amerikanischen Politik der achtziger Jahre war die Suche nach integrierteren Strategien, basierend auf Schadstoffen, Industriesektoren und geographischen Gebieten (Fiorino 1995; Irwin 1992).

Der Versuch, technisches und konzeptionelles Lernen miteinander zu verbinden, war jedoch nicht durchgehend erfolgreich. Das größte Hindernis auf dem Weg zur Veränderung war der gesetzliche Rahmen der USA, der immer noch fest in einem technischen Lernmodell verankert war. Daher lag die Betonung weiterhin auf der Emissionskontrolle und einer nach einzelnen Umweltbereichen fragmentierten Problemlösung. Obwohl einige Gesetze so geändert wurden (insbesondere die Gesetze zur Luftreinhaltung, 1990), daß wirtschaftliche Anreize Aufnahme in die Bestimmungen fanden, war der Ansatz nach wie vor der einer hierarchischen, *top-down*-orientierten, mechanistischen Strategie der direkten Regulierung (zur Diskussion siehe Beardsley et al. 1997; Portney 1990; NAPA 1997).

Soziales Lernen: Eine Grundlage für die Umweltplanung?

Der wesentlichste Schwachpunkt des technischen Lernens liegt vermutlich darin, daß damit nur geringe Möglichkeiten politischen Lernens überhaupt gegeben sind. Die Regierung übernimmt die Verantwortung für die Entscheidung über die für die verschiedenen Quellenarten jeweils „beste verfügbare Technologie". Einmal festgelegt, bestimmen diese Standards das Verhalten der Industrie bis zur nächsten Revision der Bestimmungen. Die amerikanischen Gesetze (auch der *Clean Air* und der *Clean Water Act*) beinhalten die Pflicht zur regelmäßigen Revision der

Technologiestandards, in der Regel innerhalb von vier bis fünf Jahren. Diese Zeitpläne werden jedoch nur selten eingehalten. Und selbst wenn dies der Fall ist, bewirken sie ein Festhalten an möglicherweise veralteter Technologie, die die Industrie so lange weiter einsetzt, bis die Bestimmungen entsprechend überarbeitet werden. Darüber hinaus sieht das amerikanische System keine wirksame Evaluierung und kein Feedback zu den Auswirkungen der Normierung vor (Davies/Mazurek 1998). Im eingeschränkten Rahmen gibt es Mechanismen zur Einbindung neuer Informationen in die politische Entscheidungsfindung. Kurz: beim technischen Lernen handelt es sich nicht um einen effektiven *Lern*prozeß.

Selbst da, wo Informationen über die Konsequenzen politischer Entscheidungen zur Verfügung stehen, verhindert das starre Rechtssystem eine entsprechende Umsetzung. Dies zeigt sich am Beispiel eines von der EPA zusammen mit der *Amoco Corporation* Anfang der neunziger Jahre durchgeführten Projekts am Standort ihrer Ölraffinerie in Yorktown, Virginia. Das Projektteam stellte fest, daß im Rahmen der geltenden Bestimmungen *Amoco* die Freisetzung von Kohlenwasserstoff und anderer Emissionen um etwa 7.300 Tonnen pro Jahr bei einem Preis von US $ 2.400 pro Tonne reduzieren könnte. Hätte *Amoco* die Möglichkeit gehabt, andere, nicht der Regulierung unterliegende Emissionen aus dem Betrieb der Raffinierie flexibel zu steuern, wäre eine Emissionsverringerung in gleichem Umfang zu einem Preis von US $ 500 pro Tonne möglich gewesen. Aufgrund gesetzlicher Beschränkungen beschloß die EPA jedoch, daß sie *Amoco* die Umsetzung des kosteneffizienteren Ansatzes nicht genehmigen konnte (Fiorino 1996). Andere Studien verweisen ebenfalls auf den Mangel an gesetzlicher Flexibilität als Hindernis für den Wandel und politisches Lernen (Davies/Mazurek 1996; Mank 1998).

Der teilweise Übergang vom technischen zum konzeptionellen Lernen, den die USA in den achtziger Jahren vollzogen, war ein Versuch der Überwindung der Beschränkungen eines Ansatzes, der von den meisten für mechanistisch, fragmentiert, unflexibel und zunehmend teuer gehalten wurde. Das Infragestellen bestehender Strukturen und Instrumente und die Suche nach neuen können als Versuch der Umsetzung eines besseren Systems politischen Lernens verstanden werden. Doch blieb politisches Lernen nach wie vor angesichts der Verhältnisse und des mangelnden Vertrauens der Beteiligten schwierig. Das bestehende, auf Abschreckung basierende System hielt die Parteien (Regierung, Industrie und Umweltschützer) auf Distanz zu einander. Der politische Prozeß wurde nicht zur Problemlösung, sondern zur Vorbereitung auf gerichtliche Auseinandersetzungen genutzt. Neben der mangelnden Flexibilität im Verordnungswesen waren die schlechten Beziehungen zwischen den Akteuren das Haupthindernis auf dem Weg zu einem effektiven politischen Lernen.

An dieser Stelle erkennen wir jedoch Bemühungen um eine Verbesserung der Kapazitäten für das soziale Lernen in den USA. Das soziale Lernen stellt in Glasbergens Modell eine weitere Phase dar, eine, von der er sagt (Glasbergen 1996: 176), daß sie „direkte Auswirkungen auf die Demokratie“ haben wird. Soziales Lernen impliziert eine grundlegende Verschiebung „in der Meinung der Politiker in bezug auf die Institutionen, die geschaffen werden müssen, um politisches Lernen zu fördern“ (Glasbergen 1996: 182). Soziales Lernen baut auf technischem und konzeptionellem Lernen auf, beinhaltet jedoch neue Formen der Kommunikation und Interaktion. Glasbergen beschreibt vier Hauptmerkmale des sozialen Lernens:

1. *Offene Strukturen*: Technisches Lernen basiert auf einer von der Regierung ausgeübten Kontrolle der anderen Institutionen. Soziales Lernen impliziert dagegen eine kooperativere Beziehung auf der Grundlage gemeinsamer Verantwortung. Es herrscht eine stärkere Offenheit und Anpassungsfähigkeit in der Kommunikation. Die Grenze zwischen Privatem und Öffentlichem verschwimmt.
2. *Veränderte Rollen der Beteiligten*: Die Rolle der Regierung ändert sich. Sie ist nicht länger nur Regulierer, sondern auch Förderer und Akteur. Auch die Rollen der übrigen Beteiligten ändern sich. Sie sind nicht länger nur die Anwälte in eigener Sache, sondern werden zu Partizipierenden, die am Gemeinwohl interessiert sind.
3. *Ein neuer Ansatz bei der Implementierung*: Das traditionelle Modell von Kontrolle und Konflikt wird durch ein Modell der Kooperation ersetzt. Die Grenzen zwischen der Politikformulierung und ihrer Umsetzung verschwimmen. Zielgruppen haben größere Flexibilität, tragen jedoch auch die Verantwortung für die Ergebnisse mit.
4. *Anerkennung von Unsicherheiten*: Technisches Lernen beinhaltet eine optimistische Einstellung in bezug auf das wissenschaftliche und technische Wissen und die Problemlösungsfähigkeiten. Die Erfahrung von dreißig Jahren hat diesen Optimismus gedämpft. Soziales Lernen betont Kommunikation und Interaktion gegenüber dem Versuch, Prämissen und Schlußfolgerungen wissenschaftlich zu „beweisen“.

In den neunziger Jahren bemühten sich die amerikanischen Politiker zunehmend um eine verstärkte Nutzung des sozialen Lernens. Die Umweltbehörden suchten nach Foren einer Interaktion und Kommunikation aller Beteiligten. Das Interesse an „Umweltgerechtigkeit“ führte zur Öffnung der Behörden und technischen Experten gegenüber den stärker subjektiv geprägten Beweggründen ethnischer Gruppen. Regierung und Industrie sprachen von der Notwendigkeit des „Dialogs“ und der „Partnerschaft“. Ausdruck des Interesses der EPA am sozialen Lernen war die 1994 ausgerufene CSI (*Common Sense Initiative*) (USEPA 1997b; USEPA 1998a). Die EPA wählte sechs Industriebranchen: Eisen und Stahl, Metallverarbeitung, Computer und Elektronik, Automobilindustrie, Druckereien und Erdölraffinerien. Für jeden dieser Sektoren wurde ein Diskussionsforum geschaffen, in dem Vertreter der Unternehmen, Arbeitgeberverbände, Umweltschützer, staatliche Behörden und Umweltanwälte vertreten waren. Die Aufgabe dieser Foren bestand in der Bewertung der regulativen Situation, Genehmigungen, Prävention von Umweltverschmutzung, Technologie und anderer Aspekte des Umweltmanagements. Auf Grundlage ihrer Auswertung sollten sie Empfehlungen für eine „sauberere, billigere, klügere“ Politik und Praxis abgeben. Ein Hauptziel der Initiative war die Verbesserung der Fähigkeit zu technologischer Innovation. Auch Kommunikation und Interaktion standen gleichwertig im Vordergrund: ein

Grundsatz der Arbeit war Partizipation und Kommunikation im „Geist der Offenheit, Direktheit, Kooperation und des Vertrauens“ (USEPA 1997b).

Der CSI und ähnlichen Bemühungen zur Förderung des sozialen Lernens war jedoch kein durchschlagender Erfolg beschieden. Zum Teil, weil die Gestaltung des Programms selbst zu viele Schwachpunkte aufwies (USGAO 1997). Doch es gab darüber hinaus andere Probleme: zum einen die gesetzlichen Zwänge eines vorschriftsorientierten, technologiebasierten und fragmentierten Gesetzeswerks und Regelungsrahmens. Der Spielraum der EPA und der übrigen Beteiligten war durch die bestehenden Gesetze eingeschränkt. Ein weiteres Problem war das traditionelle Mißtrauen unter den beteiligten Parteien und die Wirkungen der schlechten Beziehungen, die sich auf der Grundlage der häufigen gerichtlichen Auseinandersetzung entwickelt hatten. Daß das politische System der USA auf technischem Lernen basiert, hat den Übergang zum konzeptionellen und sozialen Lernen erschwert.

Lernfähigkeit und technologische Innovation

Welche Beziehung besteht zwischen den in einem politischen System verfolgten Lernprozessen einerseits und nationalen Plänen und technologischer Innovation andererseits? Meine These lautet wie folgt: je stärker ausgebildet die Fähigkeit zu konzeptionellem und sozialem Lernen in einem System ist, desto wahrscheinlicher wird der mittel- und langfristige technologische Wandel, der zu einer umweltpolitischen Nachhaltigkeit führt. Die von Jänicke und Jörgens diskutierte Umweltplanung kann als Versuch gesehen werden, einen effektiveren Lernprozeß auf nationaler Ebene zu etablieren. Jänicke schlußfolgert im Bericht über die Ergebnisse einer länderübergreifenden Studie in der Tat, daß „der Erfolg der Umweltpolitik vor allem Ergebnis des Lernprozesses ist“ (Jänicke 1996: 82).

Die Erfahrungen eines führenden Beispiels in der Umweltplanung – die Niederlande – zeigen den systematischen Versuch der Festlegung von Zielen, Entwicklung von Instrumenten, um diese zu erreichen, der Überwachung des erzielten Fortschritts, der Revision der Ziele, Modifzierung der Instrumente usw. (Gouldson/Murphy 1998). Die wiederholte Formulierung nationaler Pläne, beginnend 1989 und fortgeschrieben in Form eines zweiten (1993) und dritten nationalen Planes (1998) zeigt eine wachsende Fähigkeit zum konzeptionellen und sozialen Lernen. Glasbergens Diskussion des politischen Lernens basiert auf der niederländischen Erfahrung mit sektoraler und regionaler Umweltplanung.

Auf die Bedeutung umfassender kontextueller Faktoren gegenüber der Wahl eines spezifischen politischen Instruments verweist David Wallace (Wallace 1995). Er möchte „die Faktoren von Umweltpolitik und Regulierung identifizieren, die einen Einfluß auf die Möglichkeit, Bereitschaft und Kapazität von Unternehmen haben, Innovation als Teilantwort auf Umweltziele zu betrachten“ (Wallace 1995: 11). Er identifiziert vor allem zwei Faktoren, die innovationsfördernd sind: politische Unabhängigkeit des Staates von der Industrie und Niveau und Qualität des Dialogs zwischen Industrie und Regierung in Fragen der Umweltpolitik. In seinem Vergleich von sechs Ländern und ihren Kapazitäten bei der Innovationsförderung bewertet er vor allem die Länder positiv, die bereits diese

Unabhängigkeit erreicht haben und zugleich ein Umfeld für einen kontinuierlichen und produktiven Dialog schaffen. Dänemark, Japan und die Niederlande sind, so Wallace, Länder, in denen die notwendige Stabilität in der Umweltpolitik gegeben ist (als Folge der Unabhängigkeit der politischen Entscheidungsträger). Dort gibt es auch einen Dialog, der innovationsfördernd wirkt. Die USA sind weniger innovationsfördernd, da es kaum Dialog und wenig Vertrauen zwischen Industrie und Regierung gibt, was zu einer unflexiblen und vorschriftsorientierten Regulierung und einer mangelnden politischen Stabilität führt.

Verschiedene Aspekte von Wallace Analyse sollen hervorgehoben werden. Zum einen die Betonung des Kontexts im Gegensatz zu den Instrumenten. Wenngleich einige Instrumente (z. B. Emissionsabgaben) besser zur langfristigen Innovationsförderung geeignet sind, als andere (z. B. Technologienormen), hält er den politischen Kontext für einflußreicher, als den Einsatz bestimmter Instrumente. Ein anderer Aspekt ist die Konzentration auf das Verhalten des einzelnen Unternehmens statt auf die Umwelttechnologie-Industrie oder auf spezielle von der Regierung erlassene Verordnungen, die die technologische Entwicklung forcieren sollen. Zum dritten wird der Dialog zwischen Industrie und Regierung betont: hier ist Vertrauen und Offenheit nötig, zudem muß es einen „ständigen Austausch von technischer Information zwischen Unternehmen und Regulierern geben..." (Wallace 1995: 249). Sein Vergleich der sechs Länder (Deutschland und Frankreich sind die übrigen beiden Länder, neben den oben genannten) führt zu folgender Schlußfolgerung: „Stabile, langfristig ausgelegte Politiken und ein effektiver Dialog können eine Kultur schaffen, die proaktive, verantwortungsbewußte Unternehmen belohnt und das Investitionsrisiko für innovative Lösungen mindert" (Wallace 1995: 266).

Die von Wallace vorgestellte Analyse läßt sich auch mit den Begriffen des von uns diskutierten politischen Lernens verstehen. Ein stabiles politisches Umfeld, flexible Reaktion auf Information und entsprechendes Handeln, eine hohe Qualität im technischen und politischen Dialog sind die Charakteristika eines das politische Lernen fördernden Systems. Die von Glasbergen definierten Formen konzeptionellen und sozialen Lernens sind einer innovationsfreundlichen Umgebung dienlicher als das technische Lernen. Konzeptionelles und soziales Lernen sind ebenfalls besser für eine langfristige Nachhaltigkeitsplanung geeignet. Politiker in den USA und anderswo, die Innovation fördern wollen, sollten daher sinnvollerweise an einer gesteigerten Kapazität für das konzeptionelle und soziale Lernen arbeiten.

Umweltplanung und technologische Innovation

Wir haben uns mit der Beziehung zwischen Planung, politischen Instrumenten und Innovationen der Umwelttechnologie aus verschiedenen Blickwinkeln befaßt. Schlußfolgerungen fallen angesichts der Komplexität der Thematik nicht leicht. Dennoch soll ein Versuch unternommen werden:

1. Die Verbindung zwischen spezifischen politischen Instrumenten und technologischer Innovation ist nicht klar. Es scheint einen Konsens zu geben, nach dem

die direkte Regulierung, vor allem in Form technologieorientierter Standards, nur kurzfristige Innovation erlaubt. Es gibt Hinweise darauf, daß flexiblere Ansätze, die das Ziel, nicht die Mittel spezifizieren – z. B. in Form von ausgehandelten Vereinbarungen über Emissionsabgaben und -ziele – einen kontinuierlichen Anreiz für Innovationen darstellen können. Eine Vielzahl kontextueller Faktoren erschweren die Evaluierung der Beziehung zwischen Instrumenten und Innovationsergebnissen.

2. Die Fähigkeit eines Systems zur langfristigen Innovation läßt sich mit dem Begriff des politischen Lernens beschreiben. Je besser die Kapazität für politisches Lernen ausgeprägt ist, desto größer auch die Innovationskapazität. Technisches Lernen zielt auf kurzfristige Ergebnisse ab. Es baut auf einem System staatlicher Kontrolle, fragmentierter Strategien und auf kurzfristiger Einhaltung der Bestimmung im Gegensatz zu langfristiger Verbesserung auf. Ein stärkeres Vertrauen in konzeptionelles Lernen (Neuformulierung der Probleme, Ziele und Instrumente) und soziales Lernen (neue Formen der Interaktion und Kommunikation auf der Grundlage von Kooperation und gemeinsamer Verantwortung) verbessert die langfristige technologische Innovationskapazität des Systems. Politiker in den USA haben Schritte in Richtung neuer Lernformen unternommen, doch sie wurden gebremst durch ein hochspezialisiertes, gesetzliches Rahmenwerk und die traditionell feindlichen Beziehungen, die die Beziehungen der am politischen Geschehen beteiligten Parteien geprägt haben.
3. Das Fehlen einer nationalen Umweltplanung (wie sie von Jänicke und Jörgens definiert wird) in den USA ist Folge einer Vielzahl politischer, kultureller und geographischer Faktoren. Dennoch stellt die Dominanz des technischen Lernens ein Haupthindernis gegenüber einer nationalen Planung dar, die mit dem, was in den Niederlanden, Südkorea und in anderen Ländern erreicht wurde, vergleichbar wäre. Besser sind die Aussichten für eine erfolgreiche grüne Planung auf bundesstaatlicher und lokaler Ebene. Im Bundesstaat Minnesota wurden in den vergangenen Jahren beispielsweise große Fortschritte bei der Nachhaltigkeitsplanung erzielt. Das Problem ist, daß nationale politische Systeme häufig bundesstaatliche und lokale Bemühungen zur Ausweitung der Kapazitäten für konzeptionelles und soziales Lernen behindern, womit sie die Verbesserungen bei der Entwicklung und Umsetzung von Umweltplänen torpedieren. Diese Zwänge sind weniger virulent bei Flächennutzungs- und Erschließungsplänen, da diese traditionell in der Verantwortung der Kommunen liegen. In vielen anderen Bereichen des Wandels stellt das nationale politische System jedoch eine massive Beschränkung dar.
4. Das effektivste Lernmodell und die beste Strategie technologischer Innovation ist ein Modell des Feedback und des Informationskreislaufs für die politischen Entscheidungsträger (im privaten und öffentlichen Sektor), das dezentrale Kapazitäten und Anreize für permanente Leistungssteigerungen schafft. Ein politisches System auf der Grundlage konzeptionellen und sozialen Lernens genügt diesen Bedingungen eher, als ein System, das auf technischem Lernen aufbaut. Ein solches System würde „eine hochgradig dynamische Interaktion einer großen Bandbreite von Einflußfaktoren und Lernprozessen" (Jänicke/Jörgens 1998: 27 f.) in die Politikgestaltung einbeziehen. Solange die USA nicht die

Fähigkeit zum konzeptionellen und sozialen Lernen entwickeln, wird die nationale Planung eine Schwierigkeit bedeuten. Unterschiede in Größe, Kultur und Gesetzen deuten darauf hin, daß sich eine erfolgreiche Nachhaltigkeitsplanung eher auf bundesstaatlicher und lokaler Ebene, als auf der nationalen Ebene realisieren läßt.

5. Länder (oder andere Regierungsebenen, wie z. B. die amerikanischen Bundesstaaten), die ihre Fähigkeiten in bezug auf verschiedene Typen des politischen Lernens (technisch, konzeptionell und sozial) entwickeln und integrieren können, werden die größten Erfolge bei der Planung einer nachhaltigen Umwelt erzielen. Es ist kein Zufall, daß die beiden von Wallace (1995) in bezug auf ihre Kapazität der technologischen Innovation am positivsten bewerteten Länder (Dänemark und die Niederlande) auch bei der Entwicklung und Implementierung nationaler Umweltpläne relativ erfolgreich waren. Wenngleich dieses Thema weitere Forschung erfordert, muß bereits jetzt gesagt werden, daß die Kapazitäten für ein effektives politisches Lernen, Nachhaltigkeitsplanung und technologische Innovation eng miteinander verbunden sind. Es wäre interessant, sich in der Forschung mit den national und sub-national unterschiedlichen Gegebenheiten zu befassen und beispielsweise die USA und Deutschland diesbezüglich miteinander zu vergleichen.

Nationale Pläne allein sind nicht notwendigerweise der Weg zu einer nachhaltigen Umwelt. Wie Jänicke und Jörgens (1998) betonen, geht es nicht um die Erstellung des Planes, sondern um seine Institutionalisierung. Nationale Planung kann den Kontext für den wirksamen Einsatz politischer Instrumente schaffen. Meiner Meinung nach bietet das politische Lernen den Rahmen für eine Analyse und Verbesserung der nationalen Planungskapazitäten. Solange sich die USA weitgehend auf das technische Lernen in der Umweltpolitik verlassen, werden sie nur begrenzte Kapazitäten für die Förderung mittel- und langfristiger technologischer Innovationen aufweisen. Jüngere Entwicklungen in den USA zeigen ein Interesse an einer Verlagerung hin zum konzeptionellen und sozialen Lernen (Fiorino 1996; EPA 1998a), doch gesetzliche, institutionelle und politische Zwänge machen den Übergang schwierig. Dreißig Jahre lang waren die USA führend im Umweltschutz. Dies war auf die Fähigkeit zum technischen Lernen zurückzuführen. Um auch in Zukunft weiter führend zu sein, insbesondere im lebenswichtigen Bereich der technologischen Innovationen, werden die USA ihre Kapazitäten des konzeptionellen und sozialen Lernens ausbauen und diese in das politische System integrieren müssen. Ebenso wie alle andere Länder von den Erfahrungen der USA mit technischem Lernen in der Vergangenheit gelernt haben, können die USA heute von den andernorts gemachten Erfahrungen mit anderen Formen des politischen Lernens profitieren.

Literatur

Andrews, R., 1997: United States, in: Jänicke, M./Weidner, H. (Hrsg), National Environmental Policies: A Comparative Study of Capacity-Building, Berlin: 25–43.

Bardach, E./Kagan R., 1982: Going by the Book: The Problem of Regulatory Unreasonableness, Philadelphia.

Beardsley, D./Davies, T./Hersh, R., 1997: Improving Environmental Management: What Works, What Doesn't, in: Environment 39: 6–10; 28–35.

Bennet, C./Howlett, M., 1992: The Lessons of Learning: Reconciling Theories of Policy Learning and Policy Change, in: Policy Sciences 25: 275–294.

Burke, M., 1997: Environmental Taxes Gaining Ground in Europe, in: Environmental Science and Technology 31: 84A–86A.

Chertow, M./Esty, D., 1997: Thinking Ecologically: The Next Generation of Environmental Policy, New Haven.

Davies, T./Mazurek, J., 1998: Pollution Control in the United States: Evaluating the System. Resources for the Future, Washington, D.C.

Davies, J./Mazurek, J., 1996: Industry Incentives for Environmental Improvement: Evaluation of U.S. Federal Initiatives. Resources for the Future, Washington, D.C.

Dryzek, J., 1997: The Politics of the Earth: Environmental Discourses, Oxford.

Environmental Law Institute, 1998: Barriers to Environmental Technology Innovation and Use, Washington, D.C.

Fiorino, D., 1995: Making Environmental Policy, Los Angeles.

Fiorino, D., 1996: Toward a New System of Environmental Regulation: The Case for an Industry Sector Approach, in: Environmental Law 26: 457–488.

Glasbergen, P., 1996: Learning to Manage the Environment, in: Lafferty, W./Meadowcroft, J. (Hrsg), Democracy and the Environment: Problems and Prospects: 175–193.

Gouldson, A./Murphy, J., 1998: Regulatory Realities: The Implementation and Impact of Industrial Environmental Regulation, London.

Hajer, M., 1995: The Politics of Environmental Discourse: Ecological Modernization and the Policy Process, Oxford.

Heclo, H., 1974: Modern Social Politics in Britain and Sweden: From Relief to Income Maintenance, New Haven.

Hemmelskamp, J., 1997: Environmental Policy Instruments and their Effects on Innovation. European Planning Studies 5: 177–194.

Hockenstein, J./Robert, N./Whitehead, B., 1997: Crafting the Next Generation of Market-Based Environmental Tools, in: Environment 39: 12–20; 30–33.

Irwin, F., 1992: An Integrated Framework for Preventing Pollution and Protecting the Environment, in: Environmental Law 22: 1–76.

Jänicke, M.,1996: Democracy as a Condition for Policy Success: The Importance of Non-Institutional Factors, in: Lafferty, W./Meadowcroft, J. (Hrsg), Democracy and the Environment: Problems and Prospects, Cheltenhem: 71–85.

Jänicke, M./Jörgens, H., 1998: National Environmental Policy Planning in OECD Countries: Preliminary Lessons from Cross-National Comparisons, in: Environmental Politics, Vol.7, No.2, Sommer 1998: 27–54.

Jänicke, M./Weidner, H. (Hrsg),1997: National Environmental Policies: A Comparative Study of Capacity-Building, Berlin.

Kagan, R., 1995: Adversarial Legalism and American Government, in: Marc, K./Levin, M. (Hrsg), The New Politics of Public Policy, Baltimore: 88–118.

Kooiman, J., 1993: Governance and Governability: Using Complexity, Dynamics, and Diversity, in: Kooiman, J. (Hrsg), Modern Governance: New Government-Society Interactions, London: 35–48.

Mank, B., 1998: The Environmental Protection Agency's Project XL and Other Regulatory Reform Initiatives: The Need for Legislative Authorization, in: Ecology Law Quarterly 25: 1–88.

Ministry of Housing, Spatial Planning and the Environment, Government of the Netherlands, 1998: The Environment and the Economy: Towards a Sustainable Economy.

National Academy of Public Administration (NAPA), 1997: Resolving the Environmental Policy Paradox: An Agenda for Congress, EPA, and the States, Washington, D.C.

Ochsner, M., 1998: Pollution Prevention: An Overview of Regulatory Incentives and Barriers, in: New York University Environmental Law Journal 3: 586–617.

Office of Technology Assessment (OTA)/United States Congress, 1995: Environmental Policy Tools: A User's Guide, Washington, D.C.

Portney, P. (Hrsg), 1990: Public Policies for Environmental Protection. Resources for the Future, Washington, D.C.

President's Council for Sustainable Development (PCSD), 1996: Sustainable America: A New Consensus for Prosperity, Opportunity, and a Healthy Economy for the Future, Washington, D.C.

Ruckelshaus, W., 1998: Stepping Stones, in: Environmental Forum 15: 30–41.

U.S. Environmental Protection Agency (USEPA), 1998a: The Changing Nature of Environmental and Public Health Protection: An Annual Report on Reinvention, Washington, D.C.

U.S. Environmental Protection Agency (USEPA), 1997a: EPA Strategic Plan. Office of the Chief Financial Officer, Washington, D.C.

U.S. Environmental Protection Agency (USEPA), 1997b: New Directions: A Report on Regulatory Reinvention. Office of the Administrator, Washington, D.C.

U.S. Environmental Protection Agency (USEPA), 1998b: Stakeholder Attitudes on the Barriers to Innovative Environmental Technologies. Office of Policy Planning and Evaluation, Washington, D.C.

U.S. General Accounting Office (USGAO), 1997: Regulatory Reinvention: EPA's Common Sense Initiative Needs an Improved Operating Framework and Progress Measures, Washington, D.C.

Van Vliet, M., 1993: Environmental Regulation of Business: Options and Constraints for Communicative Governance, in: Kooiman, J. (Hrsg), Modern Governance: 105–118.

Wallace, D., 1995: Environmental Policy and Industrial Innovation: Strategies in Europe, the US and Japan, London.

Teil C

Elemente einer deutschen Nachhaltigkeitsstrategie

Strategien Nachhaltiger Entwicklung in der Bundesrepublik Deutschland

Barbara Schuster

Seit der Konferenz der Vereinten Nationen für Umwelt und Entwicklung 1992 in Rio de Janeiro steht das Leitbild der nachhaltigen Entwicklung weltweit im Mittelpunkt politischen Handelns und politischer Diskussionen. Es gibt zwar nach wie vor eine Vielzahl von Ansichten darüber, was unter nachhaltiger Entwicklung zu verstehen ist, es gibt aber auch eine Reihe von Eckpunkten, über die Einigkeit besteht.

Einigkeit besteht beispielsweise darüber, daß eine Betrachtungsweise erforderlich ist, die langfristig ausgerichtet ist und auch die Interessen künftiger Generationen berücksichtigt. Eine wichtige Rolle spielt auch die globale Sichtweise, insbesondere die Chancen der Menschen in den Entwicklungsländern. Weiterhin besteht Einigkeit darüber, daß das Leitbild drei Dimensionen hat – eine ökologische, eine ökonomische und eine soziale Dimension –, und daß es eine integrierte, übergreifende und ausgewogene Betrachtungsweise erfordert. Und schließlich besteht Einigkeit darüber, daß die Umsetzung des Leitbildes nicht allein Aufgabe des Staates ist, sondern das Engagement der gesamten Gesellschaft erfordert. Damit wird zugleich die Notwendigkeit betont, möglichst viele Akteure in die Entwicklung und Umsetzung von Nachhaltigkeitsstrategien einzubinden.

Mißt man die Nachhaltigkeitsdiskussion in Deutschland und in anderen Industrieländern an diesen wenigen Eckpunkten, so fällt auf, daß sich diese Diskussion vor allem auf die Umweltpolitik konzentriert. Dieser „ökologische Zugang" zur Nachhaltigkeit, wie es die Enquête-Kommission „Schutz des Menschen und der Umwelt" des Deutschen Bundestages formuliert hat, hat durchaus seine Berechtigung. Während für die Entwicklungsländer naturgemäß die wirtschaftliche Entwicklung und die Überwindung der Armut im Mittelpunkt von Nachhaltigkeitsüberlegungen steht, also wirtschaftliche und soziale Ziele, resultieren die größten Abweichungen der Industrieländer von einem nachhaltigen Entwicklungspfad sicherlich aus ihren ressourcenintensiven und umweltbelastenden Lebens- und Wirtschaftsweisen. Im „ökologischen Zugang" zur Nachhaltigen Entwicklung kommt also die Erkenntnis zum Ausdruck, daß die Produktions- und Konsummuster der Industrieländer angesichts der natürlichen Grenzen unseres Planeten nicht auf die gesamte Menschheit übertragen werden können und deshalb geändert werden müssen. Darin besteht für die Industrieländer die entscheidende Herausforderung.

Ich möchte daher – auch mit Blick auf die Schwerpunkte dieser Konferenz – meinen Ausführungen ebenfalls den „ökologischen Zugang" zur nachhaltigen Entwicklung zugrunde legen, vorab aber noch kurz auf die beiden anderen

Dimensionen eingehen. Lesenswert ist hierzu der Abschlußbericht der Enquête-Kommission „Schutz des Menschen und der Umwelt" des Deutschen Bundestages, der im Juni dieses Jahres fertiggestellt wurde. Dort findet sich der zutreffende Hinweis, daß es nicht nur ökologische Grenzen der Belastungsfähigkeit gibt, sondern daß auch ökonomische und soziale Grenzen zu beachten sind. Beispielhaft wird zu Recht die langfristig tragfähige Gestaltung der sozialen Sicherungs systeme als wichtige Herausforderung für eine nachhaltige Entwicklung genannt. Wenn in der Einladung zu dieser Konferenz nachhaltige Entwicklung gleichgesetzt wird mit strategischer Umweltplanung, dann ist dies also eine eher enge Sichtweise, die Diskussion ist hier zum Teil bereits weiter. Daß Herausforderungen wie die langfristige Gestaltung der sozialen Sicherung in der Nachhaltigkeitsdiskussion bisher kaum eine Rolle spielen, liegt nicht daran, daß über diese Probleme nicht nachgedacht würde, sondern schlicht daran, daß der Nachhaltigkeits*begriff* sich außerhalb der Ökologie bisher nicht etablieren konnte. Mit anderen Worten: Auch im wirtschaftlichen und sozialen Bereich werden Nachhaltigkeitsstrategien entwickelt, nur geschieht dies nicht unter diesem Stichwort.

Nach diesem Exkurs in die ökonomische und soziale Dimension der Nachhaltigkeit komme ich nun zu meinem eigentlichen Thema, der umweltbezogenen Umsetzung des Leitbildes der nachhaltigen Entwicklung.

In Deutschland gehört der Umweltschutz bereits seit den siebziger Jahren zu den zentralen politischen und gesellschaftlichen Gestaltungsaufgaben. Durch die am Vorsorgeprinzip, am Verursacherprinzip und am Kooperationsprinzip orientierte Umweltpolitik wurde ein weit über die Beseitigung akuter Gefahren hinausgehendes und im internationalen Vergleich hohes Schutzniveau für die menschliche Gesundheit und die Umwelt erreicht. Diese Aussage findet sich übrigens nicht etwa nur in Veröffentlichungen der Bundesregierung, sondern sie wird auch von unabhängigen Beobachtern immer wieder bestätigt, beispielsweise von der OECD oder vom World Watch Institute. Kürzlich hat sogar Greenpeace die Erfolge der deutschen Umweltpolitik ausdrücklich anerkannt. Die Umweltpolitik in Deutschland hat im übrigen stets auch die ökonomischen und sozialen Implikationen umweltpolitischer Maßnahmen und damit alle drei Dimensionen der nachhaltigen Entwicklung berücksichtigt.

In den neunziger Jahren kam es zu einer Schwerpunktverschiebung in der Umweltpolitik. Nach der erfolgreichen Entwicklung und inzwischen auch weitgehenden Umsetzung einer vorsorgenden Umweltschutzstrategie in Handlungsfeldern wie Luftreinhaltung, Gewässerschutz oder Anlagensicherheit gewannen zunehmend Umweltprobleme mit einem schleichenden, langfristigen und globalen Charakter an Bedeutung. Beispiele dafür sind die Zerstörung der Ozonschicht, die drohende Klimaänderung, der Verlust an biologischer Vielfalt und der Verbrauch nicht erneuerbarer Ressourcen. Auch diese neuen Herausforderungen, die mit dem Begriff der nachhaltigen Entwicklung eng verbunden sind, hat die Umweltpolitik in Deutschland frühzeitig aufgegriffen und durch die im eigenen Land ergriffenen Maßnahmen wie auch durch ihr internationales Engagement in vielen Bereichen eine führende Rolle gespielt.

So hat das CO_2-Minderungsziel der Bundesregierung international Maßstäbe gesetzt und den internationalen Verhandlungsprozessen wichtige Impulse gegeben, ebenso das Konzept der Kreislaufwirtschaft. Ein weiteres Beispiel für wichtige Schritte zu einer nachhaltigen Entwicklung in Deutschland ist der Ausbau der Windenergie. Die installierte Leistung ist hier inzwischen größer als in jedem anderen Land. Auch das Umweltaudit wird nirgendwo so gut angenommen wie in Deutschland.

Ich stelle diese positive Bilanz der deutschen Umweltpolitik, die naturgemäß nur beispielhaften Charakter haben kann, bewußt an den Beginn meiner Ausführungen, weil in der Einladung zu dieser Konferenz ein anderer und, wie ich meine, schiefer Eindruck erweckt wird. Man macht es sich etwas zu einfach, wenn man gute Umweltpolitik mit dem Vorhandensein eines „Umweltplans" gleichsetzt. Der entscheidende Maßstab für den Erfolg jedweder Politik kann nicht die *Formulierung* einer Strategie sein, sondern der entscheidende Maßstab muß die *Umsetzung* sein. Und gerade dieser Aspekt wird in der Diskussion um eine nationale Umweltplanung kaum beachtet.

Wir haben die skizzierten umweltpolitischen Erfolge erzielt, ohne eine Umweltplanung in dem Sinne zu haben, wie sie heute diskutiert und vielfach auch praktiziert wird. Allerdings sind diese Erfolge natürlich nicht das Ergebnis eines „planlosen" Vorgehens. Unser Klimaschutzprogramm oder auch das Konzept der Kreislaufwirtschaft zeigen dies ebenso wie die Strategien zur Luftreinhaltung und zur Gewässerreinhaltung, die die Umweltpolitik in den achtziger Jahren bestimmten. Auch die Formulierung von Umweltzielen ist nichts grundlegend Neues. Selbstverständlich sind die umweltpolitischen Maßnahmen schon immer an übergeordneten, langfristigen Zielvorstellungen ausgerichtet, die sich beispielsweise in den Zweckbestimmungen von Rechtsvorschriften, in Maßnahmenprogrammen oder in internationalen Vereinbarungen finden und die teilweise auch quantifiziert und mit Zeitvorgaben verbunden sind. Wenn diese Ziele und Strategien nicht in einem alle Handlungsfelder umfassenden „Nationalen Umweltplan" zusammengefaßt sind, bedeutet dies also keineswegs, daß es sie nicht gibt.

Die heutige Diskussion über eine Umweltplanung geht allerdings über das bloße Vorhandensein eines „Umweltplanes" hinaus. Es geht nicht nur um Pläne und Strategien als solche, sondern es geht um den gesamten Planungs*prozeß*, d. h. um den Prozeß der Erstellung eines Plans bzw. einer Strategie sowie um die Umsetzung, das Monitoring usw. Wie ein solcher Planungsprozeß idealtypisch aussehen könnte, hat die Enquête-Kommission „Schutz des Menschen und der Umwelt" in ihrem Abschlußbericht dargestellt. Grundlage war eine lesenswerten Studie, die u. a. von Professor Jänicke erstellt wurde und die insbesondere die Erfahrungen verschiedener Staaten auswertete. Ein entscheidendes Element eines solchen Planungsprozesses ist demnach die Beteiligung der gesellschaftlichen Akteure, also beispielsweise der Wirtschafts- und Umweltverbände, der Gewerkschaften usw.

Dieser Aspekt hat in den neunziger Jahren im Zuge des Rio-follow-up in der Tat an Bedeutung gewonnen, obwohl – nebenbei bemerkt – viele der existierenden nationalen Umweltpläne auf einen solchen gesellschaftlichen Diskussionspro-

zeß verzichtet haben. Auch dies kann man in der Studie von Professor Jänicke für die Enquête-Kommission nachlesen.
Ursache für die zunehmende Bedeutung der aktiven Einbindung gesellschaftlicher Gruppen in Entwicklung und Umsetzung umweltpolitischer Strategien ist nicht zuletzt die Schwerpunktverschiebung in der Umweltpolitik, auf die ich bereits hingewiesen habe. Wir haben es zunehmend mit Umweltproblemen zu tun, die einen schleichenden, langfristigen und globalen Charakter haben. Ein im wesentlichen auf das Ordnungsrecht setzender Ansatz, wie er in der Luftreinhaltung, dem Gewässerschutz oder der Anlagensicherheit sicher richtig und nötig war – und bleibt –, reicht für die heute im Vordergrund stehenden Problemfelder nicht mehr aus. Der Schutz der Erdatmosphäre, die Erhaltung der biologischen Vielfalt oder die Schonung der natürlichen Ressourcen sind Herausforderungen, denen vielfach keine einfachen Ursache-Wirkungs-Zusammenhänge zugrunde liegen und die sich nicht allein mit technischen Maßnahmen bewältigen lassen.

Die Ursachen dieser Probleme sind vielmehr äußerst vielfältig und berühren letztlich alle Bereiche unseres Lebens und Wirtschaftens. Es dürfte Einigkeit darüber bestehen, daß wir die vielen und sehr unterschiedlichen Potentiale in all diesen Bereichen nicht allein über staatliche Maßnahmen erschließen können. Eine wichtige Erkenntnis des Rio-Prozesses ist daher, daß eine nachhaltige Entwicklung das Engagement der gesamten Gesellschaft erfordert. Dieses Engagement und die Kreativität der Menschen zu mobilisieren und zu nutzen, ist daher heute wichtiger als je zuvor.

Vor diesem Hintergrund hat das Bundesumweltministerium über die bereits zu Beginn der neunziger Jahre eingeleiteten neuen Akzente im umweltpolitischen Instrumentarium hinaus im Sommer 1996 die Initiative „Schritte zu einer nachhaltigen, umweltgerechten Entwicklung“ gestartet. In sechs Arbeitskreisen haben rund 130 Vertreter von Wirtschafts-, Umwelt- und Verbraucherverbänden, Gewerkschaften, wissenschaftlichen Institutionen usw. gemeinsam mit Vertretern von Bund, Ländern und Gemeinden über Ziele und Maßnahmen in denjenigen umweltpolitischen Handlungsfeldern diskutiert, in denen – trotz der erreichten Erfolge – noch die größten Abweichungen von einem nachhaltigen Entwicklungspfad festzustellen sind. Im Sommer 1997 haben die Arbeitskreise ihre Ergebnisse vorgelegt. Auf der Grundlage dieser Berichte hat das Bundesumweltministerium anschließend den „Entwurf eines umweltpolitischen Schwerpunktprogramms“ erarbeitet, der im April 1998 vorgestellt wurde.

Der Programmentwurf nennt für zentrale umweltpolitische Handlungsfelder systematisch quantifizierte Ziele, Maßnahmen und Zeitvorgaben sowie die jeweils besonders geforderten Akteure. Er stellt damit ein Novum in der deutschen Umweltpolitik dar und setzt – das haben uns die Reaktionen verschiedenster Seiten bestätigt – Maßstäbe, die weit über die laufende Legislaturperiode hinausreichen.

Lassen Sie mich kurz auf die Inhalte eingehen.

Der Programmentwurf enthält zunächst einige übergreifende Gesichtspunkte und Ziele:

- Wir wollen das Leitbild der nachhaltigen Entwicklung zur Aufgabe aller Politikbereiche machen. Die verschiedenen Ressorts der Bundesregierung arbeiten schon heute intensiv in Sachen nachhaltige Entwicklung zusammen. Dies kommt beispielsweise in der interministeriellen Arbeitsgruppe zur CO_2-Minderung, im Ständigen Abteilungsleiter-Ausschuß für Umweltfragen oder auch im jüngsten Jahreswirtschaftsbericht zum Ausdruck. In den nächsten Jahren wollen wir die Umweltpolitik noch stärker in die anderen Politiken integrieren. Diese Zielsetzung bezieht sich nicht nur auf die Bundesebene, sondern auch auf die EU, wo dies ein Schwerpunkt der deutschen Präsidentschaft sein wird, sowie auf die Ebene der Länder und der Kommunen. Es gibt bereits einige Länder, z. B. Bayern und Niedersachsen, sowie eine Vielzahl von Kommunen, die Agenda-Prozesse eingeleitet haben. Diese Entwicklung muß fortgesetzt werden.

- Wir wollen zweitens nachhaltige Entwicklung durch innovative Instrumente zur eigenverantwortlichen Aufgabe aller Akteure machen. Diesen Weg haben wir in den vergangenen Jahren bereits intensiv verfolgt, beispielsweise durch verschiedenste Hilfestellungen für die Einführung von Umweltmanagementsystemen in Unternehmen und durch die verstärkte Nutzung von Selbstverpflichtungen. Weitere Ansatzpunkte sind beispielsweise die Nutzung von Lizenzen oder der Normung. Wichtig ist auch das Erschließen von Potentialen in Sektoren, die bisher in der Umweltpolitik kaum eine Rolle spielten. Ein Beispiel dafür ist der sehr fruchtbare Dialog, den wir mit der Finanzdienstleistungsbranche, also mit Banken und Versicherungen, aufgenommen haben. Die Entwicklung der vergangenen Jahre zeigt, daß dieser Weg erfolgversprechend ist. So zeigt z. B. die Beteiligung am Öko-Audit – mehr als drei Viertel aller in der EU zertifizierten Unternehmen stammen hier aus Deutschland –, daß die Unternehmen sich ihrer Verantwortung für eine nachhaltige Entwicklung zunehmend bewußt werden.
- Wir wollen drittens das Umweltrecht auf hohem Niveau vereinfachen und harmonisieren. Das deutsche Umweltrecht ist heute auf viele Einzelvorschriften verteilt, die beispielsweise mit unterschiedlichen Begrifflichkeiten arbeiten und unterschiedliche Verfahren beinhalten. Durch ein einheitliches Umweltgesetzbuch sollen überflüssige Bürokratie abgebaut und die Transparenz und Vollziehbarkeit des Umweltrechts gestärkt werden.
- Wir wollen viertens das Leitbild der nachhaltigen Entwicklung noch stärker im Bewußtsein der Menschen und der Gesellschaft verankern. Wir haben zwar ein erfreulich hohes Umweltbewußtsein in Deutschland, allerdings schlägt sich dies häufig nicht ausreichend im konkreten Verhalten nieder. Umwelterziehung und Umweltbildung sind daher wichtige Handlungsfelder.
- Schließlich wollen wir die Entwicklung der Umweltsituation und damit sowohl die erreichten Erfolge als auch den verbleibenden Handlungsbedarf meßbar und damit für die Öffentlichkeit transparent machen.

In der Publikation „Daten zur Umwelt“, die das Umweltbundesamt regelmäßig veröffentlicht, wird zwar die Entwicklung der Umweltsituation anhand einer Fülle von Daten dargestellt. Für eine für die Öffentlichkeit transparente und leicht verständliche Darstellung erschien es uns jedoch wichtig, zusätzlich zu diesen Detailinformationen einige wenige Schlüsselindikatoren hervorzuheben, so wie es beispielsweise in der sozioökonomischen Diskussion auch der Fall ist. Dort spielen

z. B. das Sozialprodukt, die Arbeitslosenquote und die Inflationsrate eine herausragende Rolle. In diesem Sinne haben wir das „Umweltbarometer Deutschland" entwickelt, das sieben Schlüsselindikatoren und -ziele enthält. Ich möchte beispielhaft drei dieser Indikatoren herausgreifen und damit auch den innovativen Charakter des Umwelt-Barometers verdeutlichen:

Für die Luftreinhaltung haben wir erstmals 4 Schadstoffe, nämlich Schwefeldioxid, Stickstoffoxide, Ammoniak und VOC-Emissionen, in einem Luftindikator zusammengefaßt. Ziel ist die Reduzierung um 70 % bis 2010 bezogen auf 1990.

Um die zunehmende Verknappung und Versiegelung von Böden stärker ins Bewußtsein zu rücken, haben wir die Flächeninanspruchnahme für Siedlungs- und Verkehrszwecke in das Umwelt-Barometer aufgenommen. Ziel ist die Rückführung des täglichen Zuwachses auf 30 Hektar, ein Viertel des heutigen Wertes.

In bezug auf die Erschöpfbarkeit der Rohstoffe und die sich daraus ergebende Notwendigkeit eines sparsamen und effizienten Umgangs mit Rohstoffen haben wir das Ziel formuliert, die Rohstoffproduktivität auf das Zweieinhalbfache zu steigern.

Der Entwurf eines umweltpolitischen Schwerpunktprogramms enthält neben den sieben Leitzielen des Umwelt-Barometers eine Reihe weiterer Ziele, die sich auf fünf Schwerpunktthemen beziehen:

1. Schutz der Erdatmosphäre,
2. Schutz des Naturhaushaltes,
3. Schonung der Ressourcen,
4. Schutz der menschlichen Gesundheit,
5. Umweltverträgliche Mobilität.

In jedem dieser Schwerpunktthemen haben wir für einige ausgewählte Handlungsfelder, in denen in besonderem Maße Handlungsbedarf besteht, Ziele und Maßnahmen formuliert. Beim Schutz der Erdatmosphäre sind dies z. B. die Handlungsfelder Gebäude, erneuerbare Energien, Industrie und Verkehr. Lassen Sie mich beispielhaft einige Ziele herausgreifen:

- Der Anteil erneuerbarer Energien soll bis 2010 verdoppelt werden, langfristig sogar auf 50 % steigen.
- Zum Aufbau eines Biotopverbundsystems sollen bis 2020 10-15 % der nicht besiedelten Fläche als ökologische Vorrangfläche gesichert werden.
- Ebenfalls bis 2020 soll die Energieproduktivität verdoppelt werden.
- Die Lärmbelastung soll dauerhaft unter 65 dB(A) abgesenkt werden.
- Die Ozonvorläufersubstanzen sollen bis 2010 um 70-80 % reduziert werden.
- Die Verkehrsentwicklung soll dauerhaft von der wirtschaftlichen Entwicklung entkoppelt werden.

Diese wenigen Beispiele zeigen, daß die Ziele des Programmentwurfs sehr konkret sind und in der Regel einen mittel- bis langfristigen Charakter haben.

Dem aufmerksamen Leser fällt natürlich auf, daß wir nicht von einer Nachhaltigkeitsstrategie oder einem Umweltplan sprechen, sondern vom *Entwurf* eines *umwelt*politischen *Schwerpunkt*programms. Warum diese Unterscheidung?

Zum einen handelt es sich nicht um eine Strategie, die alle Dimensionen des Leitbildes einer nachhaltigen Entwicklung gleichermaßen berücksichtigt, sondern um eine Strategie, die sich auf die ökologischen Herausforderungen einer nachhaltigen Entwicklung konzentriert. Dieses Vorgehen ist international üblich, wie sich auch aus Professor Jänickes Studie für die Enquête-Kommission ergibt. Mit ganz wenigen Ausnahmen – ich denke hier z. B. an den Bericht „Sustainable America“ des President's Council on Sustainable Development – haben sich bisher alle Länder auf die Umweltdimension der Nachhaltigkeit konzentriert. Und wenn man sich den Bericht „Sustainable America“ oder auch – um in Deutschland zu bleiben – das Programm „Nachhaltige Entwicklung in Niedersachsen“ ansieht, das ebenfalls über die Umweltpolitik hinausgeht, dann sind dort Zusammenhänge zwischen den einzelnen Handlungsfeldern häufig nicht zu erkennen.

Es ist daher durchaus sinnvoll, keine alles umfassende und alles integrierende Strategie anzustreben, sondern die Integration auf diejenigen Fragen zu beschränken, die tatsächlich miteinander verknüpft sind. In diesem Sinne ist es zweifellos notwendig, in umweltpolitischen Strategien auch soziale und wirtschaftliche Implikationen zu bedenken, wie wir das im Entwurf eines umweltpolitischen Schwerpunktprogramms zumindest in Ansätzen getan haben. Ob es allerdings sinnvoll ist, eine Strategie zur Erhaltung der biologischen Vielfalt im gleichen Prozeß oder gar im gleichen Gremium zu erarbeiten, wie ein langfristig tragfähiges Rentensystem, ist doch eher zu bezweifeln.

Aber auch, wenn man sich auf die Umweltpolitik beschränkt, erhebt der Entwurf eines umweltpolitischen Schwerpunktprogramms nicht den Anspruch, die gesamte Palette der bestehenden Herausforderungen abzudecken. Eine endlose Liste mit quantifizierten Zielen für jeden einzelnen Schadstoff und jede einzelne Ressource würde für die Öffentlichkeit nicht mehr, sonder eher weniger Transparenz bringen. Wir haben uns daher auf die wichtigsten Handlungsfelder konzentriert, auf Schwerpunkte also. Damit sollen Akzente für die umweltpolitische Diskussion gesetzt werden, die sich leider häufiger am „Schadstoff der Woche“ als an den wirklich wichtigen Problemen orientiert. Zudem ist eine Schwerpunktsetzung auch vor dem Hintergrund knapper werdender Ressourcen erforderlich, was natürlich nicht bedeutet, daß Themen, die im Entwurf eines umweltpolitischen Schwerpunktprogramms nicht berücksichtigt sind, künftig keine Rolle mehr spielen.

Ein dritter Grund dafür, daß wir vom „Entwurf eines umweltpolitischen Schwerpunktprogramms“ sprechen, ist schließlich, daß der Programmentwurf sowohl über die Zuständigkeit des Bundesumweltministeriums als auch über die Zuständigkeit des Bundes hinausgeht. Dies bedeutet insbesondere, daß das Bundesumweltministerium bzw. die Bundesregierung viele Ziele „aus eigener Kraft“ gar nicht erreichen kann:

- Das Bundesumweltministerium hat z. B. nur begrenzt Möglichkeiten, die Flächenversiegelung zurückzuführen. Hier sind in erster Linie Länder und Kommunen gefordert.
- Auch die Ausweisung von Naturschutzflächen fällt in die Zuständigkeit der Länder.

- Die angestrebte Steigerung der Ressourcenproduktivität wird sich nur realisieren lassen, wenn sie von der gesamten Gesellschaft als Ziel akzeptiert wird.

Erreichen können wir die vorgeschlagenen Ziele also nur, wenn wir im Dialog die Unterstützung anderer Akteure gewinnen, also anderer Ressorts, der Länder und Kommunen, der Wirtschaft und der Landwirtschaft usw. Deshalb handelt es sich auch nicht um ein vom Bundesumweltministerium oder der Bundesregierung direkt umsetzbares Programm, sondern um einen Programm*entwurf*, der Orientierung nicht nur für die Arbeit des Bundesumweltministeriums bieten soll, sondern auch für eigenverantwortliche Beiträge z. B. der Wirtschaft, der Landwirtschaft und der Kommunen. Daher soll der Programmentwurf erneut mit den betroffenen gesellschaftlichen Gruppen diskutiert und dadurch auf eine breite gesellschaftliche Grundlage gestellt werden.

Die Vorarbeiten zu dem Programmentwurf, insbesondere die sechs Arbeitskreise, haben gezeigt, daß es nicht einfach ist, für anspruchsvolle umweltpolitische Ziele einen gesellschaftlichen Konsens zu erreichen. Während das Konsenspotential auf abstrakter Ebene noch recht hoch ist, wird es mit zunehmendem Detaillierungsgrad schwieriger. In vielen Fällen konnten sich die Arbeitskreise nicht auf konkrete, quantifizierte Ziele einigen. Diese Schwierigkeiten lassen sich nicht nur auf Bundesebene beobachten. Wenn man sich beispielsweise die bisher vorliegenden Ergebnisse des niedersächsischen Agenda-Prozesses ansieht, sind dort konkrete, quantifizierte Ziele eher selten. Dies gilt auch für den Bericht der Enquête-Kommission „Schutz des Menschen und der Umwelt". Wir haben daher bewußt den zweiten Schritt, nämlich die Entwicklung des Schwerpunktprogramms, nicht in den Arbeitskreisen, sondern im Bundesumweltministerium getan, und auf diese Weise erreicht, daß wir mit konkreten Zielformulierungen klare Perspektiven aufzeigen konnten.

Die bisherigen Reaktionen auf den Entwurf eines umweltpolitischen Schwerpunktprogramms waren insgesamt sehr positiv. Selbstverständlich gab es auch Stimmen, denen das ein oder andere Ziel zu weitreichend ist oder auch nicht weitreichend genug. In einer Diskussionsrunde im Nationalen Komitee für Nachhaltige Entwicklung – dort ist von der Wirtschaft über die Gewerkschaften und die Umweltverbände bis hin zu den Ländern ein breites Spektrum relevanter Akteure vertreten – wurde von allen Seiten sowohl der methodische Aufbau als auch die formulierten Ziele als anspruchsvoll anerkannt.

Dennoch sind wir uns darüber im klaren, daß es nicht einfach sein wird, die formulierten Ziele umzusetzen. Dies zeigen auch die Erfahrungen anderer Staaten. Der österreichische Umweltminister Bartenstein hat im vergangenen Jahr bei einer Veranstaltung des Bundesumweltministeriums in Bonn auf diese Schwierigkeiten deutlich hingewiesen, und dies obwohl der Nationale Umweltplan Österreichs sogar vom Parlament verabschiedet wurde. Die Niederlande haben in der kürzlich veröffentlichten dritten Fortschreibung ihres nationalen Umweltplans, dem NEPP 3, die Umsetzungsfrist für eine Reihe von Zielen verlängert.

Diese Beispiele zeigen, und damit will ich schließen, daß eine umweltpolitische Strategie zwar wichtig ist, daß damit aber keineswegs auch die Umsetzung garantiert ist. Eine realistische Einschätzung von Chancen und Grenzen einer strategischen Umweltplanung auf der Basis eines gesellschaftlichen Konsensprozesses darf letztlich nicht übersehen, daß die Realisierung anspruchsvoller umweltpolitischer Ziele in aller Regel auch mit Kosten verbunden ist, und daß diejenigen, die diese Kosten zu tragen haben, spätestens dann Widerstand leisten werden, wenn es um konkrete Maßnahmen geht. Auch diese Erkenntnis kann man im Bericht der Enquête-Kommission nachlesen.

Innovationen für eine nachhaltige Entwicklung

Edelgard Bulmahn

Die Schlagworte „Innovationen" und „nachhaltige Entwicklung" haben Konjunktur – selbst bei Verlautbarungen der jetzigen Bundesregierung. Denn die Nachhaltigkeitsdebatte ist keineswegs neu. Sie fußt auf der ebenso schlichten wie harten Erkenntnis, daß die uns zur Verfügung stehenden Ressourcen endlich sind und wir ohne eine funktionierende Ökosphäre nicht überleben können. Die Wissenschaft hat hier warnend und mahnend viel Vorarbeit geleistet, kein Politiker kommt daran vorbei.

Aber auch wenn Wissenschaft und Politik in einem Boot sitzen und etwa in Enquête-Kommissionen nach langer und gewissenhafter Arbeit zu Empfehlungen kommen, ist deren Umsetzung noch lange nicht gewährleistet. Oder welche politischen Konsequenzen hat die Bundesregierung aus der Feststellung der Enquête-Kommission des 11. Deutschen Bundestages „Vorsorge zum Schutz der Erdatmosphäre" gezogen: „Ohne einschneidende Änderungen durch eine Zurückdrängung des überbordenden Individualverkehrs ist in der Bundesrepublik keine erfolgreiche Klimaschutzpolitik möglich"? – um nur ein Beispiel zu nennen. Das ist 9 Jahre her!

Um mit Hans Mohr zu sprechen: „Homo sapiens versteht zwar verstandesgemäß, was die Stunde geschlagen hat, aber er handelt nicht danach."

Das muß sich ändern! Ich will versuchen, eine strategische Politik zu formulieren, die klare Prioritäten setzt, konsensstiftende Anwendungsvisionen ausarbeitet, verläßliche Allianzen aufbaut und neue Förderkonzepte erprobt. Es kommt darauf an, Perspektiven aufzuzeigen, die überzeugen können.

Das ist nur möglich, wenn die verschiedenen Disziplinen zusammenarbeiten. Gefragt sind Kooperationsformen zwischen Wissenschaft, Wirtschaft und Politik, die den Bogen spannen von grundlegenden Erkenntnissen über den Zustand und die Entwicklung der Umwelt, über politische Meinungsbildungsprozesse und die Bildung von Rahmenbedingungen bis hin zu marktgängigen Produktinnovationen, die den notwendigen Strukturwandel voranbringen.

Was das Gesagte heißt, ließe sich an vielen Beispielen in den Einzelheiten zeigen. Ich will mich auf einige wenige Aspekte beschränken:

- auf das Prinzip nachhaltiger Entwicklung,
- auf Kreislaufwirtschaft und Ressourcenproduktivität,
- auf das Motto „Von der Natur lernen",
- auf Forderungen nach Interdisziplinarität und Internationalität.

Nachhaltige Entwicklung

Nachhaltige Entwicklung bedeutet eine Zukunft, in der gleichzeitig und gleichrangig

- die Probleme der Ökosphäre gelöst werden,
- die sozialen Fragen angegangen werden und
- eine funktionsfähige Ökonomie erhalten wird.

Forschungspolitik für eine nachhaltige Entwicklung muß Anstöße geben und den Aufbruch in diese andere Zukunft initiieren. Wir benötigen Leitprojekte, deren Bezug zum gesellschaftlichen Fortschritt klar ersichtlich ist und die von der Öffentlichkeit verstanden und nachvollzogen werden.

- Wir brauchen den Einsatz der Biotechnologie im Dienste der Gesundheit.
- Wir brauchen erneuerbare Energien im Dienste einer ökologischen Energieversorgung.
- Wir brauchen attraktive und umweltfreundliche Verkehrssysteme im Dienste morgiger Mobilität.
- Wir brauchen moderne Formen dienstleistungsintegrierter Produktion im Dienste zukünftiger Exportmärkte.
- Für dieses und anderes brauchen wir die Ausrichtung und Konzentration der Forschungs- und Förderprogramme auf alle drei Dimensionen der Nachhaltigkeit.
- Die Nachhaltigkeit „an sich" muß zum integralen Bestandteil von Forschungs- und Innovationspolitik werden.

Kreislaufwirtschaft

Seitdem der Mensch die ökonomischen Vorteile einer industrialisierten Fertigung von Gütern und Produkten erkannt hat, sind die vom Menschen bewegten Stoffströme und Energieströme exponentiell angestiegen. Die vom Menschen verursachten Stoffströme überschreiten mittlerweile die natürlichen Stoffströme an der Erdoberfläche um ein Vielfaches. Um die Ökosphäre zu entlasten und die Ressourcen der Welt länger nutzen zu können, muß das langfristige Ziel die deutliche Reduzierung der von den Menschen verursachten Stoffströme sein. Dies bedeutet zugleich einen deutlichen Anstieg der Ressourcenproduktivität in den Industrieländern.

Wir müssen daher unsere Industriegesellschaft ökologisch modernisieren. Es ist das Ziel, die Produkte einer ökologisch modernisierten Industriegesellschaft – wenn sie nicht mehr gebraucht werden – ohne Müllerzeugung wieder in den Wirtschaftskreislauf, d. h. in den Stoffkreislauf des Menschen zurückzuführen.

Wir wissen, daß diese Ziele nur mittel- und langfristig erfüllbar sein werden. Deshalb ist es aber um so wichtiger, sie schon jetzt entschlossen anzugehen. Forschungsprojekten zur Erhöhung der Ressourcenproduktivität und der Einführung einer Kreislaufwirtschaft werde ich eine hohe Priorität einräumen.

Von der Natur lernen

Die Technik steht nicht außerhalb der Natur. Die nähere Betrachtung der Vorgänge im Tier- und Pflanzenreich oder die technische Analyse besonderer Fähigkeiten und Entwicklungen, die Lebewesen zustande gebracht haben, zeigt ganz klar, daß sich auch die Natur „der Technik bedient". Die Natur bedient sich allerdings einer sanften Technologie. Ihre Strategie verfolgt das Prinzip, so viel wie möglich mit so wenig wie nötig zu erreichen. Die Natur hat es vorgemacht, wie man mit knappen und knapper werdenden Ressourcen umgeht und wie nachhaltig gewirtschaftet werden kann. Sie zeigt uns, wie Ressourcenproduktivität und Kreislaufwirtschaft über lange Zeiträume funktionieren.

Nicht die Technik als solche ist unser Problem, sondern die Art und Weise, und mit welcher Zielsetzung wir Technik betreiben. Wir könnten uns manchen Irrtum oder Irrweg ersparen, wenn wir zuerst nach Lösungen schauten, die die Natur längst parat hat. Eine der Haihaut nachempfundene strömungsgünstige Folie, die, auf der Außenhaut des Airbusses aufgeklebt, zu einer Energieeinsparung von einigen Prozent führt, ist hier nur ein praktisches Beispiel. Derartige von der Natur abgeschauten Bio-Techniken wollen wir verstärkt fördern.

Interdisziplinarität und Internationalität

Alle gängigen Technologiestudien belegen, daß sich Innovationen sehr häufig an den Grenzbereichen verschiedener Wissenschaften ergeben. Es muß künftig im Zentrum des Interesses stehen, inwieweit die üblichen, auf Einzeldisziplinen begrenzten Betrachtungsweisen der zukünftigen Entwicklung überhaupt noch gerecht werden. Die Zahl der Bereiche in Forschung und Technik, in denen die Fachgrenzen eine immer geringere Rolle spielen, dürfte eher zunehmen. Wir erleben heute, daß der Mathematiker ein Biologiebuch zur Hand nimmt, um neue „evolutive" mathematische Methoden zu erarbeiten, um so das Strömungsverhalten von Turbinen zu optimieren. Informatiker und Ingenieure wollen von der Natur lernen, wie man fehlertolerante Computer baut. Disziplinübergreifendes wissenschaftliches Arbeiten ist erforderlich. Inter- und Transdisziplinarität ist aber häufig nur Überschrift und nicht Methode.

Die schwindende Trennbarkeit zwischen den Disziplinen und die Intensivierung der Bindung der Wissenschaft an die Technik sind Vorboten einer tiefgreifenden Transformation in allen Innovationssystemen. Sie werden Auswirkungen auf die Anlage der Programmförderung wie auch auf die institutionellen Strukturen der Forschungsförderung – etwa bei der künftigen Ausrichtung der Großforschungseinrichtungen – haben müssen.

Ebenso wichtig ist die Förderung der Internationalität der Forschung. Die ökologischen Probleme kennen keine nationalen Grenzen. Für globale Umweltprobleme kann nur eine weltweit forschende und kommunizierende *Scientific Community* und eine global konzipierte Politik ursachenadäquat und zielführend sein. Die Notwendigkeit der Internationalisierung der Umweltpolitik ergibt sich aus zunehmenden ökologisch-ökonomischen Interdependenzen. International auftretende Umweltprobleme erfordern eine Politik internationaler Vereinbarungen und Konventionen, ohne den Nationalstaat aus seiner Verantwortung zu entlassen.

Die Beispiele zeigen: Forschungspolitik für eine nachhaltige Entwicklung muß Anstöße geben und den Aufbruch in die von Nachhaltigkeit gekennzeichnete Zukunft initiieren. Wir benötigen Leitprojekte, deren Bezug zum gesellschaftlichen Fortschritt klar ersichtlich ist und die von der Öffentlichkeit verstanden und nachvollzogen werden.

Nachhaltige Entwicklung bedeutet eine Zukunft, in der gleichzeitig und gleichrangig die folgenden Ziele verfolgt werden: die Lösung der Probleme der Ökosphäre, die Bearbeitung der sozialen Fragen, die Erhaltung einer funktionsfähigen Ökonomie.

Wir wollen sozialökologische Forschungsverbünde ausbauen

Eine zukunftsorientierte Forschungspolitik muß auf die Entwicklung sozialökologischer Forschungsverbünde und Netzwerke setzen – so auch eine Forderung des Wissenschaftsrates. Dabei geht es um ökologische Kreislaufwirtschaft, umweltschonende Verkehrs- und Transportsysteme, umweltverträgliche Energieversorgung, ökologische Wirkungs- und Risikoforschung. Es geht um Klimaforschung, Ressourcenproduktivität, Gesundheitsforschung und gesundheits- und persönlichkeitsfördernde Arbeits- und Techniksysteme.

Eine zukunftsorientierte Innovationspolitik muß die Entwicklung einer vorsorgenden sozialökologischen Zukunftsforschung voranbringen. Alternativen zu ersinnen, ist nicht nur spannender als Verbote zu verhängen, sondern auch nutzbringender. Ein wichtiges Element bilden hier die nicht-staatlichen Forschungsinstitute der interdisziplinären Umweltforschung.

Und natürlich sind auch soziale Innovationen für die Verbesserung der Wettbewerbs- und Innovationsfähigkeit der Wirtschaft außerordentlich wichtig. Die gezielte Förderung sozialer Innovationen muß deshalb ein fester Bestandteil einer nachhaltigen Entwicklung werden. Durch die Förderung von Pilotprojekten zur Entwicklung humanzentrierter und wirtschaftlich effizienter Fertigungs- und Arbeitsorganisationskonzepte kann die Forschungspolitik wichtige Anstöße geben. Die von der Bundesregierung zu unrecht finanziell ausgebluteten Bereiche „Technikgestaltung“ und „Arbeit und Technik“ müssen deshalb wieder mit Leben erfüllt werden. Neue Innovationskonzepte, die zur Stabilisierung und Verbesserung der Beschäftigungssituation beitragen, müssen erarbeitet und erprobt werden. Neben den Faktor Rationalisierung ist in den Betrieben heute längst der Faktor Arbeitsorganisation getreten.

Letztlich ist die Erforschung der Folgen der verschiedenen Technologien, der Konsequenzen ihrer Nutzung im sozialen Feld, in der Umwelt und in der Ökonomie, ein leider bisher vernachlässigter und von uns zu belebender interdiziplinärer Forschungsbereich.

Wir brauchen bessere Rahmenbedingungen

Neue Produkte – wie zum Beispiel die Solartechnik oder viele Umweltschutzprodukte – werden sich nur verbreiten, wenn der Staat auch ausreichende Rahmenbedingungen für die Startnachfrage schafft. Wir brauchen auch in Zukunft wirtschaftliches Wachstum, aber eben nachhaltiges Wachstum, das in der Gesamtbilanz unsere Umwelt erhält und Rohstoffe nicht verschwendet. Die ökologische Umsteuerung der Wirtschaft muß auf der Tagesordnung ganz nach oben rutschen.

Wirksamer Umweltschutz ist nur mit der Wirtschaft und mit den Bürgerinnen und Bürgern möglich. Die gemeinsame Vereinbarung von Zielen gibt die Möglichkeit, Umweltverfahren zu beschleunigen und ökologische Investitionsentscheidungen schneller zu erreichen. Gemeinsam mit Unternehmern und Gewerkschaften, Vertretern aus Wissenschaft und Verbänden sowie Bund und Ländern wollen wir deshalb zwar ökologische Zielgrößen, nicht aber die Wege dorthin vereinbaren. So mobilisieren wir ein Innovationspotential, daß nicht nur unter ökologischen Gesichtspunkten Erfolg verspricht, sondern der Wirtschaft auch eine gute Ausgangsposition bei der Eroberung von Zukunftsmärkten verschafft.

Zu dieser Strategie gehört auch der Versuch, häufiger als bisher durch verbindliche und nachprüfbare Selbstverpflichtungen der Wirtschaft und durch Verbändevereinbarungen umweltpolitische Ziele umzusetzen.

Politik kann nicht alles im Detail regeln wollen. Ihre Hauptaufgabe wird in Zukunft stärker denn je darin bestehen, Leitlinien und Rahmenbedingungen vorzugeben, die eine zukunftsfähige Entwicklung ermöglichen. Sie muß Zukunftsvisionen formulieren und Leitbilder entwerfen, gesellschaftliche Prozesse in Gang setzen und begleiten.

Dennoch werden sich sicher nicht alle Umweltfragen im Konsens oder durch freiwillige Vereinbarungen lösen lassen. Daneben bleibt ein wirksames Ordnungsrecht wichtig. Wir wollen die ordnungsrechtlichen und ökonomischen Rahmenbedingungen so weiterentwickeln, daß spürbare Anreize sowohl für eine umwelt- und sozialverträgliche Produktion als auch für ein entsprechendes Konsumverhalten entstehen. In diesem Zusammenhang werden wir mit einem Umweltgesetzbuch das unübersichtliche und zu bürokratische Umweltrecht effizienter machen und überflüssige Vorschriften streichen und das Umwelthaftungsrecht überarbeiten.

Die Verbesserung der administrativen und gesetzgeberischen Rahmenbedingungen für eine nachhaltige Technologieentwicklung bleibt eine wesentliche Voraussetzung dafür, daß Innovationen effektiv sowie sozial- und umweltverträglich erschlossen werden können. Diese Aufgabe wird von der Bundesregierung allerdings ausschließlich unter der Devise der Deregulierung betrieben. Ein solches Verständnis greift zu kurz. Wir dürfen nicht übersehen, daß Regulierungen und Normsetzungen technologische Entwicklungen und Innovationen oft erst stimulieren. Wir dürfen weiterhin nicht übersehen, daß Regulierungen und Normsetzungen auch notwendige Voraussetzungen für technologische Entwicklungen und für die Schaffung von Märkten sind.

Es kommt deshalb darauf an, das Instrument der regulativen Politik wieder aktiv und kreativ zu nutzen. Dabei gilt es, überflüssigen Bürokratismus abzubauen und überflüssige Regulierungen über Bord zu werfen. Wir müssen den Unternehmen langfristig verläßliche Rahmenbedingungen garantieren, zugleich aber den Stand der technologischen Entwicklung durch steigende Anforderungen im Umweltbereich voranbringen.

In diesen Kontext gehört eine ökologische Steuerreform. Wir werden dafür sorgen, daß der Produktionsfaktor Arbeit entlastet wird. Im Gegenzug ist eine maßvolle, verläßliche und berechenbare Belastung des Energieverbrauchs vorgesehen. Durch Freistellung der Prozeßenergie wollen wir eine Belastung der im internationalen Wettbewerb stehenden Unternehmen vermeiden.

Für die Lenkungswirkung einer ökologischen Steuerreform kommt es nicht nur auf die absolute Höhe der einzelnen Belastungsschritte an, sondern auch auf die Berechenbarkeit des Preistrends sowie auf ausreichende Anpassungszeiträume für die Wirtschaft und für die Bürgerinnen und Bürger.

Neben einem effizienteren Ordnungsrecht und mehr marktwirtschaftlichen Instrumenten setzen wir uns dafür ein, die Förderung ökologischer Zukunftsinvestitionen auf einem möglichst hohen Niveau zu bündeln, um Forschung, Entwicklung und Markteinführung für neue wettbewerbsfähige und ökologisch verträgliche Verfahren und Produkte zu verbessern. Hierzu gehört auch die staatliche Beschaffungspolitik. Wir wollen die gewaltige Nachfragekraft von Bund, Ländern und Gemeinden nutzen, um mit einer ökologisch ausgerichteten staatlichen Beschaffungspolitik die Markteinführung von umweltschonenden Produkten zu erleichtern.

Zwei zentrale Bereiche für den Erfolg einer Nachhaltigkeitsstrategie sind der Verkehrs- und der Energiesektor

Um unser Verkehrssystem in Deutschland auf Dauer leistungsfähig und umweltverträglich zu machen, ist eine gezielte Politik der Verkehrsvermeidung und der Verkehrsverlagerung auf umweltverträgliche Verkehrswege wie Schiene und Wasserstraßen erforderlich. Durch den Ausbau der Güterverkehrsinfrastruktur ist mittel- und langfristig eine Trennung des langsamen Güterverkehrs vom schnelleren Personenverkehr vorzunehmen. Zur Vernetzung der unterschiedlichen Verkehrsträger muß der kombinierte Verkehr ausgebaut werden. Durch Telematik in allen Verkehrsbereichen kann die Nutzung der Verkehrsinfrastruktur effizienter gestaltet werden. Wir brauchen neue Systeme für eine effizientere und umweltverträglichere Verkehrsorganisation, insbesondere für den Ausbau und die Modernisierung des Öffentlichen Personen- und Güterverkehrs.

Unsere Autos müssen sicherer, sparsamer und umweltverträglicher werden. Mit abgasarmen, sparsamen und umweltverträglichen Autos können wir einen wesentlichen Beitrag zum Umweltschutz leisten und zugleich die Wettbewerbsposition der deutschen Automobilindustrie stärken. Das auch im Startprogramm der SPD-geführten Bundesregierung hervorgehobene „3-Liter-Auto“ wird sicher ein Exportschlager. Als Beitrag einer nachhaltigen Entwicklung macht es national allerdings nur Sinn, wenn es die alten Spritfresser ersetzt und nicht als schickes Zweit- oder Drittfahrzeug den Familienfuhrpark erweitert.

Der zweite zentrale Bereich ist die künftige Energieversorgung. Die Menschheit wird in Zukunft mit Sicherheit mehr Energie verbrauchen als heute. Diese darf jedoch nicht aus fossilen Brennstoffen, sondern muß aus anderen Quellen stammen. Die Lösung des Energieproblems ist eine der größten Herausforderungen auf dem Weg zu einer nachhaltigen Entwicklung und zeigt gleichzeitig am deutlichsten das Dilemma, vor dem wir stehen: Heute sind in Nordrhein-Westfalen mehr Autos angemeldet, als auf dem gesamten afrikanischen Kontinent. Das wird nicht so bleiben und die Entwicklungen in den Schwellen- und Entwicklungsländern sprechen für sich.

Die Kernenergie hat die in sie gesetzten Hoffnungen der 60er und 70er Jahre nicht erfüllen können. Die ungelöste Abfallbeseitigung und die verbleibenden Betriebsrisiken stehen dem entgegen. Die SPD will daher einen möglichst schnellen Ausstieg aus der Atomenergie. Deshalb werden wir nach einer Regierungsbildung zügig Energiekonsens-Gespräche mit allen betroffenen gesellschaftlichen Gruppen aufnehmen. Ziel dieser Gespräche müssen zwei Dinge sein: Erstens einen Ausstiegsplan zu vereinbaren und zweitens ein Entsorgungskonzept zu erarbeiten.

Wir streben einen realistischen, vernünftigen Ausstiegsplan an. Dazu brauchen wir zunächst eine Begutachtung und Prüfung der laufenden Kernkraftwerke durch eine unabhängige Sachverständigen-Gruppe, die den tatsächlichen Sicherheitsstandard der Kernkraftwerke feststellt. Kraftwerke, die nicht dem Sicherheitsstandard entsprechen, werden ihren Betrieb einstellen. Darüber hinaus brauchen wir ein Kernenergie-Abwicklungs-Gesetz, das sowohl die Restlaufzeiten der Kraftwerke wie ein Entsorgungskonzept beinhaltet. Der richtige Entsorgungspfad ist die direkte und regional ausgewogene Endlagerung in sicheren geologischen Formationen. Bei der Zwischenlagerung müssen wir die Standorte an den einzelnen Atomkraftwerken besser nutzen, um Transporte zu vermeiden.

Aber vor allem: Wir wollen die Brücke ins Solarzeitalter bauen. Das ist unsere Vision für das 21. Jahrhundert. Die erneuerbaren Energien müssen ein Eckpfeiler unserer Energieversorgung werden. Der Anteil der regenerativen Energien an der gesamten Energieversorgung muß schrittweise erhöht werden. Dazu gehören auch faire Einspeiseregelungen für Strom aus erneuerbaren Energiequellen. Das gilt sowohl national, als auch europaweit. Die industrielle Massenfertigung für moderne Solartechnologien muß ausgebaut werden. Wir werden im Bundeshaushalt 1999 ein 100 000-Dächer-Programm starten und den Export der Solartechnologie in Entwicklungsländer besonders unterstützen. Auch hier werden „neue und alte" Biotechnologien Energie aus Biomasse zur Verfügung stellen.

Bei der Nutzung konventioneller Energien brauchen wir eine „Effizienzrevolution" durch den Einsatz neuer Technologien und durch die Kraft-Wärme-Kopplung. Auch die Systemforschung zur wirtschaftlichen Energieeinsparung muß hohe Priorität erhalten. Kurzfristig liegt unser Technologiepotential eindeutig bei der Einsparung von Energie. Experten rechnen hier mit 20–30 % Einsparung beim Primärenergieverbrauch; bei öffentlichen Anreizen können höhere Investitionen auch noch höhere Einsparungen erbringen.

Wir müssen die notorische Zweitrangigkeit der Bildungs-, Wissenschafts- und Forschungspolitik endlich beenden

Der Anstoß, der Mut zur Innovation findet in den Köpfen statt. Hier wollen wir ansetzen:

- Mit einem Forschungs- und Personalkostenzuschuß-Programm.
- Mit einer Neustrukturierung und Ausweitung der Nachwuchswissenschaftlerförderung.
- Und mit einer neuen Kultur der Selbständigkeit.

Aber darüber hinaus müssen auch genügend Mittel zur Verfügung stehen. Der jetzt von der Bundesregierung vorgelegte Haushaltsentwurf 1999 sieht in der mittelfristigen Finanzplanung für das Jahr 2002 für Bildung, Wissenschaft und Forschung mit 15,4 Milliarden DM weniger Finanzmittel vor, als die Ist-Ausgaben von 1993. Damals waren es noch 15,7 Milliarden DM.

Wir wollen deshalb im Bundeshaushalt auch finanziell neue Prioritäten zugunsten von Bildung, Wissenschaft, und Forschung setzen. So steht es auch in unserem Wahlprogramm.

Ich fasse zusammen: Das Leitziel der Nachhaltigkeit muß endlich auch als Chancenmanagement begriffen werden, was mehr ist als das ausschließliche Benennen der Risiken und die alleinige Orientierung auf Grenzwerte.

Entscheidend ist, daß die Sozial- und Umweltverträglichkeit integraler Bestandteil von Forschung und Technologie wird, was heißt, Forschungsförderung mit umwelt-, verkehrs- , gesundheits-, arbeitsmarkt- und wirtschaftspolitischen Zielen zu vernetzen.

Wir wollen nicht nur mehr Geld für Forschung und Innovation ausgeben, wir werden uns auf Zukunftsfelder und Leitprojekte der Forschungsförderung konzentrieren, wozu besonders die Umwelttechnologien, die regenerativen Energien und die Umweltforschung, die sich durch lebendige Interdisziplinarität und Anwendungsbezug auszeichnet, gehören.

Ich bin mir sicher: Mit innovativem Wissen, mit neuen umweltverträglichen Technologien und einem aufgeschlossenen gesellschaftlichen Klima können wir unsere Zukunft erfolgreich gestalten.

Strategien Nachhaltiger Entwicklung in der Bundesrepublik

Michaele Hustedt

1 Die Bundesregierung: Kritik an den Vorgaben von Ministerin Merkel

Ich will mich nicht lange mit der rückschauenden Kritik an dieser Bundesregierung aufhalten und mehr nach vorne schauen. Aber zwei Bemerkungen dazu kann ich mir doch nicht verkneifen. Es gibt zwar Erfolge im nachsorgenden Umweltschutz. Der Himmel über der Ruhr ist blauer, und die Flüsse werden sauberer. Auch im Osten Deutschlands wurde in den letzten Jahren einiges erreicht. Aber die Probleme, die nicht riechbar und sichtbar sind und bei denen die Auswirkungen erst Jahrzehnte später als die Ursachen erfolgen und andere Generationen oder Menschen auf anderen Kontinenten betreffen, sind weiterhin völlig ungelöst. Bei der Begrenzung z. B. des Treibhauseffektes und des Artensterbens stehen wir erst ganz am Anfang. Hier gab es in den letzten vier Jahren einen Stillstand in der Umweltpolitik. Und das Nichtstun, diese Altlast der verlorenen Zeit, wird die neue Regierung vor eine große Herausforderung stellen.

Meine zweite Bemerkung ist: Frau Merkel betreibt den Prozeß der Nachhaltigen Entwicklung halbherzig und zögerlich. Das hat seine Gründe:

Der Prozeß der nachhaltigen Entwicklung kann nur in Zusammenarbeit mit den anderen Politikbereichen vorangetrieben werden. Hier genau aber fehlt es Frau Merkel an Unterstützung. Ich persönlich glaube ihr sogar, daß sie den Diskussionsprozeß in Gang setzen möchte, aber die Minister Rexrodt, Wissmann und Borchert haben ganz andere Dinge im Kopf. Angesichts der Widerstände – oder genauer gesagt: des abwehrenden Desinteresses (welches zeigt, daß sie sich noch nicht einmal genötigt sehen, Widerstand zu leisten) – betreibt Frau Merkel diesen Prozeß nach dem Motto: „Hoffentlich merkt es keiner im Kabinett“. Das hier angesprochene Umweltschwerpunktprogramm ist z. B. noch nicht im Kabinett behandelt worden und Herr Minister Rexrodt hat schon angedeutet, daß er es nicht mittragen würde. Das widerspricht dem Anliegen eines nationalen Umweltplans, der im Dialog mit den verschiedenen Ressorts und gesellschaftlichen Gruppen erstellt werden soll. Frau Merkel hätte die Unterstützung des Kabinetts und von Bundeskanzler Kohl gebraucht. Statt dessen hat sie 1996 den Diskussionsprozeß „Schritte zu einer nachhaltigen, umweltgerechten Entwicklung“ als unverbindliche Gesprächsrunden initiiert. So kann daraus nichts werden.

Die Bundesregierung und viele Wirtschaftsvertreter folgen immer noch dem Leitbild des grenzenlosen materiellen Wachstums, bei dem der Ökonomie Priorität vor den sozialen und ökologischen Fragen eingeräumt wird. Im Gegensatz dazu setzt das Leitbild „Nachhaltige Entwicklung“ soziale und wirtschaftliche Entwicklung als gleichberechtigte Ziele, ohne daß dabei die Lebensgrundlagen zerstört werden. Die Politik der Minister Rexrodt und Wissmann zeigt, daß sie dieses Leitbild nicht als Richtschnur ihrer Politik betrachten. Nachhaltigkeit hat in dieser Regierung keinen Stellenwert. Solange nicht einmal die Idee in den Köpfen verankert ist, kann von der Bundesregierung keine ernsthafte Initiative zur Realisierung des Leitbildes Nachhaltigkeit und der Integration von Umweltpolitik in alle politischen Entscheidungen erwartet werden.

Aber wir brauchen nicht mehr grenzenloses materielles Wirtschaftswachstum als Leitbild, sondern eine Politik, die ökologische, soziale und ökonomische Ziele tatsächlich gleichberechtigt behandelt und nicht ökologische und soziale Ziele kurzfristigen ökonomischen Interessen opfert. Damit möchte ich die Rückschau bewenden lassen. Die Legislaturperiode ist vorbei. Am 27. September wird gewählt. Danach könnten die Chancen für eine Nachhaltigkeitsstrategie besser stehen.

Deswegen möchte ich mich darauf konzentrieren, die grünen Überlegungen zu diesem Prozeß vorzustellen.

2 Das bündnisgrüne Konzept für den organisatorischen Rahmen

Bündnis 90/Die Grünen haben kein endgültiges Konzept, da ein fertiges Konzept ohne Variationsmöglichkeiten der Idee von der Erstellung eines Umweltplans im Rahmen eines gesellschaftlichen Diskussionsprozesses widerspricht. Dennoch muß zu Beginn des Planungsprozesses ein Verfahren in seinen Grundzügen festgelegt werden, das gleichzeitig Spielraum für Optimierungsmöglichkeiten bietet. Die Vorstellungen von Bündnis 90/Die Grünen zum Vorgehen haben wir in einem parlamentarischen Antrag für den Bundestag beschrieben, in dem wesentliche Forderungen von Prof. Dr. Martin Jänicke aufgenommen wurden.

Dabei haben wir uns von folgenden (Grund-)Prinzipien leiten lassen:

1. Alle wichtigen gesellschaftlichen Gruppen müssen in den Prozeß einbezogen werden.
2. Eine besonders wichtige Voraussetzung ist die Verbindlichkeit des Prozesses.
3. Die Formulierung konkreter Ziele und Maßnahmen muß als Arbeitsziel definiert sein, die Unterstützung durch die Regierung und andere umweltrelevante Ressorts muß gegeben sein.
4. Der Prozeß muß mit einer guten Öffentlichkeitsarbeit gekoppelt werden.
5. Ausreichend finanzielle Mittel müssen bereitgestellt werden.
6. Die Erstellung eines nationalen Umweltplans darf nicht als Argument für die Verschiebung von erforderlichen Sofortmaßnahmen dienen (z. B. des Atomausstiegs und des Einstiegs in die ökologische Reform des Finanzsystems).

Wir wollen ein Vorgehen für den ersten Umweltplan mit folgenden Schritten, die sich aus den Erfahrungen anderer Länder ableiten lassen:

1. In einer breiten Informationskampagne macht die Bundesregierung das Leitbild der nachhaltig umweltgerechten Entwicklung und das Vorhaben „Nationaler Umweltplan“ der breiten Öffentlichkeit bekannt.
2. Folgende Institutionen sind für die Erstellung eines nationalen Umweltplans zu schaffen bzw. folgende bestehende Institutionen sind zu nutzen:

   - Eine Planungsgruppe, die, unter Federführung des neuen Bundeskanzlers, die Planung, Koordination und Abwicklung des Verfahrens zur Erstellung des Nationalen Umweltplans übernimmt. Sie soll verbindlicher und zielorientierter arbeiten können, indem sie als interministerielle Arbeitsgruppe institutionalisiert wird.
   - Ein Plenum, bestehend aus Politik, Wissenschaft, Umwelt, Wirtschaft, Kirche und anderen gesellschaftlichen VertreterInnen, das die weitere Vorgehensweise und die Inhalte des Umweltplans berät.
   - Arbeitskreise, die fachgebietsorientierte Ziele, Maßnahmen und Instrumente bearbeiten. Viele Gremien, die es zur Zeit gibt, könnten dabei in diesen Prozeß integriert werden. Dazu gehört z. B. das Nationale Komitee und die Arbeitsgemeinschaft für Umweltfragen.

3. Die Bundesregierung stellt den Entwurf für das umweltpolitische Schwerpunktprogramm zur Diskussion. Grundlage sind verschiedene Inputs durch Wissenschaftler, z. B. durch den Sachverständigenrat für Umweltfragen und das Umweltbundesamt.
4. Vertreter aus der Politik, den verschiedenen Ministerien und gesellschaftlichen Gruppen diskutieren Ziele, Zeitrahmen, Maßnahmen und Instrumente zur Erreichung der Ziele.
5. Zusätzlich werden Mechanismen zur Kontrolle der Umsetzung sowie Korrektur der festgelegten Ziele und Maßnahmen festgeschrieben.
6. Eine parlamentarische Beschlußfassung soll die langfristige Institutionalisierung und Verbindlichkeit des Umweltplans gewährleisten.
7. Die Ministerien haben eine Berichtspflicht über die Umsetzung des Nationalen Umweltplans.
8. Der Nationale Umweltplan wird regelmäßig fortgeschrieben.

Der hier knapp skizzierte organisatorische Rahmen soll allerdings nicht als festes Konzept verstanden werden, sondern als eines, das als Diskussionsgrundlage die Debatte voranbringen soll. Wir sind da sehr flexibel. Der organisatorische Rahmen ist zwar wichtig, aber viel entscheidender wird sein, ob sich auch in der geistigen Verfassung der Bundesrepublik etwas ändert. Ansonsten befürchte ich, daß so ein Diskussionsprozeß sich unendlich quälend hinzieht, wenige Ergebnisse bringt und für alle Beteiligten unbefriedigend bleibt. Hierzu möchte ich einige Gedanken äußern.

3 Der Konsensgedanke stößt an seine Grenzen

Am Anfang steht die Frage, ob die gesellschaftlichen Akteure in Deutschland zu einem Prozeß der Nachhaltigen Entwicklung bereit sind. Sind sie von der inneren Verfassung her gerüstet, sich auf einen so anspruchsvollen Dialog einzulassen? Sind sie fähig zu einem ergebnisorientierten Diskussionsprozeß, in dem Ziele konsensual festgelegt werden? Das ist, wie ich finde, eine Schlüsselfrage.

Ich habe da so meine Zweifel. Mir geht es nicht darum, Pessimismus zu verbreiten. Aber wenn wir nicht ernsthaft auch auf die Schwierigkeiten schauen, dann machen wir uns Illusionen, die später in großer Enttäuschung oder gar Resignation enden können. Das möchte ich an einigen Beispielen deutlich machen.

Als erstes möchte ich einen Blick auf den Prozeß der sogenannten Energiekonsensgespräche werfen. Denn sie waren ein erster Versuch, in einem Teilbereich eines zukünftigen nationalen Umweltplans Einigkeit über eine gemeinsame, von allen getragene Energiepolitik zu erzielen.

Auf Initiative der Vorstandsvorsitzenden der RWE AG und der VEBA AG fanden 1993 Energiekonsensgespräche zwischen Spitzenvertretern der Bundesregierung, der Bundestagsfraktionen von SPD und Grünen, von CDU/CSU- und SPD-regierten Bundesländern, der Industrie und Stromwirtschaft sowie von Gewerkschaften und Umweltverbänden statt.

Die Gespräche scheiterten daran, daß die CDU und FDP nicht über Restlaufzeiten bestehender Kernkraftwerke sprechen wollten und darauf bestanden, über das Fortbestehen der „Option Kernenergie" für die Zukunft zu verhandeln. Dieser Punkt wurde von den Kernenergiegegnern als Gesprächsthema abgelehnt. An diesen Streitfragen scheiterten auch erneute Gesprächsanläufe in den Jahren 1995 und 1996/1997, an denen nur noch Vertreter der Regierungskoalition und der SPD teilnahmen.

Das Scheitern aller Versuche seit Ende der siebziger Jahre, einen Energiekonsens auf dem Verhandlungswege zu erreichen, überrascht nicht. Denn der Ausstieg aus der Kernenergie ist ein Thema, das die politische Identität der Grünen und von Teilen der SPD definiert. Umgekehrt definiert die weitere Nutzung der Kernenergie das politische Selbstverständnis von Teilen der Regierungsparteien. In dieser Lage bedeutet „Energiekonsens" den Verlust der politischen Identität für eine der gegnerischen Parteien.

Das wäre ein Argument für einen Diskussionsprozeß, an dem auch die gesellschaftlichen Gruppen beteiligt sind. Man könnte die Hoffnung haben, daß – wenn die Parteien sich nicht einigen können – eine Einigung zwischen Umweltverbänden und Wirtschaft möglich ist, und über diese Brücke hinweg auch der politische Streit beendet werden kann.

Herr Piltz von der VEBA hat in der Tat in den Gesprächen einen konsensorientierten Ansatz gewählt, indem er als Ziel der Gespräche den politisch geordneten Ausstieg aus der Atomkraft angeboten hat. Und die Energiewirtschaft hat in den ersten Gesprächsrunden diesen Kurs auch nach dem Tod von Herrn Piltz durchgehalten. Aber jetzt sind die alten Fronten wieder hergestellt. Besonders deutlich wurde dies auch an der Auseinandersetzung um die Atomtransporte.

Und wie sieht es auf Seiten der Umweltverbände aus ?

Wenn ich mir anschaue, daß intern der Gesinnungsstreit heftig tobt, ob die Akzeptanz eines Atomausstiegs, der nicht sofort alle Atomkraftwerke abschaltet, nicht schon Verrat sei, dann habe ich auch hier so meine Zweifel. Dieser Gesinnungsstreit, ob der Atomausstieg „sofort", „absolut sofort" oder „schnellstmöglich" durchgesetzt werden soll, ist überflüssig und auch nicht gerade hilfreich für die Fähigkeit, mit der Wirtschaft einen Konsens zu finden, bei dem beide Seiten Kompromisse eingehen müssen.

Und wie sieht es denn für die anderen Energiefelder aus? Die Stromkonzerne bekämpfen seit Jahren das Stromeinspeisungsgesetz mit allen, auch mit ungesetzlichen, Mitteln. Und BDI-Chef Henkel macht erstmalig und einmalig in einem Wahlkampf eine politische Kampagne gegen einen Programmpunkt – die ökologische Steuerreform –, die hauptsächlich von demagogischen und falschen Argumenten getragen wird. Beide Punkte stehen aber ganz oben auf der politischen Agenda der Umweltbewegung.

Vielleicht ist das ja alles nur Wahlkampf. Und Wahlkampf polarisiert bekanntlich. Aber ich befürchte doch, daß die Ursachen tiefer liegen.

Deshalb kann ein Konsens um jeden Preis nicht das Ziel sein. Irgendwann muß entschieden werden, und der Ort dafür ist das demokratisch gewählte Parlament des Bundestages, bei aller Dialogbereitschaft vor und nach dem Entscheidungsprozeß. Deutschland ist nicht Holland und schon gar nicht Südkorea.

Es muß sich auch etwas ändern an der inneren Einstellung der Akteure. Das wäre eine sozialpolitische Innovation, die mit dem Nationalen Umweltplan vorangetrieben werden könnte.

Wenn es nicht bei allen Akteuren eine Bereitschaft gibt, Kompromisse zu schließen, braucht man sich auch nicht in einem aufwendigen Prozeß zusammenzusetzen. Der entscheidende Schritt wäre, Trennendes zurückzustellen und Gemeinsames in den Vordergrund zu rücken. Das sage ich hier in aller Deutlichkeit: sonst hat dieser Prozeß keinen Sinn.

Der neue Politikstil ist der Dialog. ÖkologInnen müssen auch – und gerade mit den großen Industriezweigen – zu einer neuen kritischen Partnerschaft zusammenkommen.

Positive Beispiele hierfür sind die Zusammenarbeit des Ökoinstitutes mit Hoechst, oder die des BUND mit dem DGB. Auch wenn Greenpeace für den FCKW-freien Kühlschrank oder das Drei-Liter-Auto kämpft, anstatt auf Schornsteine zu steigen, geht es in die richtige Richtung.

Ein gewichtiger Schritt voran war auch der gemeinsame Workshop der Bundestagsfraktion Bündnis 90/Die Grünen mit dem VCI (Verband der Chemischen Industrie) mit dem Titel „Nachhaltige Chemieindustrie in globaler Weltwirtschaft". Es gab Zeiten, da galten Chemieindustrie und Grüne als Erzfeinde. Grüner Kontakt zur Chemieindustrie beschränkte sich darauf, tote Fische vor Konzerntoren abzuladen. Und die Chemieindustrie sah in uns industriefeindliche, weltfremde Narren, bestenfalls Träumer. Inzwischen hat sich auf beiden Seiten etwas geändert.

Das sind erste Versuche, gemeinsam in Richtung einer nachhaltigen Wirtschaftsweise, Sicherung der Lebensgrundlagen und wirtschaftlichen und soliden Entwicklung zu denken. Die Bewahrung unserer Lebensgrundlagen ist nicht nur

Aufgabe der Umweltbewegung, der grünen Partei oder der Politik insgesamt, sondern eine Aufgabe für alle. Die Politik allein kann dieser Herausforderung nicht gewachsen sein, wir brauchen die Kompetenz, die Initiative und die Phantasie aller gesellschaftlichen Kräfte.

Ein Hemmnis dafür ist immer noch das alte Freund-Feind-Denken. Umweltpolitische Vorstellungen sind keine Klassenfrage. Die Umweltpolitik buchstabiert sich nicht nach dem Links-Rechts-Schema. Die Gewerkschaften sind auch nicht besser oder schlechter als die Arbeitgeber, jeder Mensch ist zugleich Täter und Opfer der Umweltzerstörung, und mit seinem Verhalten für diese verantwortlich. Es gibt nicht mehr hier die Guten und dort die Bösen. Wenn die Wirtschaft aufgefordert ist, sich neuen Ideen zu öffnen, muß die Umweltbewegung ihrerseits ihre etwas arrogante Haltung ablegen, daß sie die besseren Menschen seien, weil sie moralisch höherwertige Ziele verfolgen.

Ich bin überzeugt: Es gibt in allen gesellschaftlichen Gruppen und allen Parteien Menschen, die sich der Idee einer nachhaltigen Entwicklung verbunden fühlen. Insbesondere gilt dies für die Generationen, die nicht mehr vom Kriegs- oder Nachkriegstrauma besetzt sind. Wir sollten darauf vertrauen, daß das Leitbild einer nachhaltigen Entwicklung schon viel tiefer in die Gesellschaft eingedrungen ist, als die jetzige Politik und Medienberichterstattung vermuten läßt. Dies gilt insbesondere, wenn sich die Umsetzung des Ziels der nachhaltigen Entwicklung mit wirtschaftlichen Interessen vereinbaren läßt, wie dies z. B. in der Windindustrie der Fall ist. Diese Interessen sind die Lokomotive für eine ökologische Wende.

Das Wichtigste sind deshalb strategische Überlegungen, wie man für die großen ökologischen Reformprojekte Mehrheiten organisieren kann. Nachhaltige Konzepte liegen schon lange auf dem Tisch, ohne daß ein Politikwechsel erkennbar wäre. Zum Beispiel ist bezüglich der Energiewende schon lange wissenschaftlich belegt, daß das Umsteuern in Richtung einer umweltverträglichen Energieversorgung technisch machbar ist und zudem noch neue Arbeitsplätze schafft. Doch das Wissen um umweltverträgliche Alternativen reicht nicht aus, die Beharrungskräfte in der Politik zu überwinden und sich gegen die starke Lobby der großen Stromkonzerne durchzusetzen.

Es geht um neue strategische Allianzen, wie es sie für den Einstieg in das Solarzeitalter ansatzweise schon gibt. Befürworter der Forderung nach regenerativen Energien sind nicht nur die Umwelt- und Windkraftverbände, sondern auch die IG Metall und der VDMA (Verband Deutscher Maschinen- und Anlagenbau), weil sie in den regenerativen Energien einen großen Zukunftsmarkt für den Anlagenbau sehen. Die Bauern sind dafür, weil sie sich damit ein Zubrot verdienen können, und die Kirchen, weil sie darin einen Beitrag zur Bewahrung der Schöpfung sehen. Dieses breite Bündnis repräsentiert die Mehrheit der Gesellschaft – und ist damit durchsetzungsfähig, eine Bewegung, die im Zentrum der Gesellschaft steht und damit die Kraft entwickeln kann, die bestehenden Blockaden in der Politik zu überwinden.

4 Das Gemeinsame ins Zentrum stellen: Ökologische Innovationspolitik

Jon Kahn aus Schweden gebrauchte auf dieser Konferenz für den Prozeß der umweltpolitischen Zielbildung das Bild eines Langstreckenlaufes. Die Umweltpolitiker reichen dabei die Getränke, sie definieren Ziele. Laufen müssen andere, und sie müssen dazu motiviert werden, sie müssen einen Sinn darin sehen. Südkorea ist interessant, weil es in seinem Umweltplan an prominenter Stelle auch wirtschaftspolitische Ziele definiert, z. B. Weltmarktführer für Umwelttechnologien werden zu wollen.

Optimal sind sogenannte win-win-Lösungen, die eine doppelte Dividende abwerfen: Umweltschutzmaßnahmen also, die gleichzeitig Arbeitsplätze schaffen, Kosten einsparen und weitere Innovationsanreize setzen. Hier lassen sich die Blockaden am ehesten überwinden. Die Potentiale dieser win-win-Lösungen sind noch sehr groß. Deshalb sollte eine Strategie nachhaltiger Entwicklung sich zunächst auf die Durchsetzung dieser Ansätze konzentrieren.

Die ökologische Krise kann und muß als Modernisierungsmotor von Wirtschaft, Politik und Wertvorstellungen genutzt werden. Dazu dürfen nicht immer die Probleme der Umweltpolitik in den Vordergrund gerückt werden, es müssen auch ihre Chancen vermittelt werden.

Ich möchte dies einmal plastisch machen. Am Donnerstag wurde in vielen Zeitungen über den Bericht des Technologierats dieser noch amtierenden konservativen Bundesregierung mit dem Titel „Kompetenz im globalen Wettbewerb“ berichtet. Eine der Kernaussagen ist:

> Um der Herausforderung des globalen Wettbewerbs zu trotzen, sind nach Meinung des Expertenrats Standortbedingungen zu schaffen, die Kompetenzvorsprünge ermöglichen. Es genüge nicht mehr, dem wachsenden Konkurrenzdruck durch Kostenstrategien zu begegnen. Was zähle, seien überlegene Produkte, innovative Ideen und neue Wege der Aus- und Weiterbildung. Ratsmitglied Heinrich von Pierer, Vorstandschef der Siemens AG, verwies vor Journalisten auf die Dringlichkeit der Forderung nach einem innovationsorientierten Leitbild, das die Gesellschaft akzeptiere und fördere (...). Es komme darauf an, die Exportmärkte von der Überlegenheit innovativer Produkte und Lösungen 'made in Germany' zu überzeugen. Das gehe nur, wenn die Innovationskraft auf tragfähigem Boden stehe.

(*Quelle: SZ 27.8.98*)

Ich finde diese Aussage richtig. Und sie gibt auch einen Ansatz für die Suche nach der gemeinsamen Schnittmenge zwischen den Interessen der Wirtschaft und der Umweltbewegung.

Wenn man diesen Ansatz in das Zentrum einer Nachhaltigkeitstrategie stellt, kommt man meiner Meinung nach weiter.

Innovationspolitik muß sich auf Zukunftsmärkte hin orientieren. Diese sind, weil sie in der Zukunft liegen, unsicher, keiner kann hellsehen. Doch ein Markt ist, wenn es eine objektive Notwendigkeit für ihn gibt, ein sicherer Zukunftsmarkt. So verhält es sich mit dem Markt für Umweltinnovationen: Das Problem der Unsicherheit über zukünftige Märkte besteht hier kaum. Bei wachsender

Weltbevölkerung, steigender globaler Güterproduktion und sinkender Aufnahmekapazität der Erde für Emissionen und Abfälle ist eine zunehmende Nachfrage nach Umweltinnovationen bei Verfahren und Produkten zu erwarten. Diese Prognose ist hier ungleich einfacher als Voraussagen über sich wandelnde Konsumpräferenzen in anderen Bereichen.

Ökologische Modernisierung, die auf umwelteffiziente Güter und Verfahren abzielt, ist also eine wesentliche und sichere Chance für den Standort Deutschland.

Sie ist allerdings entgegen verbreiteter Auffassung kein Selbstläufer, sondern erfordert den Abbau erheblicher Innovationshemmnisse. Ohne eine Restriktionsanalyse sind Innovationspostulate zwar leicht zu formulieren, aber kaum durchschlagend. Innovationshemmnisse sind überall dort zu erwarten, wo etablierte Märkte betroffen sind. Sie sind besonders stark in Bereichen der Energieversorgung, des Verkehrswesens, der Landwirtschaft und des Bausektors – Sektoren, in denen der Nationalstaat paradoxerweise eine starke institutionelle Stellung besitzt. Von diesen Sektoren ist in der Vergangenheit eine besondere Wandlungsfeindlichkeit ausgegangen. Und sie haben in Deutschland ein besonderes politisches Gewicht.

Nach Schumpeter sind Innovationen auch mit „schöpferischer Zerstörung" verbunden, schaffen neben den Gewinnern also auch Verlierer. Man wird negative Effekte in dem Maße vermeiden, wie den betroffenen Industrien (durch Re-Regulierung, Umstellungshilfen, Umschulungen, regionale Investitionsförderung etc.) neue Perspektiven eröffnet werden. Diese schwierige Aufgabe muß Politik – in einem breiten Dialog mit den Verursacherbereichen – erfüllen. Ohne Wandel wird die Zahl der Verlierer ungleich höher sein.

Für eine Nachhaltigkeitsstrategie sollte man also das Thema Umweltinnovation, im weitesten Sinne, ins Zentrum stellen. Das ist ein Ansatz, dem sich entgegengesetzte Pole von unterschiedlichen Gesichtspunkten aus nähern können.

Die Voraussetzung dafür ist der Dialog, die Vernetzung. Das ist auch die Einschätzung des Technologierates:

> Aktiv zusammenarbeiten, verknüpfen, vernetzen, Überwinden des eindimensionalen Denkens – das sind die Vorgaben, die nach Überzeugung des Technologierats unerläßlich sind, um in der Bundesrepublik mehr wirtschaftliche und technologische, wissenschaftliche und bildungspolitische Kompetenz zu schaffen.

(Quelle: SZ 27.8.98)

Und damit sind wir wieder bei einem organisierten Prozeß zur Erarbeitung eines nationalen Umweltplans angelangt, wie ich ihn am Anfang meiner Rede skizziert habe.

Ein Nationaler Umweltplan trägt zur Modernisierung der Wirtschaft und zum ökologisch-sozialen Umbau bei. Verbindliche Umweltziele fördern die Entwicklung umweltfreundlicher und rohstoffeffizienter Produkte, Verfahren und Dienstleistungen wie Energiespartechniken, moderne Verkehrssysteme, Energiegewinnung durch Wind und Sonne. Kostengünstige Einsparungen beim Material- und Energieeinsatz bringen Wettbewerbsvorteile. Ein Nationaler Umweltplan mit Umweltzielen, Prioritäten und Maßnahmen gibt Unterstützung bei Entscheidungen. KonsumentInnen erhalten Informationen und Orientierungshilfen für Kaufentscheidungen. Es wird ein Absatzmarkt für Ökoprodukte geschaffen. Den Unternehmen werden mit einer kalkulierbaren Umweltstrategie die erforderlichen Forschungs- und Innovationsanreize sowie Planungs- und Investitionssicherheit gegeben. Behörden erhalten ebenfalls Auskunft über Handlungsprioritäten und Ansatzpunkte für ihre Tätigkeit. Die Erarbeitung eines nationalen Umweltplans ist also ein gutes Instrument für eine Innovationsstrategie.

5 Technik und Ethik

Wichtig ist in der Diskussion um Ziele, daß diese nicht nur technikorientiert geführt wird. Die Forderung nach dem Drei-Liter-Auto oder dem Einstieg in das Solarzeitalter ist richtig, aber nicht ausreichend. Denn durch ein konsequentes Ausreizen aller Effizienzreserven und durch neue Techniken ist nur ein Teil der notwendigen Reduktion des Umweltverbrauchs zu schaffen. Ohne Suffizienzrevolution – d. h. ohne eine Änderung der Lebensstile und der Werte – gibt es kein nachhaltiges Wirtschaften.

Das sind auch die Erfahrungen anderer Länder. Auf dieser Konferenz wurde immer wieder deutlich: Im Verkehrsbereich werden die Ziele weit verfehlt. In dem Bericht aus den Niederlanden wurde dies sehr gut herausgearbeitet.

Die Auseinandersetzungen im Zusammenhang mit dem Sommersmog und den Fahrverboten, die keine waren, zeigen die Schwierigkeiten, die es in Deutschland zu überwinden gilt. Dürfen „heilige Kühe" wie die unbegrenzte Freiheit der Autofahrenden von PolitikerInnen ungestraft „geschlachtet" werden; ist dies in der breiten Bevölkerung durchsetzbar? Nehmen wir einmal an, daß sich Regierung und Opposition unabhängig von der Wählergunst einig wären und gemeinsam entsprechende Konzepte verkünden und diese langsam und vorsichtig umsetzen würden. Hätten wir dann einen Volksaufstand zu erwarten? Das Auto ist die heilige Kuh! Das haben auch die Bündnisgrünen in ihrem Bundestagswahlkampf sehr deutlich zu spüren bekommen.

Es wird zwar immer wieder ein Wertewandel gefordert, aber wie dies praktisch erreicht werden soll, ist nach wie vor unklar.

Meines Erachtens wird eine ethisch reflektierte Politik nicht erfolgreich sein, wenn sie versucht, ökologisch und sozial erwünschtes Handeln der Menschen durch moralische Appelle herbeireden zu wollen. Sie muß die rationale Einsicht in die Endlichkeit der Ressourcen in eine politische Strategie der Anreize umsetzen: Die politischen Spielregeln, die „Handlungsbedingungen" (Adam Smith), die in einer globalisierten und individualisierten Welt gelten sollen, müssen moralisches Handeln zu einem Wettbewerbsvorteil werden lassen. Auch die Agenda 21 formuliert (Kapitel 4):

> Ohne den Anreiz über die Preise und bestimmte Marktsignale, die (...) die ökologischen Kosten (...) klarmachen, erscheint es wenig wahrscheinlich, daß in nächster Zukunft wesentliche Veränderungen in den Verbrauchs- und Produktionsmustern eintreten werden.

Dennoch brauchen wir einen Bewußtseinswandel, damit ökologische Produkte auch einen breiten Absatz finden. Hier fordert die Agenda 21 zur Förderung entsprechender Werte die Kooperation mit Medien, Theatergruppen und der Unterhaltungs- und Werbebranche (Kapitel 36). Kulturschaffende, Psychologen, oder Soziologen sollten auch ein Teil des Prozesses bei der Erarbeitung eines Umweltplans sein. Sie können eine wichtige Ergänzung bilden.

Eine wichtige Rolle sollten künftig auch die Kirchen in dem gesellschaftlichen Diskussionsprozeß einnehmen. Das Sozialwort der Kirchen enthält viele Ansätze zur Nachhaltigkeit und bezieht in sein Verständnis von Grundkonsens und Solidarität auch die ökologische Perspektive mit dem Grundgedanken der Bewahrung der Schöpfung ein. Die Kirchen sind die Institutionen, die prädestiniert sind, Wertedebatten zu führen. Ethische Grund- und politische Neuorientierung muß an der Bewußtmachung der verdrängten Endlichkeit ansetzen – ein Begriff, der neben der ökologischen auch eine philosophische und theologische Qualität hat: die Sterblichkeit menschlichen Lebens einerseits und die Begrenztheit natürlicher Ressourcen andererseits. Auch die Kirche deutet die Fragwürdigkeit des quantitativen Wachstums an und problematisiert die Frage der Verteilung von Ressourcen.

6 Eine lebendige Demokratie

Häufig wird die Bürgergesellschaft gefordert. Sie soll die Brücke zwischen der zunehmenden Individualisierung der Gesellschaft und der Politik bilden. Die Erstellung eines Umweltplans und die damit verbundenen Debatten – auch um einen erforderlichen Konsum- und Wertewandel – können gute Voraussetzungen für mehr Politikbeteiligung bieten, wenn der Prozeß mit den erforderlichen öffentlichen Informations- und Diskussionsveranstaltungen geführt wird. Der Prozeß vieler Kommunen zur Erarbeitung einer Lokalen Agenda 21 ist somit auch ein Beitrag zum Kommunitarismus. Viele Kommunen haben sich dabei sehr engagiert, und mit ihnen viele Bürger. Jetzt stoßen sie an ihre Grenzen, weil es auf der bundespolitischen Ebene keine Korrespondenz gibt. Die Erarbeitung eines Nationalen Umweltplans kann und soll den Prozeß auf kommunaler Ebene beflügeln. Die Lokale Agenda 21 und der Nationale Umweltplan müssen miteinander verzahnt werden. Die Kommunen müssen deshalb an der Erarbeitung aktiv beteiligt werden.

Ohne die Beteiligung der Menschen läßt sich Politik in einer Demokratie nicht umsetzen. Eine Ökodiktatur ist nicht erwünscht und dauerhaft nicht einmal durchsetzbar. Also muß den Bürgern vertraut werden. Auch wenn sich vielleicht manchen Ökologen die Frage stellt, ob die Bürger denn auch „richtig" entscheiden und handeln, das heißt in dem Sinne, wie es bestimmte Gruppen für richtig befinden.

Die Individualisierung der Gesellschaft und die wachsende Entscheidungsfreiheit der Bürger bedeuten auch mehr Eigenverantwortung. Konsequenterweise muß den Bürgern auch die freie Wahl bei Produkten und Dienstleistungen überlassen werden. Dazu benötigen die Menschen die entsprechenden Informationen (z. B. Produktkennzeichnung) wie auch die gesetzlichen Rahmenbedingungen für liberalisierte Märkte (z. B. für Strom), die ökologische Gesichtspunkte berücksichtigen und Chancen für kleine und mittelständische innovative Unternehmen mit ökologisch optimierten Produkten bieten. Die freie Wahl der Stromlieferanten nicht nur für die Großkonzerne sondern für jeden Bürger durchzusetzen, kann ein Weg zur Unterstützung der regenerativen Energien sein.

Ab dem 27. September gilt es, mit Tatendrang und Optimismus die Erarbeitung eines Nationalen Umweltplans anzugehen und dabei nicht zu kleckern, sondern zu klotzen.

Strategische Zielsetzung als neuer Ansatz der Umweltpolitik*

Hubert Wiggering, Armin Sandhövel

Zur Diskussion über umweltpolitische Zielsetzungen

Umweltpolitische Maßnahmen sind an Zielvorstellungen ausgerichtet seit es eine eigenständige Umweltpolitik gibt. Zielvorstellungen zur Erhaltung und Verbesserung der Umweltqualität wurden bereits im ersten Umweltprogramm der Bundesregierung von 1971 formuliert, wie auch eine Umweltplanung auf lange Sicht angestrebt wurde. Gleichwohl hat die derzeitige Diskussion über umweltpolitische Zielsetzungen eine neue Qualität erlangt. Insbesondere durch den Wechsel von einer überwiegend emissions- und technikbezogenen Umweltpolitik hin zu einer stärker qualitätsorientierten Umweltpolitik sind – zusätzlich zu den häufig nur an Einzelproblemen ansetzenden Umweltstandards – Zielvorgaben für die Lösung komplexer Zusammenhänge gefragt. Dies wird auch bei der derzeitigen Ausrichtung der Umweltpolitik der Europäischen Union deutlich.

Durch die Forderungen nach einer Konkretisierung des Leitbildes einer nachhaltigen Entwicklung hat die Diskussion über umweltpolitische Zielsetzungen besonderen Auftrieb erlangt. Das Aktionsprogramm der *Agenda 21* fordert alle Staaten dazu auf, ihre Probleme „entsprechend ihren Gegebenheiten, Möglichkeiten und Prioritäten" im Sinne der politischen Zielbestimmung der nachhaltigen Entwicklung (sustainable development) anzugehen (BMU 1992). Dazu sind Aktionspläne und -programme aufzustellen, sowie Zielfestlegungen darüber zu treffen, wie eine nachhaltige Entwicklung zukünftig umgesetzt werden kann. Ein weit gefaßtes, umfassendes Entwicklungskonzept ist aber wesentlich schwieriger umzusetzen als ein eng gefaßtes Konzept des Wirtschaftswachstums. Die Bestrebungen zur Umsetzung der Zielbestimmung einer nachhaltigen Entwicklung sind vielfältig und setzen auf unterschiedlichsten politischen Entscheidungsebenen an, wie etwa die *Lokale Agenda 21* zeigt (DST 1995). Eine Bündelung und eine Schwerpunktsetzung ist daher grundlegend für eine Rückkoppelung dieser (Einzel-)Aktivitäten in den größeren Zusammenhang.

Ein weiterer Grund für eine stärkere Auseinandersetzung mit umweltpolitischen Zielen ist die Forderung nach einem umfassenden, vorausschauenden Vor-

---

* Die Ausführungen nehmen weitgehend Bezug auf Ausarbeitungen des Rates von Sachverständigen für Umweltfragen im Umweltgutachten 1998, Kapitel 1, zur Fragestellung der umweltpolitischen Entscheidungsfindung.

gehen in der Umweltpolitik. Dies setzt politische Handlungsfähigkeit trotz zunehmender Komplexität der Problemstellungen voraus. Politische – und so auch umweltpolitische – Zielfestlegungen sollen wirtschaftliche Entscheidungen erleichtern, Innovationen ermöglichen, Planungssicherheiten geben, aber auch gesellschaftliche Akzeptanz für (umwelt-)politische Maßnahmen schaffen[1].

Die Bundesumweltministerin hat Mitte 1996 diverse gesellschaftliche Akteure zu einem einjährigen Diskussionsprozeß eingeladen, um in Arbeitsgruppen prioritäre Handlungsfelder, aber auch Umweltqualitäts- und Umwelthandlungsziele zu benennen sowie ein Positionspapier (vgl. BMU 1997) zu erarbeiten. Daran teilgenommen haben Vertreter aus Umwelt- und Naturschutzverbänden, Wirtschaftsverbänden, Verbraucherverbänden, Gewerkschaften, der Kirchen, aus der Wissenschaft, von Bund, Ländern und Kommunen. Auf dieser Grundlage erarbeitete das Bundesumweltministerium den Entwurf eines umweltpolitischen Schwerpunktprogrammes (BMU 1998).[2]

Bei einem Zielfestlegungsprozeß unter Beteiligung gesellschaftlicher Gruppen ist insbesondere dem Verfahrensaspekt verstärkte Aufmerksamkeit zu widmen (vgl. SRU 1998a). Zudem ist zu diskutieren, inwieweit solche Zielfestlegungsprozesse heute überhaupt Problemlösungsansätze bereitstellen können, und dies vor dem Hintergrund der Erfahrungen, daß Planungsbestrebungen in den siebziger Jahren weitgehend gescheitert sind.

Die Planung sollte sich darauf stützen, daß der Staat auf das Wissen und die Kooperationsbereitschaft gesellschaftlicher Akteure angewiesen ist, und daß Antizipation und Erfahrungslernen verbunden werden müssen (vgl. March/Olsen 1995: 198). Dies legt unweigerlich eine Stärkung des partizipativen Elements in der umweltpolitischen Planung nahe. Dadurch würde die Legitimation der Planung erhöht und gleichzeitig die Übernahme politischer Verantwortung erleichtert werden. Sichergestellt werden müßte in diesem Zusammenhang ein effektives Monitoring und die Reaktionsfähigkeit auf neue Entwicklungen. Dazu wäre letztlich eine ständige Fortschreibung partizipativer Planung – unter Einbeziehung gesellschaftlicher Akteure – notwendig.

Voraussetzung für die Systematik und Legitimität solcher Planungsprozesse ist ihre verfahrensmäßige Organisation. Entsprechend sind umweltpolitische Ziele in transparenten Verfahren unter Einbeziehung relevanter wissenschaftlicher, staatlicher und gesellschaftlicher Akteure zu formulieren. Allerdings sollte der Staat dazu die Initiative ergreifen. Den politischen Chancen dieser Prozesse stehen aber auch nicht unerhebliche Risiken entgegen. Einer systematischen und vorsorgeorientierten Umweltpolitik wird die Formulierung umweltpolitischer Ziele abver-

---

1 In diesem Zusammenhang ist es auch wünschenswert, daß umweltpolitische Belange sichtbar und wie selbstverständlich in allen Politikfeldern berücksichtigt werden. Derzeit zeigt der politische Alltag allerdings, daß im Zweifelsfall dann doch immer eigene Ressortinteressen im Vordergrund stehen und die Umweltpolitik sich unverhohlen im Verteilungskampf um immaterielle und materielle Ressourcen mit anderen Politikfeldern befindet.

2 Davon ausgehend, daß vielfach bereits ein hohes Umweltschutzniveau erreicht worden ist, ist der Entwurf des Schwerpunktprogrammes auf fünf Handlungsfelder beschränkt, die bezüglich der Ausgestaltung einer nachhaltigen Entwicklung besondere Handlungsnotwendigkeiten aufzeigen: Schutz der Erdatmosphäre, Schutz des Naturhaushalts, Schonung der Ressourcen, Schutz der menschlichen Gesundheit sowie umweltschonende Mobilität.

langt. Gleichzeitig ist aber das Scheitern solcher meist aufwendigen Verfahren zur Formulierung nationaler Umweltziele und -pläne politisch riskant. Einerseits wird die konsensuale Basis und Legitimation geschaffen, unterschiedlichste Interessen in den Zielfestlegungsprozeß einzubeziehen. Andererseits können Interessenkonflikte in dem Entscheidungsprozeß jedoch zu einer Blockade führen. Letzteres führt möglicherweise dazu, daß umweltpolitische Zielformulierungsprozesse auf Jahre hinaus in der politischen Diskussion diskreditiert sind.

Inwieweit politische Risiken eingeschränkt werden können, hängt wesentlich davon ab, in welchem Maßstab und mit welchem Formalisierungsgrad solche Zielformulierungsprozesse durchgeführt werden sollen, um eine systematische Umweltplanung zu ermöglichen. Der Zielformulierungsprozeß sollte also größtmöglichen Nutzen mit möglichst geringen Risiken des Scheiterns verbinden. In diesem Kontext schlägt der Rat von Sachverständigen für Umweltfragen vor, umweltpolitische Ziele auf einer Ebene unterhalb des Umweltpolitikplans zu formulieren (vgl. SRU 1998a). Es sollte nicht der Anspruch erhoben werden, einen bereits vollständig integrierten Umweltpolitikplan als geschlossenes Ganzes zu erstellen, sondern Schritt für Schritt Ziele zu definieren. In einem fortdauernden Prozeß sind danach themenbezogen möglichst umfassend die vorhandenen und absehbaren Belastungen aufzugreifen. Vor diesem Hintergrund müssen Ziele möglicherweise korrigiert oder gänzlich neu abgeleitet und politisch festgelegt werden. Um Maßnahmen einleiten zu können, ist es daher notwendig, umweltpolitische Ziele klar zu definieren und sie zudem hinreichend flexibel im Hinblick auf künftige Entwicklungen zu halten.

Analyse der umweltpolitischen Entscheidungsfindung

In der politischen Praxis wird immer nur eine Auswahl von tatsächlich relevanten Problemen bearbeitet. Der Grund ist vor allem die Begrenztheit der politischen Aufmerksamkeit. Auch schließt die Konzentration auf ein Problem häufig die Behandlung anderer Probleme aus. Vor diesem Hintergrund sind die Forderungen nach einer stärker vorsorgeorientierten und systematischen Umweltpolitik zu sehen: Eine von Ereignissen getriebene oder auf Zuruf handelnde und deshalb notwendig selektiv arbeitende Umweltpolitik kann keine umfassende und vorausschauende Problemlösung betreiben. Entsprechend erscheint dem außenstehenden Beobachter die (Umwelt-)Politik häufig als irrational und zu kurzfristig ausgerichtet. Eine an systematisch abgeleiteten Zielen und Indikatoren ausgerichtete Umweltpolitik ist derzeit nicht in Sicht.

Um eine stärker an Problemen orientierte und auch langfristig tragfähige Umweltpolitik zu gestalten, muß nach den typischen Mustern der politischen Problembehandlung gefragt werden. Umweltprobleme, die öffentliche und politische Aufmerksamkeit erlangen, sind meist gut sichtbar, technisch regulierbar und in den Massenmedien gut darstellbar. Katastrophale oder krisenhafte Ereignisse gewährleisten grundsätzlich unmittelbares umweltpolitisches Handeln.

Wesentliche Faktoren dafür, ob ein einmal erkanntes Problem auf die politische Agenda gelangt, sind:

- Durchsetzungsfähigkeit der Akteure, die sich vom Aufgreifen des Themas eine Stärkung ihrer jeweiligen politischen Interessen versprechen
- Reproduktion eingespielter Konfliktlinien (Politik/Industrie, Industrieländer/Entwicklungsländer)
- Verknüpfbarkeit der Problemstellung mit bereits etablierten Sachfragen.

Im Hinblick auf die notwendige Formulierung umweltpolitischer Ziele sind vor diesem Hintergrund folgende Empfehlungen auszusprechen:

- Umweltziele sollten in transparenten Verfahren, d. h. unter Einbeziehung relevanter wissenschaftlicher, staatlicher und gesellschaftlicher Akteure formuliert werden. Da Ziele auch während der Implementationsphase ständig kontrolliert und nachgebessert werden müssen, und da man sich Lernmöglichkeiten offenhalten sollte, wird nachdrücklich für eine ständige Fortschreibung solcher Verfahren plädiert.
- Geprüft werden muß, wie präzise die Ziele auf hohen politischen Ebenen sinnvollerweise formuliert werden sollten. Abhängig von den Eigenschaften des jeweiligen Problembereichs kann eine zu unpräzise Zielformulierung zu viele Interpretationsspielräume in der Implementation eröffnen. Eine zu starre zentrale Festlegung auf Ziele kann aber auch das Wissen und die Handlungspielräume vor Ort ungenutzt lassen und damit umweltpolitische Handlungsmöglichkeiten verschenken.
- Angesichts komplexer Problemlagen in der Umweltpolitik ist es wichtig, vor Ort politischen Druck auf die implementierenden Institutionen von Seiten nicht-staatlicher Organisationen aufzubauen, da faktisch die Implementation nicht allein durch zentrale Institutionen überwacht werden kann (vgl. Lübbe-Wolf 1996: 77–106). Notwendigerweise sollte die Einbindung nicht-staatlicher Akteure bereits im Zielformulierungsprozeß erfolgen.

Zur Begrifflichkeit

Die Diskussion über *umweltpolitische Ziele* wird durch die unterschiedlichen Auffassungen darüber erschwert, was unter dem Begriff zu verstehen und wie er zu differenzieren sei (Sandhövel 1997). Die Begrifflichkeiten sollten daher möglichst vereinheitlicht werden. Ausgehend von übergeordneten, sehr allgemein gehaltenen Zielvorstellungen der Umweltpolitik *(Leitbildern)* sind *Leitlinien*, d. h. handlungs- und zugleich zielorientierte Grundprinzipien abzuleiten. Als erste Operationalisierungsstufe des Leitbildes geben sie die grobe Denk- und Handlungsrichtung vor. Die Leitlinien werden durch Zieldefinitionen in einzelnen Umweltbereichen, den *Umweltqualitätszielen,* konkretisiert. Sie geben – wenn möglich – einen bestimmten, sachlich, räumlich und zeitlich angestrebten Zustand der Umwelt auf globaler, regionaler oder lokaler Ebene sowie die damit zu vereinbarenden maximalen stofflichen und landschaftsstrukturellen Belastungen (z. B. Bodenverdichtung, Grundwasserabsenkung) an. Sie berücksichtigen sowohl naturwissenschaftliche Rahmenbedingungen, als auch gesellschaftlich-ethische Anforderungen. Zudem werden sie objekt- oder medienbezogen für Mensch und/oder Umwelt bestimmt. Auf der Basis der erwarteten Umweltbelastungen lassen sich schließlich die zur ihrer Erreichung notwendigen Schritte formulieren. *Umwelthandlungsziele* sollen möglichst quantifiziert oder anderweitig überprüfbar sein und sind aufgrund ihrer Ausrichtung auf die verschiedenen Belastungsfaktoren handlungsorientiert (z. B. emissionsorientiert). *Umweltstandards* schließlich sind quantitative Festlegungen zur Begrenzung von anthropogenen Einwirkungen auf den Menschen und/oder die Umwelt. Sie werden aus Umweltqualitäts- und Umwelthandlungszielen abgeleitet – sind also als Umweltqualitäts- und -verhaltensstandards möglich – und für unterschiedliche Schutzobjekte, Dimensionen, Schutzziele und nach alternativen Bewertungsansätzen mit unterschiedlicher Rechtsverbindlichkeit formuliert.

Mittels der Erarbeitung von *Konzepten für Umweltqualitätsziele* soll die Verknüpfung von Leitlinien, Umweltqualitätszielen, Umwelthandlungszielen und Umweltstandards stärker berücksichtigt werden, denn diese fassen schutzgutbezogene und schutzgutübergreifende Umweltqualitäts- und Umwelthandlungsziele für einen abgegrenzten Raum zusammen und systematisieren diese. Als offene, logisch aufeinander bezogene und hierarchisch aufgebaute *Zielsysteme* ordnen sie die einzelnen Ziele dabei nach ihrem Konkretisierungsgrad auf verschiedenen Zielebenen an. Darüber hinaus stellen sie den Bezug zu Instrumenten und Maßnahmen her, wobei die Maßnahmen als eigene Ebene in die Konzepte aufgenommen werden. Auf diese Weise lassen sich die bisher weitgehend getrennt verlaufenden Diskussionen über umweltpolitische Ziele einerseits und über Maßnahmen andererseits zusammenführen.

Zur Festlegung von umweltpolitischen Zielen

Obschon allgemein eine Skepsis gegenüber Umweltqualitätszielkonzepten unverkennbar ist, müssen die Chancen gesehen werden, die ein solches Konzept als Kernstück einer systematischen Umweltpolitik bietet. Umweltqualitätsziele ermöglichen im Zusammenwirken mit Indikatoren die Bewertung der Umweltsituation, können zur sachlichen und zeitlichen Prioritätensetzung beitragen, politische Entscheidungen transparenter machen und, im Konsens beschlossen, zur besseren Akzeptanz sowie leichteren Umsetzung von Maßnahmen führen. Um der vorhandenen Skepsis entgegenzuwirken, beziehungsweise das Scheitern der Umweltqualitätsziel-Strategie zu verhindern sowie die politische Wirksamkeit von Umweltqualitätszielen zu erhöhen, sind bei der Erarbeitung von Umweltqualitätszielen bestimmte Anforderungen zu erfüllen. Das heißt, es müssen präzise, möglichst konsensual vereinbarte und in der Anzahl überschaubare Ziele formuliert werden, die das Vorsorgeprinzip hinreichend berücksichtigen, aufgrund von neuen Erkenntnissen modifizierbar sind und einen Bezug zu Instrumenten aufweisen.

Im Hinblick auf verschiedene Ansätze auf nationaler Ebene hat sich gezeigt, daß, obwohl Umweltqualitäts- und Umwelthandlungsziele in einzelnen Bereichen schon lange vor der Konferenz der Vereinten Nationen in Rio de Janeiro formuliert wurden und seit Anfang der neunziger Jahre auch Erfahrungen mit Umweltqualitätszielen auf kommunaler Ebene vorliegen, die Erarbeitung eines klar durchstrukturierten, funktionsfähigen und transparenten Umweltqualitätszielkonzepts fünf Jahre nach Rio noch am Anfang steht. Wie der Vergleich der verschieden Ansätze zeigt (vgl. SRU 1998a: 84f.), stößt die Ableitung von Umweltqualitäts- und Umwelthandlungszielen auf verschiedene Schwierigkeiten wissenschaftlich-kognitiver und methodischer Art. Umweltqualitäts- und Umwelthandlungsziele sind bislang nur für einige Bereiche wissenschaftlich mit hinreichender Sicherheit formulierbar. Eine erprobte Methode, die die Ableitung von Umweltqualitäts- und Umwelthandlungszielen für alle Problem- und Umweltbereiche ermöglicht, liegt nicht vor. Folglich sind die umweltpolitischen Ziele meistens weder sachlich noch räumlich oder zeitlich hinreichend konkretisiert. Zudem genügen sie nur bedingt den Anforderungen bezüglich Transparenz, Nachvollziehbarkeit, Indikatorenbezug usw.

Umweltqualitätsziele können aufgrund wissenschaftlicher Unsicherheiten und der einfließenden gesellschaftlichen Werturteile nicht ausschließlich von staatlicher Seite vorgegeben werden. Vielmehr können sie nur in einem gesellschaftlichen Prozeß entwickelt werden, ohne daß allerdings die Politik aus der Entscheidungsverantwortung genommen wird. Die Betrachtung der vorhandenen Ansätze verdeutlicht, daß Unklarheit darüber herrscht, wie die Beteiligungsstruktur in einem solchen Prozeß aussehen sollte bzw. welche Kriterien für die Auswahl der zu Beteiligenden zugrunde zu legen sind. Je konkreter die Ziele sind, die zur Grundlage des Handelns gemacht werden, desto offensichtlicher treten in der Regel auch die bestehenden Dissense zutage.

Insgesamt ist festzustellen, daß noch erhebliche Anstrengungen erforderlich sind, um Umweltqualitäts- und Umwelthandlungsziele zu einem funktionierenden Instrument umweltpolitischer Entscheidungsfindung zu machen. Wie auch Erfahrungen mit der Lokalen Agenda 21 auf kommunaler Ebene zeigen, muß man sich darüber im klaren sein, daß in einer relativ langen Anlaufphase zunächst nur wenige greifbare inhaltliche Ergebnisse zu erwarten sind. Erst nach einer Phase, in der viele konzeptionelle, formale und strukturelle Fragen geklärt werden müssen, können sich die Vorteile eines solchen Instrumentes entfalten. Die Erfahrungen auf kommunaler Ebene zeigen jedoch auch, daß ohne den notwendigen politischen Willen Umweltqualitätsziele ihre Wirkung nur eingeschränkt entfalten können.

Zur Verständigung auf umweltpolitische Ziele

Aufgrund der Analysen und der sich daraus ergebenden Defizite bei der Systematisierung der Umweltpolitik schlägt der Rat von Sachverständigen für Umweltfragen ein *Verfahrensschema zur Ableitung, Formulierung und Festlegung von Umweltqualitäts- und Umwelthandlungszielen* vor (vgl. SRU 1998a: 118). Dabei orientiert sich der Umweltrat insbesondere an seinem mehrstufigen Verfahrensmodell für die Festlegung von Umweltstandards aus dem Umweltgutachten 1996 (vgl. SRU 1996: Abb. 4.2.1 und 4.2.2). Er hat dieses Modell jedoch stark modifiziert, da die Formulierung von Umweltqualitätszielen, Umwelthandlungszielen und Umweltstandards – trotz wechselseitiger Verknüpfungen – jeweils unterschiedlichen Anforderungen unterliegt. Das im folgenden beschriebene Verfahrensschema ist in drei Phasen – Vorbereitung, Entscheidungsfindung sowie Umsetzung und Monitoring – unterteilt (siehe Abbildung 1). Die drei Phasen umfassen sieben Verfahrensstufen. Die Stufen sind teilweise durch Rückkopplungen miteinander verbunden. Ausgangspunkt des Verfahrens zur Festlegung von Umwelthandlungszielen ist grundsätzlich die Verfügbarkeit von Umweltqualitätszielen. Jedoch können Umwelthandlungsziele auch formuliert werden, wenn keine oder keine ausreichenden Umweltqualitätsziele bestehen. Die Festlegung von Umwelthandlungszielen nimmt in diesem Fall jedoch Elemente auf, die der Festlegung von Umweltqualitätszielen zugeordnet sind.

In der ersten Stufe (1) des Verfahrens erfolgt die *Sammlung und Strukturierung vorhandener Zielaussagen* der verschiedenen Behörden, Institute und Gremien. Dabei sind auch solche mit radikalen Forderungen oder Außenseiterpositionen einzubeziehen. Des weiteren sind Zielaussagen aus den verschiedenen Regelwerken, soweit sie nicht schon in den Studien der Institute enthalten sind, mit zu berücksichtigen. Die inhaltliche Strukturierung sollte nach ausgewählten Belastungssituationen (Problembereichen) erfolgen. Sofern es zur Ableitung eines oder mehrerer Umweltqualitätsziele für eine bestimmte Belastungssituation gekommen ist, wird im ersten Schritt der Vorbereitungsphase an diese Ergebnisse angeknüpft. Ebenso sollten zur Orientierung bzw. zur Schaffung von Vergleichsmöglichkeiten Umwelthandlungsziele aus anderen Ländern herangezogen werden, sofern sie den fachlichen Anforderungen entsprechen (z.B. wissenschaftliche Begründung). Dieser gesamte erste Schritt sollte vom Umweltbundesamt durchgeführt werden.

Die zweite Stufe (2), die *Zielüberprüfung und Ergänzung*, ist von besonderer Bedeutung, da hier der gesamte Handlungsbedarf, der sich aus der Vorgabe des Umweltqualitätsziels ergibt, in einer *Situationsanalyse* festgestellt und – wenn nötig – in Teilschritte zerlegt werden sollte. Im einfachsten Fall stellt die Ableitung von Umwelthandlungszielen eine Art Übersetzung der Umweltqualitätsziele dar. Sind diese aber nicht quantifiziert, oder bestehen Zweifel daran, daß sie den Leitlinien der dauerhaft umweltgerechten Entwicklung einschließlich des Vorsorgeprinzips genügen, oder bestehen Zweifel über die Wirkungen von Handlungen (Emissionen, landschaftsstrukturelle Eingriffe) der Akteursgruppen auf die Umwelt, so entsteht ein zielbezogener Entscheidungsbedarf auf der „zweiten Stufe". Es müssen also ohne Rückgriff auf Umweltqualitätsziele Umwelthandlungsziele formuliert werden. Den beschriebenen Unsicherheiten kann durch Bezugnahme auf das Vorsorgeprinzip bzw. auf die Managementregeln des Leitbildes einer dauerhaft umweltgerechten Entwicklung Rechnung getragen werden. Dies läuft im Zweifel darauf hinaus, bei größerer Unsicherheit entsprechend schärfere Umwelthandlungsziele zu formulieren.

Den gesellschaftlich relevanten Akteuren soll durch die *Einholung von Stellungnahmen* von seiten des Umweltbundesamtes frühzeitig die Möglichkeit zur Beteiligung gegeben werden. Erfahrungen auf kommunaler Ebene (z.B. im Rahmen der *Lokalen Agenda 21*) haben gezeigt, daß sich die Beteiligung gesellschaftlicher Akteure positiv auf die inhaltliche Qualität der Zielkonzepte ausgewirkt hat.

Der aus diesen Aktivitäten resultierende vorläufige Vorschlag für ein wissenschaftlich begründetes Zielkonzept und für eine Prioritätensetzung sollte möglichst konkrete und – wo sinnvoll – quantifizierte Umwelthandlungsziele enthalten. Die Ableitung der Umwelthandlungsziele muß ausführlich und verständlich dokumentiert werden, damit das Zustandekommen jedes einzelnen Ziels nachvollziehbar bleibt. Insbesondere bei quantifizierten Zielen sollten, wo möglich, durch die Formulierung von Maximal- und Minimalanforderungen Handlungsspielräume für die Aushandlungsebene aufgezeigt werden. Aus dem Zielkonzept sollte darüber hinaus hervorgehen, welche Umwelthandlungsziele aus wissenschaftlicher Sicht prioritär umgesetzt werden sollten. In diese Verfahrensstufe gehört auch eine Analyse der Konflikte, die sich aus unterschiedlichen Zielvorstellungen ergeben. Diese Aufgaben sollten vom Umweltbundesamt unter Einbeziehung externen wissenschaftlichen Sachverstandes durchgeführt werden.

Im dritten Verfahrensschritt (3) werden von Experten aus Technik, Wirtschaft und Gesellschaft *technische und verhaltensabhängige Reduktionsmöglichkeiten* ermittelt. Dabei sind *Nutzen-Kosten-Analysen* durchzuführen, um die effektivsten und effizientesten Handlungsmöglichkeiten zu ermitteln. Es handelt sich um ein vorläufiges Analyseergebnis, weil in den Nutzen-Kosten-Analysen mit politisch übergreifenden Annahmen zur Überwindung von Unsicherheiten und Gewichtungen zur Aggregation unterschiedlich dimensionierter Teilziele gearbeitet wird. Die Wirkung dieser Annahmen und alternativen Gewichtungen muß zur Vorbereitung der Diskussion und politischen Entscheidung in Form von Sensitivitätsanalysen dargestellt werden. Hierdurch können die im vorangegangenen Schritt formulierten Minimal- und Maximalanforderungen sowie die sich daraus ergebenden Handlungsspielräume zusätzlich bewertet werden. Am Ende dieses Verfahrensschrittes soll ein endgültiger Vorschlag für ein Zielkonzept vom Umweltbundesamt unterbreitet werden.

Mit dem vierten Schritt (4) tritt der Verfahrensprozeß aus der Vorbereitungsphase in die Entscheidungsphase. Es ist daher angemessen, daß in dieser Phase nicht mehr das Umweltbundesamt als technisch-wissenschaftliche Fachbehörde, sondern die politisch verantwortliche Exekutive, repräsentiert durch das Bundesumweltministerium, die Verantwortung für die Verfahrensleitung hat. In diesem Schritt *(Diskussionsphase)* erfolgt die Beratung des Zielkonzepts im Plenum. In diesem müssen alle beteiligten Akteure (Experten aus unterschiedlichen Fachdisziplinen, staatliche Entscheidungsträger, insbesondere Vertreter anderer Bundesministerien, Vertreter der Länder und der Kommunen sowie gesellschaftliche Gruppen) vertreten sein; dabei ist auf eine ausgewogene Zusammensetzung zu achten. Das Zielkonzept wird den Akteuren durch das Bundesumweltministerium vorgestellt und diskutiert. Durch Diskussion in Arbeitsgruppen soll versucht werden, aus den durch das wissenschaftliche Konzept vorgegebenen Zielspannen (Minimal- und Maximalanforderungen) zu einem konkreten Ziel zu gelangen. Die Art der Einteilung und Zusammensetzung der Arbeitsgruppen ist abhängig vom Sachverhalt und kann nach Problembereichen und/oder verursacherorientiert erfolgen. Falls sich die vorgenommene Einteilung der Arbeitsgruppen als nachteilig erweisen sollte, ist dies bei der Fortschreibung des Verfahrens zu berücksichtigen.

Die Ergebnisse der Arbeitsgruppen sollen ins Plenum zurückfließen, um auch dort diskutiert zu werden. In diesem Schritt (5) sind die Umwelthandlungsziele eines jeweiligen Problembereichs auf Widerspruchsfreiheit und auf ihre Vereinbarkeit mit Zielen anderer Problembereiche abzugleichen. Darüber hinaus muß die (politische) Festlegung der Ziele mit dem ursprünglichen wissenschaftlichen Vorschlag abgeglichen werden. Als Ergebnis der Diskussion sollen von der Exekutive sowohl die Umwelthandlungsziele als auch die prioritären Handlungsfelder zu deren Umsetzung festgelegt werden (*Festlegung der Ziele und prioritären Themenfelder*). Dabei ist ein Konsens der Beteiligten erstrebenswert, aber nicht notwendig.

Die *Ableitung von Standards und Maßnahmen* (6) bildet den Übergang von der Entscheidungs- zur Umsetzungs- und Monitoringebene. Dabei stehen grundsätzlich alle umweltpolitischen Instrumente zur Verfügung. Werden ordnungsrechtliche Lösungen gewählt, so können die Umwelthandlungsziele durch Emissionsstandards oder andere Verhaltensstandards verbindlich gemacht werden. Dieser Verfahrensschritt bildet damit die Verbindung zum Verfahren der Umweltstandardsetzung; die Festlegung von Umweltstandards sollte nach den Vorgaben des im Umweltgutachten 1996 beschriebenen Verfahrens erfolgen.

Von besonderer Bedeutung für das Erreichen der Umwelthandlungsziele ist die *Überprüfung der Umsetzung der Maßnahmen und der Zielerreichung* nach einem festzulegenden Zeitintervall (7). Die Maßnahmen sind auf ihre Wirksamkeit zu überprüfen, um eine Korrektur möglich zu machen. Ebenso ist nicht nur die Erreichung der Umwelthandlungsziele zu überprüfen, sondern es gilt auch – wenn möglich – festzustellen, welche Veränderungen der Umweltsituation erzielt wurden (Verbindung zur Situationsanalyse im Umweltqualitätsziel-Schema). Die Kontrolle der Umwelthandlungsziele erfolgt unter Zuhilfenahme von Umweltdaten (Umweltbeobachtung, Ergebnisse der Ökosystemforschung) und Indikatoren und erfordert gegebenenfalls die Generierung neuer Daten und Indikatoren. Allerdings darf die bei der Setzung der Umwelthandlungsziele getroffene Auswahl nicht beliebig veränderbar sein (nur wenn sich das Ziel inhaltlich ändert), sonst liefe die angestrebte Kontrolle der Politik und Verwaltung leer, weil beliebig andere Maßstäbe zu deren Überprüfung angewendet werden könnten. Eine wesentliche Bedingung für eine sachgerechte, langfristig tragfähige und systematische Umweltpolitik ist die stetige Fortschreibung dieses Prozesses.

Die Ableitung von Umweltqualitätszielen geht idealerweise der Ableitung von Umwelthandlungszielen voraus und wird in einem in der Grundstruktur analogen Verfahrensablauf vollzogen. Dennoch ist das in meßbaren Größen formulierte Umweltqualitätsziel keineswegs zwingende Voraussetzung für die Formulierung von Umwelthandlungszielen. Letztere können auch aus Leitbildern und Leitlinien beziehungsweise verbal konkret beschriebenen Umweltqualitätszielen abgeleitet werden.

Abb. 1: Verfahrensschema zur Ableitung, Formulierung und Festlegung von Umwelthandlungszielen (SRU/UG '98)

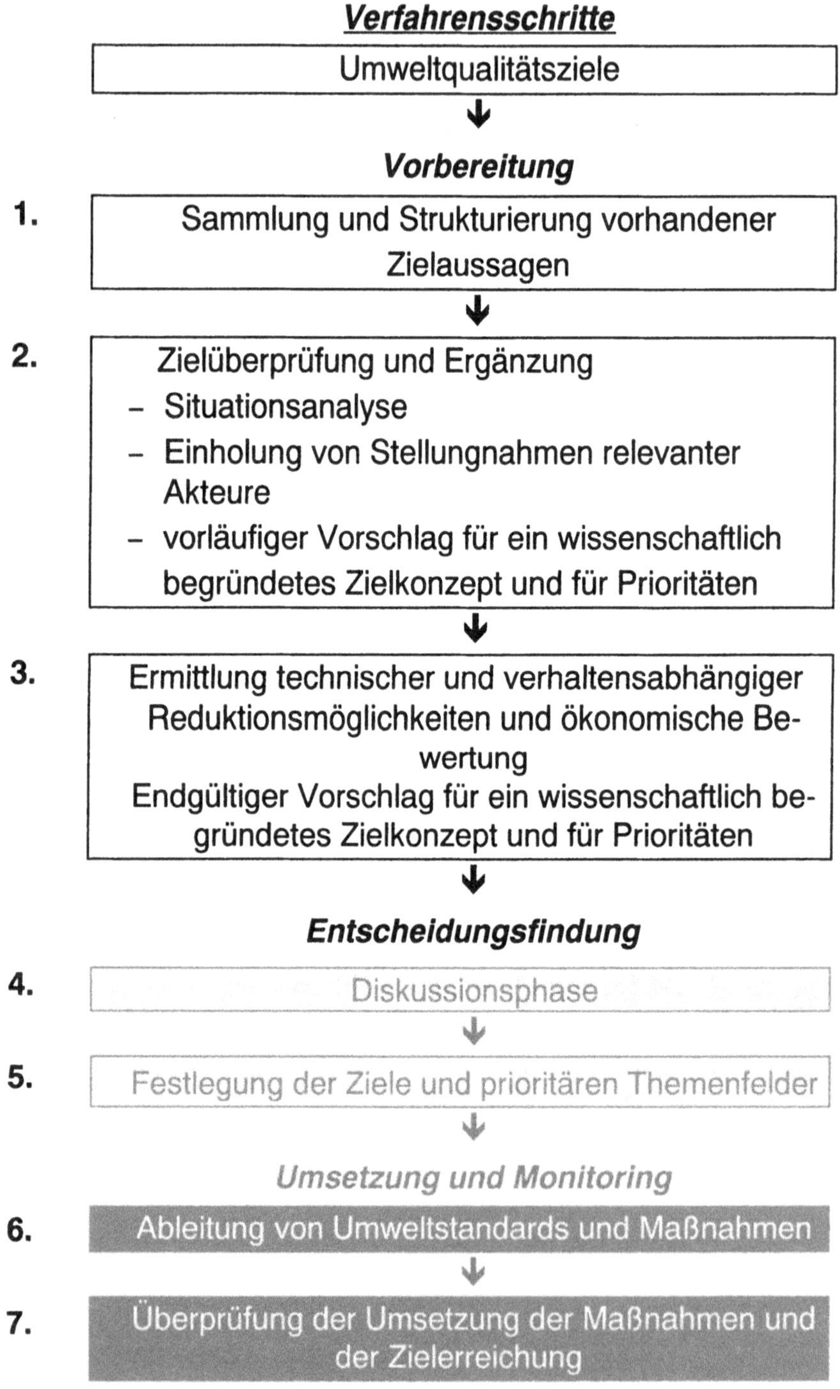

Grundsätzlich muß zu diesem Vorgehen aber angemerkt werden, daß bei der Ableitung und Formulierung von Umweltqualitätszielen einerseits und Umwelthandlungszielen andererseits nicht nur Gemeinsamkeiten, sondern auch Unterschiede bestehen. So wird unter Umständen im Vergleich zu Umwelthandlungszielen ein Konsens über Umweltqualitätsziele leichter zu erzielen sein. Im Verfahren zur Festlegung von Umweltqualitätszielen wird die angestrebte Qualität festgelegt, die Verteilungsfrage der Belastung bleibt hingegen weitgehend unberührt. Dagegen ist es wesentlich schwieriger, sich über Umwelthandlungsziele zu verständigen – sowohl aufgrund des zunehmenden Konkretisierungsgrades als auch aufgrund des größeren Abstimmungs- und Diskussionsbedarfs, wenn zur Umsetzung ein zeitlicher Rahmen festgelegt werden soll.

Für das oben vorgestellte Verfahrensschema für die Ableitung von Umwelthandlungszielen sind jedoch noch einige grundsätzliche Erwägungen anzustellen sowie Rahmenbedingungen für das Verfahrensschema zu diskutieren.

Das Schema bezieht sich zunächst auf bereits erkannte Belastungssituationen und versucht, unter diesen Schwerpunkte herauszuarbeiten. Jedoch sollte der Prozeß letztlich darauf hinauslaufen, themenbezogen möglichst umfassend die vorhandenen und absehbaren Belastungen aufzugreifen und daraus Ziele abzuleiten, zu formulieren und politisch festzulegen. Dies kann jedoch nur in einem langfristigen und wiederkehrenden Prozeß erfolgen.

Auch wenn dieses Schema einer im Sinne der Vorsorge angestrebten Frühwarnfunktion nur bedingt Rechnung tragen kann, erscheint es über die Integration der ökologischen Umweltbeobachtung und durch Einbeziehung von Indikatoren doch möglich, Belastungen frühzeitiger als bisher zu erkennen, und damit den Prozeß der Zielformulierung und -festlegung schneller einleiten zu können als bisher.

Eine besondere Problematik bei der Zielfestlegung liegt in der Integration des Ressourcenschutzes. Für diesen Bereich lassen sich zwar ohne weiteres Umwelthandlungsziele formulieren. Da es sich jedoch um ein nutzungsbezogenes Themenfeld handelt, lassen sich Umweltqualitätsziele für den Ressourcenbestand aus ökologischen Erwägungen nicht ableiten. Allerdings sind der Rohstoffabbau und die Inanspruchnahme von erneuerbaren Ressourcen mit erheblichen Umweltauswirkungen verbunden. Entsprechende Umweltqualitätsziele für den Bereich Ressourcenschutz sind jedoch anderen, vornehmlich wirkungsbezogen definierten Themenbereichen zuzuordnen, welche die betreffenden Umweltauswirkungen (Emissionen, Landschaftsschutz, strukturelle Belastungen) umfassen. Es ist deshalb besonderes Augenmerk darauf zu richten, daß sie dort auch Berücksichtigung finden.

Die Verfahrensvorschläge sind auf die nationale Ebene zugeschnitten. Allerdings betont der Umweltrat, daß das vorgeschlagene Verfahrensschema prinzipiell auch auf die regionale und lokale Ebene übertragbar ist. Allerdings ist zu beachten, daß die Bezugsebene für die Festlegung von teilräumlichen Umweltqualitätszielen nicht identisch ist mit Verwaltungs- und Ländergrenzen. Zudem ist aus der Sicht des Umweltrates eine Verknüpfung der bereits existierenden Prozesse auf nationaler, regionaler und lokaler Ebene, also eine Koordination *bottom up* und *top down*, notwendig – zum einen, um eine „Mindestqualität" der regionalen und lokalen Formulierung und Aushandlung von Zielen und des angestrebten Umweltzustandes zu gewährleisten, zum anderen aber auch, um Diskussionen anzuregen für den Fall, daß regional und lokal formulierte Umweltqualitätsziele und Umwelthandlungsziele über die nationalen Anforderungen hinausgehen.

Darüber hinaus sollte die internationale Diskussion zur Formulierung und Festlegung von Zielen beobachtet werden, und die hierbei gewonnenen Erfahrungen Eingang in die nationale Diskussion finden, soweit dies nicht ohnehin verpflichtend ist.

Für die Durchführung des Verfahrens sollte möglichst auf vorhandene institutionelle Strukturen zurückgegriffen werden. Die Aufstellung von Umweltqualitätszielen und Umwelthandlungszielen wird aber sicherlich nicht ohne weiteres neben dem Alltagsgeschäft erledigt werden können, wie die Praxis auf kommunaler Ebene zeigt. Innerhalb der bestehenden Strukturen müssen also gewisse Rahmenbedingungen geschaffen werden.

Initiator des Verfahrens sollte das Bundesumweltministerium sein, da die Entscheidung darüber, ob und für welche Bereiche Umweltqualitätsziele und Umwelthandlungsziele festgelegt werden sollen, eine genuin politische Entscheidung der Exekutive ist. Die Aktivitäten müssen dort koordiniert und letztlich auch umgesetzt werden. Die Exekutive darf trotz ihrer zum Teil moderierenden Funktion nicht aus der politischen Verantwortung entlassen werden. Für die Ableitung und Formulierung von Umweltqualitätszielen und Umwelthandlungszielen ist das Umweltbundesamt – unter Einbeziehung externen Sachverstands – die geeignete Institution. Die Bildung neuer Einrichtungen zur Wahrnehmung dieser Aufgaben ist in Anbetracht der vielen bereits vorhandenen wissenschaftlichen Einrichtungen sowie im Hinblick auf die angespannte Haushaltslage sehr skeptisch zu beurteilen. Zudem sind Strukturen durch die bereits bestehenden Aktivitäten in den Grundzügen vorhanden. Allerdings müssen diese Strukturen auf ihre Funktionsfähigkeit und Effizienz überprüft und hinsichtlich der Kooperation der Beteiligten untereinander weiterentwickelt werden. Gerade im Hinblick auf die Implementation, aber auch wegen der Möglichkeit, Kenntnisse über Reduktionspotentiale effektiv zu nutzen, erscheint die Einbeziehung der Verursacher von Umweltbelastungen ebenso wie der Umweltverbände in den Aushandlungsprozeß von Umwelthandlungszielen dringend geboten. Das gleiche gilt für die betroffene Öffentlichkeit. Die Chancen für eine Erweiterung der Konsensbasis sind es wert, eventuell eintretende Verzögerungen im Entscheidungsprozeß oder eventuelle Blockaden in Kauf zu nehmen. Blockaden sollten durch geeignete Maßnahmen (Vermittlung durch neutrale Dritte, Paketlösungen etc.) verhindert oder zumindest erheblich reduziert werden.

Dem Verfahren muß ein zeitlicher Rahmen vorgegeben werden, um der Gefahr der Verschleppung des Prozesses wirksam vorzubeugen. Die Ableitung, Formulierung und Festlegung umweltpolitischer Ziele in einem solchen Verfahrensschema sollte insgesamt eine begrenzte, im Einzelfall festzulegende Zeit in Anspruch nehmen – zumal nach einer Phase der Implementation die Ziele evaluiert und gegebenenfalls fortgeschrieben werden müssen. Die Entscheidungen über umweltpolitische Zielsetzungen sollten idealerweise im Konsens aller Beteiligten getroffen werden. Allerdings muß – abgesehen von der zeitlichen Begrenzung des

Diskussionsprozesses – von Anbeginn an klargestellt werden, daß – bei Konflikten zwischen der wissenschaftlichen und der interessengeleiteten Position oder innerhalb beider – die Entscheidung über die festzulegenden Ziele hoheitlich von der Exekutive oder gegebenenfalls vom Parlament getroffen werden sollte. Dies gilt auch für den Fall des Scheiterns einer konsensualen Lösung.

Da eine Zielüberprüfung aufgrund während der Implementationsphase gewonnener neuer Erkenntnisse und Entwicklungen, unvorhersehbarer Nebenwirkungen sowie gegebenenfalls neuer Bewertungen wichtig ist, müssen Lernmöglichkeiten offengehalten werden. Daher ist für eine Fortschreibung des Verfahrens zur Zielformulierung, also für einen längerfristigen und wiederkehrenden Prozeß der Zielentwicklung zu plädieren.

Die Funktionen von Umweltzielen, d. h. die Rationalitäts-, Signal- und Orientierungsfunktion, sowie der Bedarf an Flexibilität sprechen gegen eine durchgängige Verrechtlichung insbesondere von Umwelthandlungszielen. In der Regel genügt hier eine Behördenverbindlichkeit; eine Außenverbindlichkeit von Umweltzielen kommt nur in Ausnahmefällen in Betracht.

Nach der Festlegung der Ziele sollte die *Fortschreibung* des Zielkonzepts sowohl auf der Basis der Erkenntnisse, die sich aus der Zielüberprüfung ergeben, als auch aufgrund von neuen Erkenntnissen über ökologische, ökonomische, technische und gesellschaftliche Zusammenhänge erfolgen. Gerade darin ist eine ganz wesentliche Erfolgsbedingung für eine sachgerechte, langfristig tragfähige und systematische Umweltpolitik zu sehen.

Umweltqualitätszielfindung als fortdauernder Prozeß

Entsprechend dem oben angeführten prozeduralen Ansatz sollten vorhandene Ziele zunächst einmal von wissenschaftlicher Seite bezüglich ihrer Validität und bezüglich des Grades der Umsetzung hinterfragt werden.

Als ein Beispiel kann hier das Postulat des flächendeckenden Grundwasserschutzes als wesentlicher Bestandteil des Konzeptes der nachhaltigen Entwicklung dienen. Flächendeckender Grundwasserschutz umfaßt neben der Bewirtschaftung der Grundwassermengen insbesondere die Sicherung der Grundwasserqualität. Als Umweltqualitätsziel im Grundwasserschutz ist „die natürliche Beschaffenheit des Grundwassers" umweltpolitisch weitgehend anerkannt. Allerdings muß diese Zielsetzung relativiert werden, da das Grundwasser zumindest in den oberflächennahen Grundwasserleitern aufgrund langanhaltender und vielfältiger Bewirtschaftungseinflüsse nahezu überall anthropogen beeinflußt ist. Dementsprechend schlagen wir für den Grundwasserschutz das Umweltqualitätsziel „anthropogen möglichst unbelastetes Grundwasser" vor (vgl. auch SRU 1998b: 125f.). Dies beinhaltet, daß weitere anthropogene Belastungen möglichst zu vermeiden sind. Das geltende Recht entspricht mit dem Wasserhaushaltsgesetz (s. § 34 WHG; Verschlechterungsverbot) und den Landesgesetzen bereits weitgehend diesem Vorsorgegrundsatz.

Als Umwelthandlungsziel ist der flächendeckende Grundwasserschutz allgemein anerkannt. In der Praxis ist der Grundwasserschutz jedoch überwiegend nutzungsbezogen ausgerichtet, das heißt, er beschränkt sich im wesentlichen auf

Schutzgebietsausweisungen für die Einzugsgebiete von Gewinnungsanlagen, um die Wasserversorgung gefährdende Nutzungen zu verhindern. Dagegen ist außerhalb von Wasserschutzgebieten der notwendige Schutz nicht gewährleistet. Entsprechend ist nachdrücklich die konsequente Anwendung des Grundsatzes eines flächendeckenden Grundwasserschutzes einzufordern.

Mit Umweltzielen, wie sie aus dem obigen Modell entwickelt werden können, definiert eine Gesellschaft den Wert, den sie dem Erhalt der ökologischen Systeme beimißt. Dabei spielen Wertvorstellungen, besonders bei der Festlegung von Nutzungsmöglichkeiten des Umweltraums – als Menge an Energie, Fläche, nicht erneuerbaren Ressourcen, Wasser, Holz, landwirtschaftlichen Flächen etc., die wir dauerhaft nutzen können –, eine Rolle, aber auch bei zeitlichen Festlegungen dafür, wann die genannten Belastungsgrenzen unterschritten werden sollen, und bei der Frage, welcher „Sicherheitsabstand" zu Obergrenzen aus Gründen der Vorsorge gewählt werden muß. Die bisher in Deutschland geführte Diskussion um umweltpolitische Ziele greift teilweise stark auf Vorarbeiten anderer Staaten, insbesondere der Niederlande, zurück (Ministry of Housing, Spatial Planning and the Environment 1998).

Ganz entscheidend für die Herausbildung umweltpolitischer Ziele in dem angeführten niederländischen Modell ist der interaktive und partizipative Entscheidungsprozeß, der alle gesellschaftlich relevanten Gruppen und das politisch-administrative System zusammenführt. Durch die Verständigung der Beteiligten auf Reduktionsziele werden die einzelnen Gruppen auf die Vorgaben verpflichtet und so ein breiter gesellschaftlicher Konsens über umweltpolitische Entscheidungsfindung und die daraus abgeleiteten Maßnahmen und Instrumente erzielt.

Allerdings bedeutet die Verpflichtung auf ein solches Modell noch keinen Automatismus bei der praktischen Umsetzung der Ziele (Carius/Sandhövel 1998: 20). Vielmehr können diese nur der Ausgangspunkt sein, für den bei der konkreten Instrumentierung erhebliche Anstrengungen unternommen werden müssen. Die gegenwärtigen niederländischen Erfahrungen zeigen tendenziell ein Auseinanderdriften von Zielfestlegung und instrumenteller Anwendung. Die deutschen Erfahrungen mit der Festsetzung und Implementation von regionalen und lokalen Umweltqualitätszielen durch räumliche Planung sind bisher allerdings auch eher ernüchternd.

Resümee

Für eine langfristige und stärker strategisch ausgerichtete Umweltpolitik sollte ein systematisches Verfahren zur Zielfestlegung etabliert werden, das gesellschaftliche Akteure beteiligt und somit auch gesellschaftlichen Konsens findet. Durch ständige Fortdauer des Prozesses wird zudem der Umgang mit Unsicherheiten und Kenntnislücken bei der Entscheidungsfindung einfacher, da hierdurch gewährleistet wird, daß neugewonnene Erkenntnisse unmittelbar in das Verfahren einfließen.

Literatur

BMU (Bundesministerium für Umwelt, Naturschutz und Reaktorsicherheit), 1992: Konferenz der Vereinten Nationen für Umwelt und Entwicklung im Juni 1992 in Rio de Janeiro – Dokumente – Agenda 21, Bonn.
BMU (Bundesministerium für Umwelt, Naturschutz und Reaktorsicherheit), 1997: Schritte zu einer nachhaltigen, umweltgerechten Entwicklung – Berichte der Arbeitskreise anläßlich der Zwischenbilanzveranstaltung am 13. Juni 1997, Bonn.
BMU (Bundesministerium für Umwelt, Naturschutz und Reaktorsicherheit), 1998: Nachhaltige Entwicklung – Entwurf eines umweltpolitischen Schwerpunktprogramms, Bonn.
Carius A./Sandhövel, A., 1998: Umweltpolitikplanung auf nationaler und internationaler Ebene, in: Aus Politik und Zeitgeschichte 50: 11–20.
DST (Deutscher Städtetag), 1995: Städte für eine umweltgerechte Entwicklung: Materialien für eine Lokale Agenda 21. DST-Beiträge zur Stadtentwicklung und zum Umweltschutz, Reihe E 24.
Lübbe-Wolff, G., 1996: Stand und Instrumente der Implementation des Umweltrechts in Deutschland, in: Lübbe-Wolff, G. (Hrsg.), Der Vollzug des europäischen Umweltrechts, Berlin: 77–106.
March, J.G./Olsen, J.P., 1995: Democratic Governance, New York.
Ministry for Housing, Spatial Planning and the Environment, 1998: National Environmental Policy Plan 3, Den Haag.
Sandhövel, A., 1997: Die Zieldiskussion in der Umweltpolitik – politische und rechtliche Aspekte, in: Barth, S./Köck, W. (Hrsg.), Qualitätsorientierung im Umweltrecht, Berlin: 23–44.
SRU (Der Rat von Sachverständigen für Umweltfragen), 1996: Umweltgutachten 1996. Zur Umsetzung einer dauerhaft umweltgerechten Entwicklung, Stuttgart.
SRU (Der Rat von Sachverständigen für Umweltfragen), 1998a: Umweltgutachten 1998. Umweltschutz. Erreichtes sichern – Neue Wege gehen, Stuttgart.
SRU (Der Rat von Sachverständigen für Umweltfragen), 1998b: Flächendeckend wirksamer Grundwasserschutz. Sondergutachten 1998, Stuttgart.

Die Rolle der Umweltverbände

Dorit Lehrack

Die Umsetzung des Konzeptes der nachhaltigen Entwicklung, wie es in der Agenda 21 des Erdgipfels in Rio 1992 beschlossen wurde, ist auch in Deutschland eine vorrangige Aufgabe. Es geht dabei um die Initiierung eines weitreichenden Strategieprozesses, in dessen Ergebnis Nachhaltigkeitspolitik in alle Politikfelder integriert werden soll. Mehr als 50 Länder, beispielhaft darunter Holland und Dänemark, haben diesen Prozeß bereits gestartet und verzeichnen erste Ergebnisse einer nationalen Umweltplanung. Deutschland jedoch hinkt dieser Entwicklung hinterher.

Erste Schritte sind bereits in dieser Legislaturperiode initiiert worden, exemplarisch dafür die Initiative des BMU für einen „Schritte-Prozeß zu einer nachhaltigen Entwicklung". Die Forderung der Enquête-Kommission zum Schutze des Menschen und der Umwelt nach einer nationalen Nachhaltigkeitsstrategie und der Integration von Umweltpolitik in alle Politikfelder über eine bessere Verzahnung und Institutitonalisierung setzt ein deutliches Signal an die nächste Bundesregierung, endlich aktiv zu werden.

Dennoch gibt es bis heute keinen Parteienkonsens über die Entwicklung und Institutionalisierung einer nationalen Nachhaltigkeitsstrategie, die in einen nationalen Umweltplan oder ein Umweltprogramm mündet.

Die Umweltverbände fordern deshalb von der nächsten Regierung, die Ratschläge des Sachverständigenrates für Umweltfragen, der Enquête-Kommission und der Umwelt- und Entwicklungsverbände in Politik umzusetzen und damit auch ihre in Rio eingegangenen Verpflichtungen zu erfüllen.

Voraussetzung dazu ist allerdings, sich vom Negativimage der Umweltplanung zu verabschieden, wie es einzelne Politiker heraufbeschwören und Lobbyverbände der Industrie allzu gern bekräftigen und statt dessen die positiven Effekte einer nachhaltigen Entwicklung als Motor für zukunftsverträgliche Innovationen, dauerhafte Arbeitsplätze, Gerechtigkeit und eine lebenswerte Umwelt zu vermitteln.

Eine nationale Nachhaltigkeitsstrategie ist weit mehr als die Summe von quantifizierbaren und/oder qualifizierbaren Umwelthandlungszielen. Eine nationale Nachhaltigkeitsstrategie ist ein neues gesellschaftliches Konzept, das hohe Anforderungen an die Mitarbeit und Kooperationsbereitschaft der beteiligten Partner stellt, im Ergebnis aber die Basis für eine zukunftsfähige Entwicklung ist.

Die Umweltverbände tragen in diesem Prozeß eine große gesellschaftliche Verantwortung. Als Initiator und Motor einer zukunftsfähige Entwicklung müssen sie:

1. *die Öffentlichkeit für das Thema Nachhaltigkeit und für ein zukunftsfähiges Leben und Wirtschaften sensibilisieren;*
2. *von der Regierung die Initiierung eines Prozesses zur Erstellung des Umweltplanes einfordern und entsprechende Anforderungen an die Qualität des Prozesses und des Ergebnisses stellen;*
3. *sich selbst aktiv an dem Diskurs-Prozeß zur Zielfindung beteiligen;*
4. *den Prozeß der Umsetzung begleiten und entsprechende Öffentlichkeitsarbeit leisten.*
5. *Darüber hinaus ist es eine wesentliche Aufgabe der Verbände, mit ihrer Arbeit das gesellschaftliche Klima so zu beeinflussen, daß die Umsetzung des Umweltplanes erleichtert wird.*

Zu 1.: BUND und Misereor haben mit der Studie „Zukunftsfähiges Deutschland" eine breite gesellschaftliche Debatte zu den Leitbildern eines zukunftsfähigen Deutschlands erzielt, die aus der „Szene" in die Vorstandsetagen der Konzerne, in die Bundesregierung und in die Debatten der Interessen- und Lobbyverbände gedrungen ist. Darüber wurde der Boden für eine zunehmende gesellschaftliche Akzeptanz von Nachhaltigkeitsstrategien bereitet.

Aufgabe der Verbände ist nun, sich neben der Forderung nach einer Nachhaltigkeitsstrategie an Schritten zu ihrer Erarbeitung und Umsetzung zu beteiligen, um so die Vision einer zukunftsfähigen Entwicklung in konkrete Politik umzusetzen. Ihnen obliegt dabei die besondere Verantwortung, diesen Prozeß gesellschaftlich zu moderieren und dessen Akzeptanz zu erzielen.

Zu 2.: Die im DNR organisierten Umweltverbände fordern von der nächsten Regierung einmütig die Erarbeitung einer nationalen Nachhaltigkeitsstrategie.

Unterschiede gibt es in der Dimension des Umweltplanes. So fordert der BUND beispielsweise als ersten Schritt die Erstellung eines nationalen Umweltplanes mit dem Fokus auf den Erhalt und die Sicherung der natürlichen Lebensgrundlagen, während andere Verbände einen stärkeren Akzent auf den Entwicklungs- und Gerechtigkeitsaspekt setzen.

Trotz dieser dem jeweiligen Profil der Verbände entsprechenden unterschiedlichen Betonung von Teilaspekten sind sich die Umweltverbände einig, daß ein Umweltplan (bzw. ein Umwelt- und Entwicklungsplan) ökologische, wirtschaftliche und soziale Entwicklungen integrieren muß.

Zu 3.: Die Umweltverbände sind sich der Verantwortung bewußt, eine nationale Umweltplanung nicht nur zu fordern, sondern sich an deren Entwicklung aktiv im Diskurs mit anderen Interessengruppen zu beteiligen.

Ihre Aufgabe ist es, als „Interessenvertreter des Gemeinwohls" *dabei der ökologischen Komponente den Vorrang* zu sichern. Die natürlichen Lebensgrundlagen begrenzen die Umsetzung anderer Ziele und sind damit ein limitierender Faktor. Maßnahmen, beispielsweise zum dauerhaften Schutz der Ozonschicht, sind deswegen nicht verhandelbar, da sie Voraussetzungen für den Erhalt des Lebens auf der Erde sind.

Neben nicht verhandelbaren Positionen wird von den Umweltverbänden aber Diskursfähigkeit zu vielen anderen Umweltzielen, was deren Rang- und zeitliche Reihenfolge betrifft, erwartet. Die Forderung nach Einführung einer ökologischen Steuerreform als ein wichtiges Instrument im Rahmen einer nationalen Umweltplanung ist ohne die Berücksichtigung sozialer Aspekte im Sinne eines sozialen Ausgleiches für die Schwachen, aber auch ohne Berücksichtigung wirtschaftlicher Aspekte, wie vorübergehende Befreiungen von energieintensiven Branchen, mit diesen Interessengruppen nicht durchzusetzen. Das erfordert eine neue Flexibilität der Verbände und die Einsicht, daß nicht jede ihrer berechtigten Positionen und Forderungen in einem gesamtgesellschaftlichen Konsensfindungsprozeß gleichzeitig und gleichrangig umsetzbar ist.

Zu 4.: Es ist Aufgabe der Umweltverbände, den Prozeß der Erarbeitung und Umsetzung des Umweltplanes kritisch öffentlich zu begleiten und für diesen gesellschaftliche Akzeptanz zu erzeugen.

Es gilt hierbei, Aktivitäten auf der Bundesebene mit Länderaktivitäten (Landesumweltpläne) und den lokalen Agenda 21-Prozessen zu vernetzen und in die nationale Nachhaltigkeitsstrategie zu integrieren. Diese Aufgabe können Umweltverbände dank ihrer flächendeckenden Präsenz und lokalen Mitgliederbasis gut leisten.

Zu 5.: Umweltverbände werden versuchen, das gesamtgesellschaftliche Klima so zu beeinflussen, daß der Prozeß der Erarbeitung und Umsetzung des Umweltplanes erleichtert wird.

Dabei geht es sowohl darum, Bremser und Verhinderer öffentlich-medial ins „Abseits" zu stellen, also beispielsweise die Verweigerung einzelner Branchen und Lobbygruppen an diesem Prozeß zu thematisieren, als auch darum, die Debatte um Werte und zukunftsfähige Lebensstile voranzutreiben, um die erforderliche Verhaltensänderung für eine zukunftsfähige Wirtschaft und Lebensweise voranzubringen.

Der Nutzen einer Nachhaltigkeitsstrategie für die Schaffung dauerhafter Arbeitsplätze ist genauso öffentlich zu thematisieren wie die Vorteile eines nachhaltigen Konsums im Sinne von „Gut leben statt viel haben".

Ergebnis dieses Prozesses soll ein nationaler Umweltplan werden, der eine Reihe qualitativer Anforderungen erfüllt.

Dazu gehören:

- *klare, möglichst quantifizierbare, zeitlich festgelegte Ziele,*
- *Querschnittsorientierung,*
- *Festlegung von Verantwortlichkeiten,*
- *ein Konzept zur Finanzierung,*
- *ein unabhängiges Monitoring.*

Nicht akzeptieren werden die Verbände belang- und folgenlose Alibiveranstaltungen, an denen sie als „grünes Feigenblatt" beteiligt werden.

Damit Umweltverbände diesen Herausforderungen überhaupt gerecht werden können, bedarf es externer und interner Voraussetzungen:

Externe Voraussetzungen bezeichnen das gesellschaftliche Umfeld und die Bedingungen, unter denen Umweltverbände die hier beschriebene Rolle wirklich ausfüllen können.

Interne Faktoren beziehen sich auf die Fähigkeit der Verbände, sich an gesamtgesellschaftlichen Diskursen und insbesondere an Konsensfindungsprozessen (Kooperationsmodell) erfolgreich zu beteiligen.

Externe Voraussetzungen sind im Umweltgutachten 1996 des Sachverständigenrates für Umweltfragen ausführlich debattiert worden.

Umweltverbänden, die diese Rolle leisten wollen und sollen, muß die Beteiligung an diesem Prozeß auch ermöglicht werden. Das Umweltgutachten fordert dazu:

- *eine solide finanzielle Grundausstattung, ohne die den Umweltverbänden eine fachlich-fundierte Mitwirkung an staatlichen Entscheidungen und Planungen nur unzureichend möglich ist;*
- *eine frühzeitige und umfassende Beteiligung der Verbände als gleichberechtigte Partner in diesem Prozeß.*

Politischer Ausdruck des Willens der Regierung, den Umweltverbänden die Wahrnehmung ihrer Beteiligungsrechte und -pflichten besser zu ermöglichen, wäre die Verabschiedung eines Verbändeförderungsgesetz, das die Beteiligungsrechte von Verbänden gesetzlich garantiert und den hautpsächlich ehrenamtlichen Aktiven ermöglicht, diese Aufgaben ohne finanzielle Verluste und weitere Nachteile wahrzunehmen.

Die Forderung nach einem Verbändeförderungsgesetz wird folgerichtig vom BUND und dem NABU für die kommende Legislaturperiode erhoben.

Darüber hinaus sollen staatliche Rahmenbedingungen geschaffen werden, die Umweltverbänden eine dauerhafte selbständige Eigenfinanzierung ermöglichen, die – so banal es klingt – Voraussetzung für eine erfolgreiche Beteiligung in diesem Prozeß ist (steuerrechtliche Verbesserung der Spendenabsetzbarkeit, Novellierung des Stiftungsrechtes und Zugang zu Lotterieerlösen).

Wichtiger interner Faktor für die erfolgreiche Erarbeitung einer nationalen Nachhaltigkeitsstrategie/eines Umweltplanes *ist das Vermögen der Verbände selbst, die dafür erforderliche Kooperationsfähigkeit zu entwickeln.*

Anders als beispielsweise in den Niederlanden oder in der Schweiz, sind die deutschen Umweltverbände – den BUND eingeschlossen – noch weit davon entfernt, sich auch als eine Lobby zu betrachten, die in Kooperation mit der Regierung und Interessengruppen Projekte – wie eine nationale Nachhaltigkeitsstrategie – vorantreibt. Der notwendige Balanceakt zwischen öffentlich-kritischem Monitoring, kritischer Beteiligung und echter Kooperation setzt herausfordernde und neue Maßstäbe für die Umweltverbände.

Aufgabe der Verbände ist deshalb:

- *ihre Kooperationsfähigkeit zu stärken, ohne ihre nicht verhandelbaren Grundsatzpositionen aufzugeben;*
- *aus der (rein) kritischen in eine Beteiligungsposition zu wechseln und diesen Prozeß auch aushalten zu können;*
- *zur „Verständigung in der Sache“ beizutragen und sich dazu bewußt in Aushandlungs- und Kompromißprozesse zu begeben, und*
- *den Prozeß in den eigenen Verbänden zu verankern und verbandliche Akzeptanz zu erzeugen.*

Die Rolle der Unternehmen

Jochen Rudolph

Nachhaltige Entwicklung ist ein komplexer Auftrag und mehr als lediglich eine Frage von Umweltpolitik. Nachhaltigkeitsstrategien müssen daher die gesamte Bandbreite ökonomischen, ökologischen und sozialen Handelns umfassen. Nachhaltigkeitsstrategien, die sich auf rein ökologische Ziele beschränken, schrumpfen zur reinen Umweltzieldiskussion.

Wenige Begriffe werden so sehr strapaziert wie der der Nachhaltigkeit. In der Riokonferenz wurde die „nachhaltige Entwicklung" als Ausweg aus dem Dilemma der Konfrontation Ökonomie vs. Ökologie geboren. Was ist das nun also, Nachhaltigkeit? Alle Welt fordert dies ein und nimmt es für sich in Anspruch, auch die Unternehmen tun dies und reklamieren für sich, nachhaltig zu wirtschaften, sich darin zu verbessern oder zumindest dies als Leitbild zu haben. Dies ist um so wichtiger, als die Investitionsplanung von Unternehmen und damit deren Kapitalbindung sich in Zeiträumen von 20 bis 30 Jahren abspielt. Natürlich ist Nachtunen möglich, Fehlinvestitionen sind im Bereich des produzierenden Gewerbes jedoch nicht auf einfache Weise nachträglich korrigierbar.

Einfache Zielsetzungsstrategien, von welcher Seite auch immer, gehen daher am Auftrag der Agenda 21 vorbei, weil sie die Aufgabe einer nachhaltigen Entwicklung auf ein Durchsetzungsproblem reduzieren und deren Charakter der Innovationsproblematik ignorieren.

Strategien müssen langfristige Entwicklungsrichtungen weisen. Die Zielrichtung muß also einerseits hinreichend genau fixierbar sein; andererseits müssen die notwendigen Anpassungsprozesse an neue Erkenntnisse einfach genug sein, um volkswirtschaftlich notwendige Flexibilität zu sichern.

Unternehmen und Verbrauchern kommt die Rolle des Motors zu. Die Innovationsdynamik der Unternehmen stellt wichtige Beiträge zur Fortentwicklung in Richtung Nachhaltigkeit bereit, Verbraucher tragen mit ihrem Verhalten die Einführung neuer Produkte, Technologien und Dienstleistungen.

Strategische Umweltplanung muß alle verfügbaren Ressourcen (ökologische, wirtschaftliche, soziale) nutzen und Ziele und Zeithorizonte im kooperativen Prozeß vereinbaren, nicht setzen. Diese Nutzung des Kooperationsprinzips setzt auf freiwillige Maßnahmen der Unternehmen als kostengünstigste Lösung, da diese aus Effizienzgründen die jeweils günstigsten Lösungen für die Realisierung ihrer Belange suchen werden.

Damit wird gleichzeitig eine schnelle Reaktion auf sich wandelnde Erkenntnisstände, neu verfügbare Technologien oder veränderte Bewertungen realisierbar, da langwierige politische und verwaltungstechnische Anpassungsprozesse entfallen. Zusätzlich werden gesamtökonomische Vorteile realisiert, da keine pauschalen undifferenzierten „Rasenmähermethoden" zum Tragen kommen, sondern sich

Handeln jeweils dort realisiert, wo der ökologische und ökonomische Grenzertrag der investierten Mittel hoch ist.

Voraussetzung sind angepaßte Monitoringinstrumente, die den beteiligten Parteien einen Nachweis der Zielerreichung ermöglichen. Diese Instrumente müssen jeweils „tailormade" und über Zweifel erhaben sein, gleichwohl muß auf den herkömmlichen Perfektionismus staatlicher Kontrolle verzichtet werden.

Die Unternehmen müssen durch Anerkennung geeigneter Managementinstrumente wie z. B. EMAS (Environmental Management and Auditing System) in den Stand versetzt werden, die Erreichung ökologischer Ziele nachzuweisen und sich dem Vorwurf des „business as usual" zu entziehen. Wirksame Privilegierung dieses Systems schafft die Voraussetzung für eine breite Beteiligung und damit einen wirksamen kontinuierlichen Verbesserungsprozeß.

Strategien der Nachhaltigkeit müssen Nachhaltigkeit als Suchkriterium und -prozeß anerkennen und damit Raum geben für Dynamik. Die dynamisch planende Umweltstrategie an Stelle von starrer strategischer Umweltplanung beschneidet keine Innovation und gibt lebenden Systemen den notwendigen Raum für eine langfristig erfolgreiche Entwicklung.

Zum Beitrag der Enquête-Kommission „Schutz des Menschen und der Umwelt" zur Entwicklung einer Nachhaltigkeitsstrategie in Deutschland

Georges Fülgraff

1 Was sind Enquête-Kommissionen des Deutschen Bundestages?

Enquête-Kommissionen sind Instrumente der Politikberatung und der Politikentwicklung. Sie bestehen aus Abgeordneten des Bundestages und einer gleichen Zahl von den Fraktionen benannter externer Sachverständiger. Enquête-Kommissionen werden vom Deutschen Bundestag eingesetzt. Mit dem Einsetzungsbeschluß werden die Aufgaben beschrieben und die Mitglieder berufen. Die externen Sachverständigen können Wissenschaftler sein, aber auch Vertreter gesellschaftlicher Gruppen oder Interessen wie z.B. des Bundesverbandes der Deutschen Industrie, des Verbandes der Chemischen Industrie oder der Industriegewerkschaft Bergbau, Chemie, Energie. Gelegentlich findet man auch beides in einer Person.

Enquête-Kommissionen haben die Aufgabe, komplexe Handlungsfelder oder Zukunftsfragen nicht nur zu erörtern und wissenschaftlich zu durchdringen, sondern so aufzubereiten, daß der politische Handlungsbedarf erkennbar und Entscheidungen möglich werden. Enquête-Kommissionen arbeiten mit Studienaufträgen, die sie nach außen vergeben, mit Anhörungen und mit internen Beratungen und haben ein wissenschaftliches Sekretariat zur Verfügung.

Das explizite und implizite Ziel besteht darin, Berichte und Empfehlungen in parteiübergreifendem Konsens zu erarbeiten und abzugeben. Nur solche Empfehlungen, die im Konsens erarbeitet wurden, haben überhaupt eine Chance, innerhalb und außerhalb des Parlaments Wirkung zu entfalten. Enquête-Kommissionen müssen sich freihalten von den Spielen und Zwängen der Tagespolitik. Die Kunst besteht gerade nicht darin, zu polarisieren und Unterschiede zwischen Parteien oder politischen Lagern deutlich zu machen, sondern darin, Schnittmengen zu suchen, einen Konsens zu erhalten, ohne in der Banalität des Selbstverständlichen zu verharren. Die psycho- und soziohygienisch verständlichen, im Kleindruck erscheinenden Sondervoten von Minderheiten sind politisch meist irrelevant.

2 Die Enquête-Kommission „Schutz des Menschen und der Umwelt"

Die erste Enquête-Kommission mit diesem Titel und mit dem Kurzauftrag „Bewertungskriterien und Perspektiven für umweltverträgliche Stoffkreisläufe" arbeitete in den Jahren 1991 bis 1994 und gab im Frühjahr 1994 zum Ende der 12. Legislaturperiode ihren Bericht mit dem Titel „Die Industriegesellschaft gestalten – Perspektiven für einen nachhaltigen Umgang mit Stoff- und Materialströmen" ab (Enquête-Kommission 1994). Wichtigste Inhalte waren grundlegende Regeln zum Umgang mit Stoffen und Grundzüge eines Stoffstrommanagements in Produktion, Handel und Konsum.

Im Juni 1995 wurde eine kleinere zweite Enquête-Kommission mit dem Kurzauftrag „Ziele und Rahmenbedingungen einer nachhaltig zukunftsverträglichen Entwicklung" berufen. Im Juni 1998 haben wir dem Deutschen Bundestag unseren Bericht mit dem Titel „Konzept Nachhaltigkeit – vom Leitbild zur Umsetzung" übergeben. Er liegt inzwischen in Buchform vor, herausgegeben vom Referat Öffentlichkeitsarbeit des Deutschen Bundestages in der Reihe „Zur Sache" 4/98 (Enquête-Kommission 1998).

Für die Beurteilung der vorzustellenden Ergebnisse sei noch einmal hervorgehoben: Sie stellen einen parteiübergreifenden Konsens dar. Viele Mitglieder der Enquête-Kommission hatten zu den einzelnen Kapiteln des Berichts weitergehende, aber eben nicht konsensfähige Vorstellungen. Generell kann man – wie auch bei anderen Enquête-Kommissionen – feststellen, daß die Auseinandersetzung in der zweiten Arbeitsperiode härter und die Konsensfindung schwieriger war. Das liegt zum einen daran, daß der Vorrat an Gemeinsamkeit in der ersten Arbeitsperiode aufgezehrt worden war, und zum anderen daran, daß in der zweiten Arbeitsperiode ein höheres Maß an Konkretheit gefordert war.

3 Die drei Dimensionen der Nachhaltigkeit

In der Enquête-Kommission spiegelte sich der gesellschaftliche Diskussionsstand insoweit wider, als unstrittig war, daß viele Entwicklungen in Deutschland, weit über die ökologische Frage hinaus, nicht mehr zukunftsfähig und keinesfalls mit der *regulativen Idee* einer nachhaltig zukunftsverträglichen Entwicklung zu vereinbaren sind. Dieses Leitbild verlangt in kürzester Form, nicht auf Kosten der Enkel und Urenkel zu leben. Staatliche und private Verschuldung, denen keine Zukunftsinvestitionen gegenüberstehen, Egoismen politischer und wirtschaftlicher Machteliten, Verteidigung sozialer Besitzstände, mangelnde Anpassungsfähigkeit des Bildungs- und Ausbildungssystems, Kapitalakkumulation und Arbeitslosigkeit verletzen das Nachhaltigkeitsgebot ebenso wie die Beeinträchtigung der natürlichen Lebensgrundlagen oder des Erdklimas.

Der Übergang zu einer nachhaltig wirtschaftenden Gesellschaft setzt nicht nur einen anderen Umgang mit Umwelt und Ressourcen voraus, sondern verlangt, den Zusammenhang des ökonomischen, ökologischen und sozialen Systems zu bedenken. Die Enquête-Kommission verwendet für diesen Zusammenhang Bilder wie das eines gleichschenkligen Dreiecks, bei dem jede Veränderung einer Seite die beiden anderen ebenfalls verändert und das nur größer oder kleiner werden kann, wenn alle drei Seiten länger oder kürzer werden; oder das Bild eines Gefäßes mit drei Wänden, das nur mehr Inhalt aufnehmen kann, wenn alle drei Wände höher werden.

In der deutschen Diskussion um Nachhaltigkeit stand lange der Umweltaspekt im Vordergrund, während die soziale und ökonomische Dimension eher vernachlässigt wurden. Zunächst auch zu Recht, da die vielerorts überschrittene Belastungsfähigkeit der Umwelt globale Zusammenbrüche des ökologischen Systems befürchten ließ. Unser Bericht stellt jedoch demgegenüber fest, daß Nachhaltigkeit nur erreicht werden kann, wenn einerseits die Grenzen der Belastungsfähigkeit in allen drei Systemen beachtet werden, und wenn andererseits die konzeptionelle Schwäche einer von wirtschaftlichen und sozialen Voraussetzungen und Folgen isolierten Umweltdiskussion überwunden wird. Also raus aus der Fachpolitik und aus der Fachbürokratie und statt dessen Umwelt als Teil der Gesellschaftspolitik betrachten! Während unter ökologischen Aspekten das Ziel heißen konnte, Umweltpolitik zu einer Querschnittsaufgabe zu entwickeln, geht es unter dem übergreifenden Aspekt nachhaltig zukunftsverträglicher Entwicklung darum, diese regulative Idee in alle Fachpolitiken zu tragen und dort zur Grundlage des Handelns zu machen. Es geht um die Entwicklung einer dreidimensionalen Perspektive aus der Erfahrungswirklichkeit. Wirtschaftliche Entwicklung und soziale Wohlfahrt sind nur in dem Maße möglich, in dem die Natur als Lebensgrundlage nicht gefährdet ist. Keines der Systeme kann ohne dramatische Folgen den beiden anderen geopfert werden, keines ohne Schaden zu Lasten der beiden anderen entwickelt werden.

Aus diesem Grunde hat die Enquête-Kommission versucht, für alle drei Teilsysteme der gesellschaftlichen Wirklichkeit *grundlegende Regeln* zu formulieren. Während jedoch die ökologischen Grundregeln als Ergebnis eines breiten Diskurses in Wissenschaft und Politik hohe Akzeptanz gefunden haben, gibt es kaum wissenschaftliche Grundlagen für den ökonomischen und sozialen Bereich. Diese Regeln sind daher im Vergleich zu den ökologischen noch unausgereift. Sie sind eher ein Anstoß an kompetente Kreise, sich damit zu beschäftigen – weshalb ich sie hier vorstelle – als eine Diskussionsgrundlage. Die Enquête-Kommission möchte damit nicht zuletzt die Diskussion über Nachhaltigkeit in den dafür wichtigsten Fachpolitiken anstoßen, ohne die eine nachhaltig zukunftsverträgliche Entwicklung nicht integrales Ziel von Regierungshandeln werden kann.

Ökologische Grundregeln

1. Die Abbaurate erneuerbarer Ressourcen soll deren Regenerationsrate nicht überschreiten. Dies entspricht der Forderung nach Aufrechterhaltung der ökologischen Leistungsfähigkeit, d. h. (mindestens) nach Erhaltung des von den Funktionen her definierten ökologischen Realkapitals.
2. Nicht-erneuerbare Ressourcen sollen nur in dem Umfang genutzt werden, in dem ein physisch und funktionell gleichwertiger Ersatz in Form erneuerbarer Ressourcen oder höherer Produktivität der erneuerbaren sowie der nicht-erneuerbaren Ressourcen geschaffen wird.
3. Stoffeinträge in die Umwelt sollen sich an der Belastbarkeit der Umweltmedien orientieren, wobei alle Funktionen zu berücksichtigen sind, nicht zuletzt auch die „stille" und empfindlichere Regelungsfunktion.
4. Das Zeitmaß anthropogener Einträge bzw. Eingriffe in die Umwelt muß im ausgewogenen Verhältnis zum Zeitmaß der für das Reaktionsvermögen der Umwelt relevanten natürlichen Prozesse stehen.
5. Gefahren und unvertretbare Risiken für die menschliche Gesundheit durch anthropogene Einwirkungen sind zu vermeiden.

Ökonomische Grundregeln

1. Das ökonomische System soll individuelle und gesellschaftliche Bedürfnisse effizient befriedigen. Dafür ist die Wirtschaftsordnung so zu gestalten, daß sie die persönliche Initiative fördert (Eigenverantwortung) und das Eigeninteresse in den Dienst des Gemeinwohls stellt (Regelverantwortung), um das Wohlergehen der derzeitigen und künftigen Bevölkerung zu sichern. Es soll so organisiert werden, daß es auch gleichzeitig die übergeordneten Interessen bewahrt.
2. Preise müssen dauerhaft die wesentliche Lenkungsfunktion auf Märkten wahrnehmen. Sie sollen dazu weitestgehend die Knappheit der Ressourcen, Senken, Produktionsfaktoren, Güter und Dienstleistungen wiedergeben.
3. Die Rahmenbedingungen des Wettbewerbs sind so zu gestalten, daß funktionsfähige Märkte entstehen und aufrechterhalten bleiben, Innovationen angeregt werden, daß langfristige Orientierung sich lohnt und der gesellschaftliche Wandel, der zur Anpassung an zukünftige Erfordernisse nötig ist, gefördert wird.
4. Die ökonomische Leistungsfähigkeit einer Gesellschaft und ihr Produktiv-, Sozial- und Humankapital müssen im Zeitablauf zumindest erhalten werden. Sie sollten nicht bloß quantitativ vermehrt, sondern vor allem auch qualitativ ständig verbessert werden.

Soziale Grundregeln

1. Der soziale Rechtsstaat soll die Menschenwürde und die freie Entfaltung der Persönlichkeit sowie Entfaltungschancen für heutige und zukünftige Generationen gewährleisten, um auf diese Weise den sozialen Frieden zu bewahren.
2. Jedes Mitglied der Gesellschaft erhält Leistungen von der solidarischen Gesellschaft:
   - entsprechend geleisteter Beiträge für die sozialen Sicherungssysteme,
   - entsprechend Bedürftigkeit, wenn keine Ansprüche an die sozialen Sicherungssysteme bestehen.
3. Jedes Mitglied der Gesellschaft muß entsprechend seiner Leistungsfähigkeit einen solidarischen Beitrag für die Gesellschaft leisten.
4. Die sozialen Sicherungssysteme können nur in dem Umfang wachsen, wie sie auf ein gestiegenes wirtschaftliches Leistungspotential zurückgehen.
5. Das in der Gesellschaft insgesamt und in den einzelnen Gliederungen vorhandene Leistungspotential soll für künftige Generationen zumindest erhalten werden.

Es handelt sich bei den ökonomischen und sozialen Grundregeln um einen Versuch mit noch viel Leerformelcharakter. Eine Umsetzung oder Operationalisierung in Handlungsziele ist noch kaum möglich. Ich erinnere noch einmal an unsere Auffassung, daß die ökologische, ökonomische und soziale Dimension lediglich unterschiedliche Blickwinkel auf einen und denselben Wirklichkeitsbereich darstellen und daß Entscheidungen in einem Teilsystem jeweils auf ihre Folgen in den beiden anderen abzuklopfen sind.

4 Strategie einer nachhaltig zukunftsverträglichen Entwicklung als innovativer Prozeß und als Steuerungsmodell

In der politischen und wissenschaftlichen Diskussion werden die Begriffe Nachhaltigkeit und Nachhaltigkeitsstrategie nicht immer in dem dreidimensionalen Sinne verwendet, wie dies von der Enquête-Kommission für notwendig erachtet und für die politische Diskussion vorgeschlagen wird. Oftmals wird Nachhaltigkeitsstrategie eher eindimensional synonym mit Umweltstrategie oder Umweltplan verwendet, auch in diesem Band und im Programm der vorangehenden Tagung. Erst in einem späteren Schritt folgt dann die Konfrontation mit sozialen und ökonomischen Ansprüchen. In dieser Konkurrenz erweisen sich ökologische Ziele häufig als wenig durchsetzbar.

Die Enquête-Kommission schlägt deshalb ein integratives Vorgehen auf zwei Ebenen vor und beschreibt die inhaltlichen und prozessualen Voraussetzungen für die Erarbeitung einer Nachhaltigkeitsstrategie.

Ebenen der Zielentwicklung

- Strategien beschreiben Maßnahmen zur Gestaltung von Such-, Lern- und Lösungsprozessen zur Ermittlung von Zielen bzw. Richtungsvorgaben im Sinne des integrativen Leitbilds einer nachhaltig zukunftsverträglichen Entwicklung.
- Pläne/Programme dienen der Konkretisierung und Umsetzung von Zielen. Sie beziehen sich je nach Problem auf ökonomische, ökologische oder soziale Bereiche und enthalten quantitative Handlungsziele.

Inhaltliche Voraussetzungen für eine Nachhaltigkeitsstrategie

- Langfristigkeit,
- Integration der drei Dimensionen,
- lokale, regionale, globale Orientierung – im Sinne von Subsidiarität.

Prozessuale Voraussetzungen für eine Nachhaltigkeitsstrategie

- Identifikation prioritärer Handlungsfelder,
- Identifikation der relevanten Akteure/Sektoren,
- Partizipation der gesellschaftlichen Akteure unter Maßgabe von Legitimation, Verbindlichkeit und Verantwortlichkeiten,
- Berichterstattung, Monitoring, Revision,
- ressortübergreifende Politik,
- institutionelle Absicherung des Prozesses.

Die Abbildungen 1–3 beschreiben schematisch Verfahrenselemente zur Gewinnung von Handlungsoptionen im Rahmen einer nationalen Nachhaltigkeitsstrategie. Angestrebt wird, die Rahmenbedingungen für die Akteure in Wirtschaft und Gesellschaft so zu verändern und zu gestalten, daß deren rollengerechtes und interessegeleitetes Handeln in Richtung der Nachhaltigkeitsziele führt (siehe Abbildung 1).

Abb. 1: „Politisch-gesellschaftliche Diskursebene“

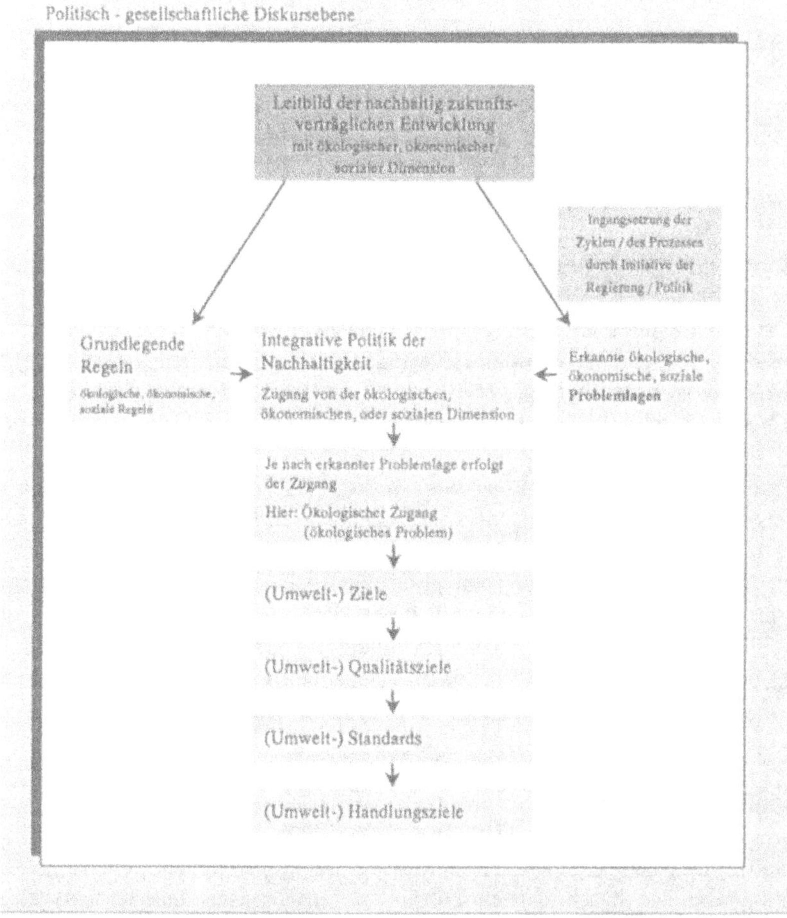

Auf der politisch-gesellschaftlichen Diskursebene werden aus dem Leitbild grundlegende Regeln in allen drei Dimensionen entwickelt und prioritäre Handlungsfelder identifiziert. Das Ziel besteht darin, in diesen Handlungfeldern die Abweichung von der Nachhaltigkeit in Übereinstimmung mit den grundlegenden Regeln zu verringern. Der Ausgangspunkt ist abhängig von der Art der jeweiligen Probleme und kann in der sozialen, der ökologischen oder der ökonomischen Dimension liegen, auch wenn am Ende eine integrierte Politik der Nachhaltigkeit stehen soll. Der Ausgangsdimension entsprechend werden Qualitäts- und Handlungsziele erarbeitet. Erfolgt der Zugang wie in Abbildung 1 von der ökologischen Seite, so sind die zu erarbeitenden Ziele Umweltqualitäts- und Umwelthandlungsziele, für die die Enquête-Kommission bereits in ihrem Zwischenbericht

„Konzept Nachhaltigkeit – Fundamente für die Gesellschaft von morgen" (Enquête-Kommission 1997) entsprechende Definitionen vorgeschlagen hat, die inzwischen in Wissenschaft und Praxis weitgehend übernommen wurden.

Umweltziele

Umweltziele sind am Leitbild einer nachhaltig zukunftsverträglichen Entwicklung angebunden und durch dessen vier grundlegende Regeln repräsentiert.

Umweltsqualitätsziele

Umweltsqualitätsziele beschreiben, ausgehend von einem identifizierten ökologischen Problembereich (langfristig) angestrebte, am Leitbild der nachhaltig zukunftsverträglichen Entwicklung und am Nachhaltigkeitsziel der Erhaltung des natürlichen Realkapitals orientierte Zustände oder Eigenschaften (= Sollwerte) der Umwelt bezogen auf Systeme, Medien oder Objekte. Sie streben eine Erhaltung oder Veränderung konkreter Eigenschaften oder Zustände auf globaler, regionaler oder lokaler Ebene an.

Grundlage für die Erarbeitung von Umweltqualitätszielen sind einerseits der wissenschaftliche Erkenntnisstand über qualitative und, soweit verfügbar, quantitative Ursache-Wirkungs-Beziehungen und andererseits auf den Zustand oder die Eigenschaften der Umwelt bezogene gesellschaftliche Wertvorstellungen. Letztere sind als normative Vorgaben unverzichtbar, da Umweltqualitätsziele nicht ausschließlich wissenschaftlich abzuleiten und zu begründen sind. Aufgabe der Wissenschaft ist es vielmehr in erster Linie, naturwissenschaftlich begründete Orientierungen zur Entwicklung gesellschaftlicher Wertvorstellungen zu entwikkeln.

Umwelthandlungsziele

Umwelthandlungsziele geben die Schritte an, die notwendig sind, um die in Umweltqualitätszielen beschriebenen Zustände oder Eigenschaften der Umwelt zu erreichen. Dazu bedarf es der Formulierung quantifizierbarer und meßbarer Ziele, die sich an verschiedenen Belastungsfaktoren orientieren und Vorgaben für notwendige Entlastungen (Belastungsminderungen) enthalten. Bei der Formulierung der dazugehörigen Zeitvorgaben sind die sozialen und ökonomischen Rahmenbedingungen zu beachten.

Die auf der politisch-gesellschaftlichen Diskursebene gefundenen (Umwelt-) Handlungsziele können nur vorläufigen Charakter haben, da sie noch nicht auf ihre Folgen, und das heißt auch auf ihre Vertretbarkeit in Hinblick auf die jeweils anderen Dimensionen, hier also die ökonomische und die soziale Dimension, untersucht sind.

In diesem von der Kommission Entscheidungszyklus genannten Vorgehen werden die Handlungsziele unter Beteiligung staatlicher, wirtschaftlicher und gesellschaftlicher Akteure bewertet und gegebenenfalls modifiziert (siehe Abbildung 2).

Abb. 2: „Entscheidungszyklus"

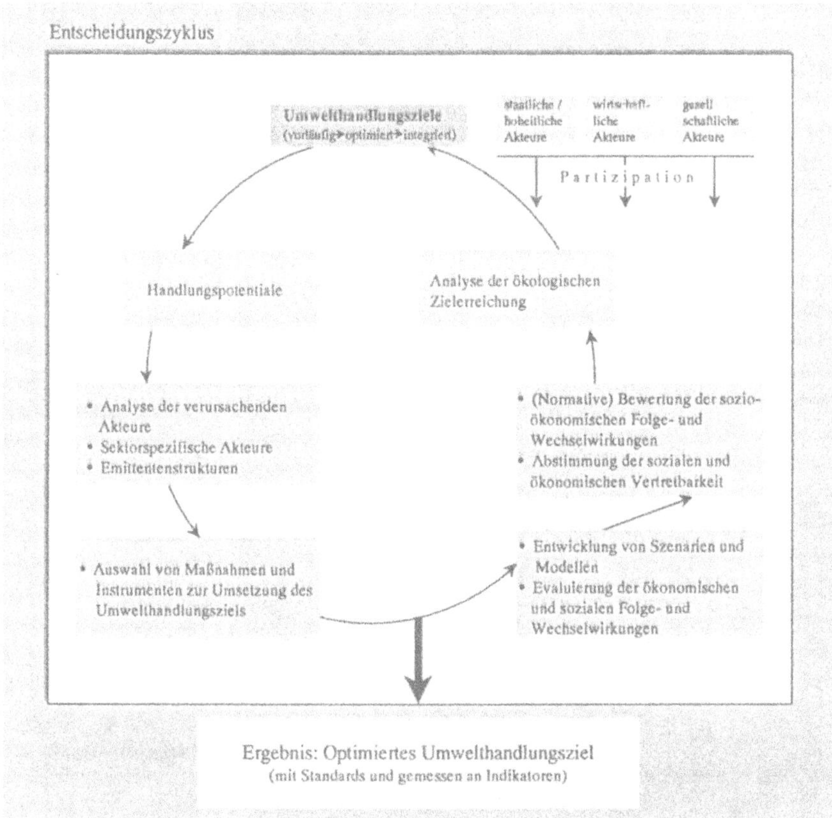

Natürlich muß auch geprüft werden, ob die Handlungsziele nach dieser Modifikation zur Erreichung der ökologischen Ziele überhaupt noch geeignet sind. In der Regel werden die Auseinandersetzungen nicht um die einzusetzenden Mittel, sondern eher um den verfügbaren Zeitrahmen gehen. Der Entscheidungszyklus kann so lange durchlaufen werden, bis am Ende ein optimiertes Handlungsziel steht, wobei optimiert heißen soll, daß die ökologischen Ziele mit Mitteln und in einer Zeit erreicht werden, die der Belastungsfähigkeit aller drei Systeme Rechnung trägt.

Diese Handlungsziele gilt es dann mit geeigneten Maßnahmen und Instrumenten umzusetzen, was durch Monitoring und Evaluation gemessen an der ursprünglichen Problemlage wieder zu einem zyklischen und iterativen Vorgehen führt, bis das Problem entweder gelöst ist oder andere Probleme dringender geworden sind (siehe Abbildung 3).

Abb. 3: „Handlungszyklus“

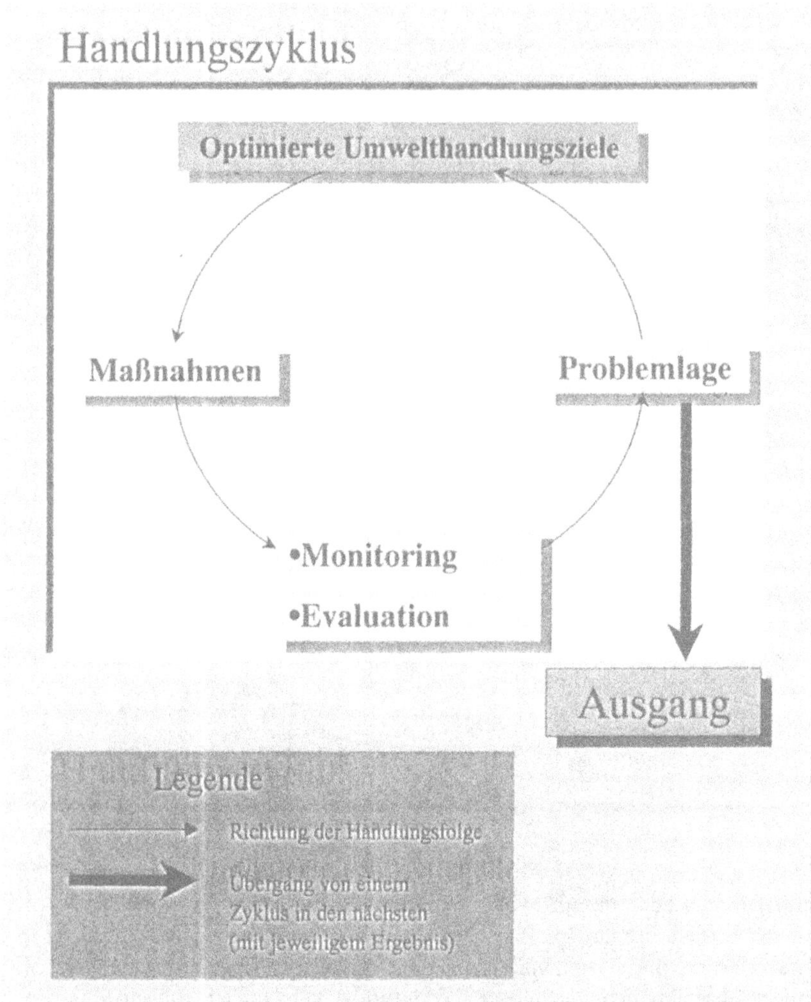

Die konsekutive und iterative Darstellung in den Abbildungen 2 und 3 dient allein der Übersichtlichkeit. In der Praxis vermischen sich die Ebenen und alle Vorgänge können gleichzeitig ablaufen. Am Ende können quantitative Ziele, einzuhaltende Standards oder Handlungsspielräume in Form von Leitplankensystemen stehen.

Schließlich schlägt die Enquête-Kommission vor, einerseits die Errichtungserlasse bestehender Beratungsgremien wie des Sachverständigenrats für Umweltfragen oder des Sachverständigenrats zur Begutachtung der gesamtwirtschaftlichen

Entwicklung explizit um die Beachtung des Nachhaltigkeitspostulats und die Berücksichtigung von Langzeit- und Integrationsaspekten zu ergänzen und andererseits einen Rat für nachhaltig zukunftsverträgliche Entwicklung einzurichten. Dieser Nachhaltigkeitsrat soll Strategieentwicklung anstoßen, Integration der drei Dimensionen einfordern, Regierungshandeln im Hinblick auf Nachhaltigkeit beobachten und darüber berichten, d. h. Antreiber und Monitor der gesellschaftlichen Entwicklung sein.

Die Enquête-Kommission hatte sich vorgenommen, in drei Beispielfeldern die Formulierung von Zielen und Handlungsoptionen durchzuarbeiten und als Ergebnis in allen drei Dimensionen bewertete Maßnahmen und Instrumente zu empfehlen. Angesichts der begrenzten Zeit und Mittel war es für die Kommission von vornherein ausgeschlossen, zu diesem Zweck selbst die erforderlichen partizipativen gesellschaftlichen Prozesse anzustoßen. Es sollte lediglich beispielhaft der Weg durchlaufen werden, der schließlich zu Handlungsoptionen und bewerteten Vorschlägen führt.

5 Beispielfeld Bodenversauerung

Es bestand Einigkeit in der Enquête-Kommission, daß die Belastungsfähigkeit der Böden für versauernd wirkende Einträge in weiten Teilen Deutschlands flächendeckend überschritten ist. Es bestand auch Einigkeit, daß erhebliche Reduktionen erforderlich sind. Emittentengruppen wurden identifiziert, ebenso Minderungspotentiale und Instrumente sowohl technischer wie politisch-ökonomischer Art, diese Potentiale auszuschöpfen. Damit endete allerdings der Konsens. Das Mehrheitsvotum erkennt die Notwendigkeit von Emissionsminderungen an und schlägt im wesentlichen vor, weitere Daten zu erheben. Das Minderheitsvotum nennt konkrete Zahlen, Maßnahmen und Instrumente in den Sektoren Energie, Zementindustrie, Verkehr, Landwirtschaft.

Insoweit hat die Kommission in diesem Beispielfeld ihre selbst gestellte Aufgabe, am Beispiel der Versauerung den Weg von Umweltzielen zu Handlungsoptionen konsequent abzuschreiten, nicht erfüllt.

6 Beispielfeld Informations- und Kommunikationstechnik

In diesem Feld hat die Kommission ihren Auftrag erfüllen können. Sie hat Status, Trends und Ziele für eine nachhaltig zukunftsverträgliche Entwicklung in den drei Dimensionen Ökologie, Ökonomie und Soziales beschrieben, gefolgt von Strategien und Handlungsempfehlungen. Im wesentlichen geht es dabei um drei Bereiche:

- Bessere Ressourcennutzung und die Vermeidung von Problemstoffen bei der Geräteherstellung und auf vorgelagerten Produktionsstufen können durch Instrumente wie umweltgerechtes Design, sog. Roadmapping, oder gesetzliche Regelungen wie eine umfassende IT-Geräterichtlinie erreicht werden.

- Verbesserte Verbraucherinformation und Produktkennzeichnung sowie Regelungen für die öffentliche Beschaffung versprechen nachhaltige Potentiale in der Benutzung von Informations- und Kommunikationstechnik.
- Die intelligente Auswahl geeigneter Einsatzfelder z. B. im Verkehr oder der Gebäudetechnik, in der Produkt- und Prozeßplanung ebenso wie für nachhaltige Dienstleistungskonzepte eröffnet große Chancen für mehr Ökologie und neue Arbeitsplätze.

7 Beispielfeld Bauen und Wohnen

Das Beispielfeld ist gekennzeichnet durch starke Wechselwirkungen zwischen Umweltzerstörung, Lebensstilen, Arbeits- und Konsumgewohnheiten und damit durch ein Beziehungsgeflecht häufig unvereinbarer ökologischer, ökonomischer und sozialer Ziele (siehe Abbildung 4).

Ausgangspunkt ökologischer Ziele ist die Inanspruchnahme von Flächen (z. Z. ca. 120 ha pro Tag) und die Zersiedelung einerseits und die Verwendung problematischer Baustoffe sowie Emissionen während der Gebäudenutzung andererseits. Ökonomisch steht die Stärkung der Marktfunktion und der Lenkungswirkung von Preisen im Vordergrund und sozial sind es die individuellen und gesellschaftlichen Ziele der Wohnraumversorgung, der Gestaltung des Wohnumfeldes usw.

Die Enquête-Kommission hat Trends und Rahmenbedingungen in allen drei Dimensionen analysiert, eine Abwägung zwischen den Zielen der drei Dimensionen von Nachhaltigkeit versucht und Zielkonflikte beschrieben. Sie hat ökologische, ökonomische und soziale Kriterien zur Abschätzung der Wirkungen von Instrumenten und Maßnahmen entwickelt und diese danach bewertet. Als Ergebnis wurden aus der Palette möglicher Instrumente vor allem die folgenden empfohlen:

- Reform der Grundsteuer,
- Versiegelungsabgabe,
- Umorientierung der Wohnungsbauförderung,
- Verbesserung der Akteurskooperation,
- Gebäudepaß zur Schaffung von Transparenz für Immobilien.

Abb. 4: „Ausgewählte Zieldimensionen für den Bereich Bauen und Wohnen“

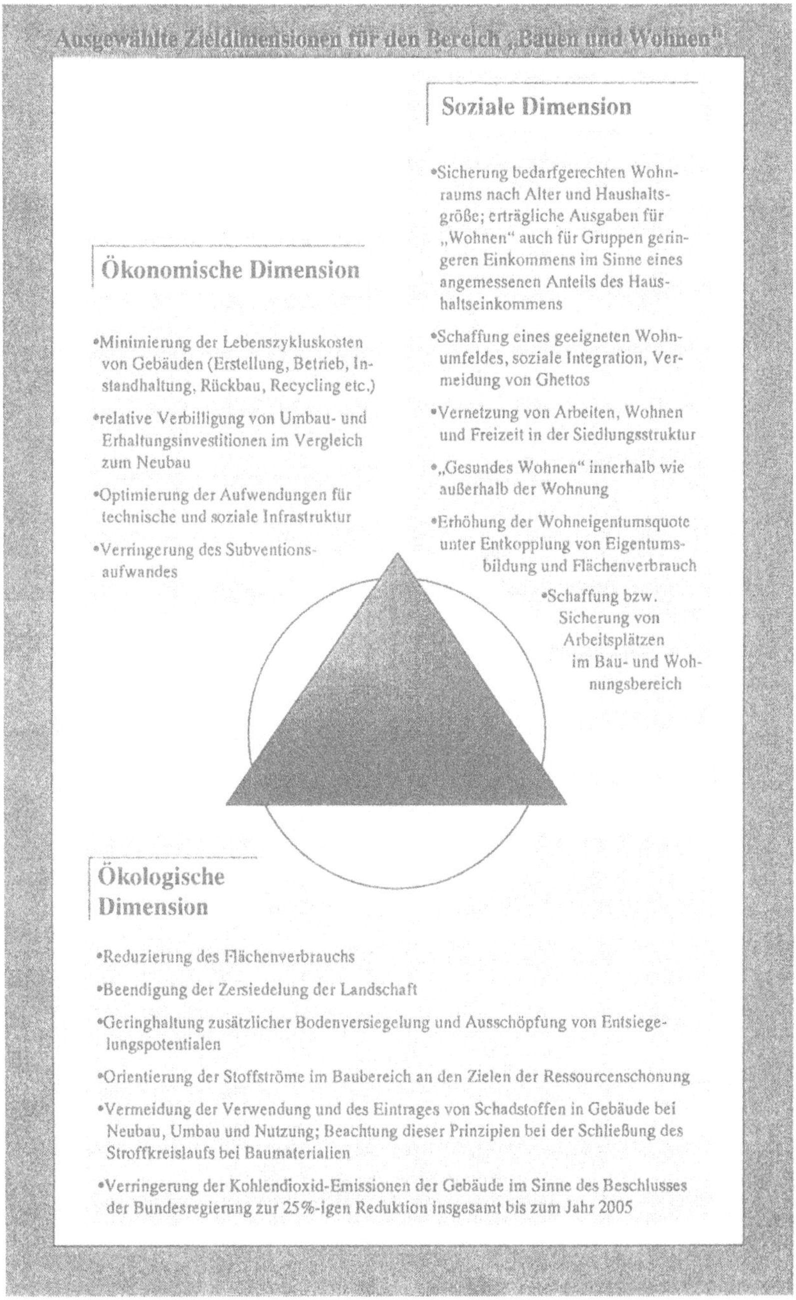

1. Ökologische Kriterien

- Flächenverbrauch,
- Versiegelung,
- Ressourcenverbrauch,
- Einsatz von Problemstoffen,
- Energieverbrauch / CO_2-Emissionen.

2. Ökonomische Kriterien

- Lebenszykluskosten von Gebäuden,
- Investitionen in Umbau / Erhaltung im Vergleich zum Neubau,
- Infrastrukturaufwand,
- Subventionsaufwand.

3. Soziale Kriterien

- Arbeitsplatzeffekte,
- Sicherung bedarfsgerechten Wohnens,
- geeignetes Wohnumfeld / Vernetzen von Wohnen, Arbeiten und Freizeit,
- gesundes Wohnen,
- Erhöhung der Wohneigentumsquote,
- Kosten des Wohnens.

8 Bedeutung von Innovationen für die Implementation von „Nachhaltigkeit“

Die Enquête-Kommission hat sich einerseits mit Bewertungsmethoden und andererseits mit dem Handlungsbedarf bei der Realisierung technischer, sozialer und institutioneller Innovationen beschäftigt. Der folgende Kasten enthält einige der vorgeschlagenen institutionellen Innovationen, deren Realisierung das politische Handeln stärker am Leitbild der nachhaltig zukunftsverträglichen Entwicklung orientieren könnte. Die dort aufgeführten Stichworte sprechen für sich und sind alle auch schon in anderen Zusammenhängen diskutiert worden, so daß sich eine eingehende Erläuterung erübrigt.

Institutionelle Innovationen zur Förderung einer nachhaltig zukunftsverträglichen Entwicklung

- Nachhaltigkeitsrat,
- Integration von Nachhaltigkeit in die Ressortpolitiken: Staatsminister für Nachhaltigkeit; Kabinettsgremium,
- Beauftragte für Nachhaltigkeit in den Parlamentsausschüssen,
- Überprüfung des Struktur- und Wachstumsgesetzes,
- Regelverantwortung der Wirtschaft: Selbstverpflichtungen mit qualitativen und quantitativen Zielen, Waren, Zeiträumen, Berichtspflicht, Prüfung der Ergebnisse,
- Finanzreform
  - Überprüfung aller Steuervergünstigungen und Subventionen im Hinblick auf Nachhaltigkeit
  - Nachhaltigkeitsorientierung der Staatsaufgaben
  - Einführung neuer, am Ziel der Nachhaltigkeit orientierter Abgaben bei gleichzeitiger Entlastung hinsichtlich anderer Abgaben
- Generationsbilanz,
- Ökologische, ökonomische und soziale Folgenabschätzung neuer Gesetzesvorhaben,
- Stimulierung von Nachhaltigkeitswettbewerb,
- Beeinflussung individueller Verhaltensmuster.

Den Abschluß dieser kurzen Darstellung der Arbeit der Enquête Kommission soll ein Zitat aus dem Schlußbericht bilden, das in meiner subjektiven Einschätzung einen wesentlichen Tenor des Berichts wiedergibt.

„Appelle und Einsicht allein können Entscheidungen und Handeln der Akteure nicht verändern. Diese handeln zweckrational innerhalb der Logik ihrer jeweiligen Systeme. Es wäre verfehlt, den Akteuren, wie z.B. Unternehmen, Gewerkschaften oder Verbänden, dieses dann vorzuwerfen, wenn ihr Handeln der regulativen Idee der nachhaltig zukunftsverträglichen Entwicklung zuwiderläuft. Offenbar erlauben die Rahmenbedingungen ihres Handelns, die z.B. rechtlicher, fiskalischer oder ökonomischer Art sein können, es den Akteuren nicht, zugleich ihren Interessen zu folgen und sich an Nachhaltigkeitszielen zu orientieren. Es ist daher die wichtigste, ja unerläßliche staatliche Aufgabe, innerhalb einer Nachhaltigkeitsstrategie die Rahmenbedingungen für die Akteure in Wirtschaft und Gesellschaft so zu gestalten, daß deren rollengerechtes und interessegeleitetes Handeln notwendigerweise in Richtung der Nachhaltigkeitsziele führt".

Literatur

Enquête-Kommission „Schutz des Menschen und der Umwelt" des 12. Deutschen Bundestages, 1994: Die Industriegesellschaft gestalten – Perspektiven für einen nachhaltigen Umgang mit Stoff- und Materialströmen, Bonn.

Enquête-Kommission „Schutz des Menschen und der Umwelt" des 13. Deutschen Bundestages, 1997: Konzept Nachhaltigkeit – Fundamente für die Gesellschaft von morgen, Bonn.

Enquête-Kommission „Schutz des Menschen und der Umwelt – Ziele und Rahmenbedingungen einer nachhaltig zukunftsverträglichen Entwicklung" des 13. Deutschen Bundestages, 1998: Konzept Nachhaltigkeit – Vom Leitbild zur Umsetzung, Bonn.

Elemente einer deutschen Nachhaltigkeitsstrategie – Einige Schlußfolgerungen aus dem internationalen Vergleich

Martin Jänicke, Helge Jörgens, Claudia Koll

Zur internationalen Institutionalisierung strategischer Umweltplanung

Strategische Umwelt- oder Nachhaltigkeitsplanung ist keine kurzfristige Modeerscheinung. Sie ist einer der wichtigsten Versuche, das Leitbild der nachhaltigen Entwicklung auf nationaler Ebene umzusetzen (*Meadowcroft* in diesem Band). Nicht nur die „üblichen Verdächtigen" wie etwa die Niederlande, Dänemark oder Schweden haben seit Ende der achtziger Jahre ihre Umweltpolitik im Zeichen der Nachhaltigkeit umfassend neu ausgerichtet. Zehn Jahre nach der Verabschiedung des ersten und vielbeachteten niederländischen Umweltpolitikplans hat dieser Ansatz einen festen Platz auf den umweltpolitischen Agenden unterschiedlichster Industrie-, Schwellen- und Entwicklungsländer eingenommen (*Jänicke*; *Meadowcroft*). Auch in jüngster Zeit wächst die Gruppe der Länder, die eine offizielle Nachhaltigkeitsstrategie entwickelt haben, noch an. Innerhalb der OECD-Länder kamen alleine in den letzten zwei Jahren Irland (1997), die Schweiz (1997) und Luxemburg (1998) hinzu. Darüber hinaus haben mit den Niederlanden, Schweden, Norwegen, Dänemark, Finnland, Großbritannien, Kanada, Südkorea und Mexiko eine beachtliche Anzahl von OECD-Ländern bereits einen oder mehrere Folgepläne vorgelegt. In Japan ist eine Fortschreibung des Umweltrahmenplans von 1995 geplant (*Foljanty-Jost*). Schließlich haben selbst die USA, deren Politikstil – wie *Fiorino* zeigt – sich elementar von dem europäischer Vorreiter wie etwa den Niederlanden unterscheidet, mit dem Bericht des *President's Council on Sustainable Development* (1996) und dem Strategieplan der *Environmental Protection Agency* (1997) erste Schritte hin zu einer strategischen Umweltpolitik unternommen. Es ist also keinesfalls übertrieben, von einer effektiven internationalen Institutionalisierung dieses Politikansatzes zu sprechen.

Für die aktuelle Debatte um eine deutsche Nachhaltigkeitsstrategie ist diese Entwicklung von nicht zu unterschätzender Bedeutung. Daß Deutschland kein Vorreiter der strategischen Umweltplanung ist, muß angesichts der starken Verrechtlichung der deutschen Umweltpolitik und eines weitgehend konfrontativen Politikstils nicht verwundern (vgl. Jänicke/Weidner 1997a). Darüber hinaus hat ein insgesamt relativ erfolgreicher Umweltschutz – vor allem in den traditionellen Bereichen der Luftreinhaltung, des Gewässerschutzes oder des Abfallmanagements – den Veränderungsdruck lange Zeit gering gehalten. Hierauf wird im Rahmen der aktuellen deutschen Debatte vielfach hingewiesen. Im Angesicht einer umfassenden, seit Ende der sechziger Jahre verstärkt zu beobachtenden internationalen Diffusion umweltpolitischer Neuerungen, die den nationalen Politikwandel entscheidend mitbestimmt (*Jänicke* in diesem Band; siehe auch Kern 1997; Jänicke 1998) muß diese tendenzielle Überbewertung nationaler Besonderheiten jedoch relativiert werden. Die Entscheidung über eine deutsche Nachhaltigkeitsstrategie wird keineswegs nur von nationalen Einflußfaktoren bestimmt. Sie findet in einem Rahmen statt, der von internationalen Beschlüssen wie der Agenda 21 und der Resolution der UN-Sondervollversammlung im Jahre 1997 (*Jänicke*; *Meadowcroft*) ebenso geprägt ist wie von Aktivitäten internationaler Organisationen und Akteursnetzwerke. So untersucht die OECD in ihren Umweltprüfberichten (*Environmental Performance Reviews*) inzwischen auch explizit das Vorhandensein eines umfassenden Umweltplans. Das 1992 gegründete *International Network of Green Planners* (INGP) hat als Diskussionsforum und Informationsbörse die Verbreitung strategischer Umweltplanung entscheidend mitgeprägt. Der weltweit vertretene Umweltverband *Friends of the Earth* hat für die Niederlande und die Europäische Union eigene Entwürfe einer Nachhaltigkeitsstrategie vorgelegt. Schließlich bildet das Fünfte Umweltaktionsprogramm der Europäischen Union (*Donkers*), das insbesondere die Integration umweltpolitischer Aspekte in alle Fachpolitiken betont, einen Orientierungsrahmen für die strategische Umweltpolitik der EU-Mitgliedsstaaten.

Angestoßen durch diese vielfachen internationalen Aktivitäten hat auch in Deutschland eine Reihe von gesellschaftlichen, wissenschaftlichen und politischen Akteuren eigene Entwürfe vorgelegt. So hat das deutsche Gegenstück zu den Strategieentwürfen von *Friends of the Earth*, die vom Bund für Umwelt und Naturschutz Deutschland (BUND) und Misereor initiierte Studie „Zukunftsfähiges Deutschland", entscheidend „den Boden für eine zunehmende gesellschaftliche Akzeptanz von Nachhaltigkeitsstrategien bereitet" (*Lehrack*) und das Thema fest auf der umweltpolitischen Agenda installiert. Der Rat von Sachverständigen für Umweltfragen hat seit 1994 in seinen Umweltgutachten die Umweltplanung der Niederlande und anderer Staaten beschrieben und in seinem 1998er Umweltgutachten ein umfassendes Modell zur Formulierung langfristiger Umweltziele vorgelegt (*Wiggering/Sandhövel*). Im Juni 1995 setzte der Bundestag eine Enquête-Kommission ein mit dem Auftrag, Ziele und Rahmenbedingungen einer nachhaltig zukunftsverträglichen Entwicklung zu erarbeiten (*Fülgraff*). Und 1997 stellte das Umweltbundesamt ein eigenes, auch als Gegenstück bzw. Ergänzung zur BUND-Studie gedachtes Konzept mit dem Titel „Nachhaltiges Deutschland" (UBA 1997) vor. Sicherlich nicht zuletzt unter dem Druck der Berichtspflicht fünf Jahre nach Rio hat schließlich im Sommer 1996 das Bundesumweltministerium die Initiative „Schritte zu einer nachhaltigen umweltgerechten Entwicklung" gestartet, in der Vertreter eines breiten Spektrums gesellschaftlicher, wissenschaftlicher und politischer Verbände und Institutionen über Ziele und Maßnahmen in prioritären umweltpolitischen Handlungsfeldern diskutierten. Unter Berücksichtigung der Ergebnisse dieses Schritteprozesses legte das Umweltministerium im April 1998 einen „Entwurf für ein umweltpolitisches Schwerpunktprogramm" vor, der – auch im Vergleich mit den Nachhaltigkeitsstrategien anderer Industrieländer – eine Reihe bemerkenswerter Umweltziele und Maßnahmen enthielt (*Schuster*). Allerdings wurde dieser Entwurf in der vergangenen 13. Legislaturperiode nicht mehr im Kabinett abgestimmt und von der Regierung und/oder dem Parlament beschlossen. Der entscheidende Schritt einer nationalen Nachhaltigkeitsstrategie – die Abstimmung von Umweltzielen und Maßnahmen mit anderen, insbesondere den verursachernahen Ressorts – steht somit noch aus.

Im folgenden sollen – auf der Basis des weiten Spektrums internationaler Erfahrungen mit einer partizipativen ziel- und verursacherbezogenen Umweltplanung, das in diesem Band und in der vorangegangenen Konferenz vorgestellt wurde – einige Elemente herausgearbeitet werden, die für die Erarbeitung einer deutschen Nachhaltigkeitsstrategie von Bedeutung sind.

Was kann und muß eine Strategie nachhaltiger Entwicklung leisten?

Das Konzept der Nachhaltigkeit, wie es insbesondere im Brundtland-Report und in der Agenda 21 definiert und konkretisiert wurde, reicht über die Grenzen der traditionellen Umweltpolitik hinaus. Nachhaltige Entwicklung wird nicht nur als langfristiger Schutz der ökologischen Lebensgrundlagen verstanden, sondern explizit um eine soziale und ökonomische Komponente erweitert. Was dies allerdings für die konkrete Politikgestaltung bedeutet, ist umstritten und bisher weithin ungeklärt. Während größtenteils Einigkeit darüber herrscht, *daß* Politik auch in sozialer und wirtschaftlicher Hinsicht nachhaltig gestaltet werden sollte, gehen die Ansichten darüber, *wie* dies geschehen kann, weit auseinander. So geht die Enquête-Kommission „Schutz des Menschen und der Umwelt" von einer sehr weit gefaßten Nachhaltigkeitsdefinition aus, die ökologische, ökonomische und soziale Aspekte gleichberechtigt nebeneinander stellt (*Fülgraff*). Auch aus Unternehmenssicht wird häufig eine auf ökologische Fragen zugespitzte Auslegung des Nachhaltigkeitskonzepts als unzureichend kritisiert (*Rudolph*).

Angesichts der beschränkten Kapazitäten des politischen Systems erscheint die Verwirklichung einer so anspruchsvoll konzipierten Nachhaltigkeitsstrategie jedoch wenig realistisch. Sie hätte eine Überforderung der Politik zur Folge, die nicht zuletzt zu einer Entwertung des Ansatzes einer langfristig zielorientierten Politikgestaltung führen könnte. Parallelen zur Planungseuphorie der siebziger Jahre und dem anschließenden Rückzug auf eine inkrementalistische Politik der kleinen Schritte wären in diesem Falle ausnahmsweise angebracht. Daß ein zu weit gefaßtes Nachhaltigkeitsverständnis die (Umwelt-)Politik eher behindern als fördern würde, haben umweltpolitische Akteure erkannt. Es ist kein Zufall, daß umweltpolitische Institutionen in den verschiedensten Ländern in der Regel von „ökologisch nachhaltiger Entwicklung" (*Kahn*), von „dauerhaft umweltgerechter Entwicklung" (SRU 1996; UBA 1997) oder – wie im Schritteprozeß des Umweltministeriums – von „nachhaltiger, umweltgerechter Entwicklung" (*Schuster*) sprechen. International vergleichende Untersuchungen zu Umweltplänen und Nachhaltigkeitsstrategien zeigen ebenfalls, daß auch diejenigen, die sich ausdrücklich auf das Leitbild der nachhaltigen Entwicklung berufen, soziale und wirtschaftliche Aspekte nur am Rande thematisieren (*Meadowcroft*; Dalal-Clayton 1996: 17).

Eine am Leitbild der nachhaltigen Entwicklung ausgerichtete Umweltpolitik kann vor diesem Hintergrund als Strategie betrachtet werden, die auf langfristig ökologisch kritische Akkumulationseffekte ausgerichtet ist. Sie zielt auf die Lösung der bisher ungelösten „schleichenden" und weitgehend unsichtbaren Umweltprobleme, etwa des Flächenverbrauchs oder der langfristigen Bodenkontamination, denen mit nachsorgenden Maßnahmen nicht oder nur unzureichend zu begegnen ist. Dabei muß sie – wie *Schuster* zu Recht argumentiert – „stets auch die ökonomischen und sozialen Implikationen umweltpolitischer Maßnahmen und damit alle drei Dimensionen der nachhaltigen Entwicklung berücksichtigen". Positive Auswirkungen auf andere Politikbereiche im Sinne von „Win-win-Lösungen" sind dabei nicht ausgeschlossen und sollten nach Möglichkeit berücksichtigt werden. Der Anspruch an die Umweltpolitik, über die Probleme ihres eigenen Politikfeldes hinaus auch noch die Probleme der Sozial- oder Wirtschaftspolitik lösen zu müssen, würde jedoch zu einer fatalen Überforderung führen.

Eine umfassende und wissenschaftlich fundierte Darstellung der wichtigsten Umweltprobleme ist Ausgangspunkt des Planungsprozesses

Die Entwicklung einer deutschen Nachhaltigkeitsstrategie findet in einer Situation statt, die durch einen zwar hohen, aber im Vergleich zum Beginn der neunziger Jahre deutlich verringerten Stellenwert der Umweltfrage im öffentlichen Bewußtsein gekennzeichnet ist. Dies hat u.a. mit Entwarnungseffekten einer Umweltpolitik zu tun, die bei Problemen mit hohem Aufmerksamkeitswert Erfolge erzielt hat, während die weniger „sichtbaren" Umweltprobleme, insbesondere die langfristig wirksamen, häufig ungelöst blieben (*Schuster*; *Wiggering/Sandhövel*; *Jänicke*). Sie hat aber auch mit einer Vereinseitigung des Umweltdiskurses zu tun: Wurden in den achtziger Jahren ganz überwiegend die Probleme thematisiert, so werden derzeit ähnlich einseitig nur noch Problemlösungen zur Sprache gebracht. In der öffentlichen Wahrnehmung werden hierbei häufig Antworten gegeben auf Fragen, die inzwischen vielfach aus dem öffentlichen Bewußtsein verschwunden sind.

Der erste Schritt auf dem Weg zu einer Nachhaltigkeitsstrategie sollte daher eine umfassende und in der Öffentlichkeit diskutierte Darstellung der wichtigsten ungelösten Umweltprobleme und ihrer langfristigen Wirkungen sein. Ohne einen entsprechenden Input in den Zielbildungsprozeß für eine nachhaltige Entwicklung entbehrt die Umweltpolitik der Bewußtseinsbasis der Beteiligten, einer entscheidenden Ressource dieses anspruchsvollen Prozesses (*Wiggering/Sandhövel*, SRU 1998: 52ff.; Jänicke/Weidner 1997b).

Die Nachhaltigkeitsplanungen etwa der Niederlande oder der Europäischen Union werden diesem Anspruch dadurch gerecht, daß sie detaillierte wissenschaftlich erstellte Trendprognosen über die Entwicklung der Umweltqualität unter der Bedingung einer Beibehaltung der bisherigen Politik zur Grundlage ihrer Entscheidungen machen. So ging der Erstellung des ersten niederländischen Umweltpolitikplans die Analyse zweier Politikoptionen durch das nationale Umweltamt RIVM mit dem Titel „Zorgen voor Morgen" voran. Im Ergebnis zeigte sich, daß weder die Fortführung der bisherigen Politik noch eine konsequente Anwendung aller existierenden End-of-pipe-Technologien in der Lage gewesen wäre, eine Verschlechterung der Umweltqualität zu verhindern. Dieses (von den staatlichen Akteuren nicht erwartete) Ergebnis bildete den entscheidenden Input für den niederländischen Planungsprozeß und seine öffentliche Akzeptanz (Jörgens 1997: 194). Inzwischen ist die Erstellung einer solchen Umweltprognose durch das RIVM vor jeder Fortschreibung des Umweltplans gesetzlich verankert (*Luitwieler*). Ähnlich basierte die Formulierung des Fünften Umweltaktionsprogramms der Europäischen Union auf dem 1992 veröffentlichten „Bericht über den Zustand der Umwelt in der Europäischen Union", der trotz der zuvor ergriffenen Maßnahmen eine langsame und zugleich anhaltende Verschlechterung der allgemeinen Umweltsituation in der Gemeinschaft feststellt (*Donkers*).

Eine solche wissenschaftlich fundierte Analyse der Umweltsituation ist eine entscheidende Grundlage für die notwendige Formulierung umweltpolitischer Prioritäten. Zugleich kann sie ein öffentliches Problembewußtsein wiederherstellen, das angesichts wahrnehmbarer Erfolge der bisherigen Umweltpolitik und der gleichzeitigen Unsichtbarkeit der für eine langfristig umweltgerechte Entwicklung entscheidenden Umweltprobleme in den letzten Jahren zurückgegangen ist.

Zum Ansatz der ziel- und ergebnisorientierten Umweltplanung

Ein zentrales Element der Nachhaltigkeitsplanung ist die Formulierung langfristiger Umweltqualitätsziele und deren Operationalisierung in mittelfristigen Handlungszielen (*Jänicke*). Es geht um einen Wechsel von einer überwiegend emissions- und technikbezogenen Umweltpolitik hin zu einer stärker qualitätsorientierten Umweltpolitik, die Zielvorgaben für die Lösung komplexer Zusammenhänge setzt (*Wiggering/Sandhövel*; *Fiorino*). Anstatt wie bisher vage Ziele mit konkreten Instrumenten umzusetzen, versucht die strategische Umweltplanung, besonders in den anspruchsvolleren Fällen, konkrete und quantifizierte Ziele mit flexiblen Mitteln zu erreichen. Parallelen zu allgemeinen Ansätzen des *New Public Management*, insbesondere zum Konzept des *Management by Objectives and Results*, liegen auf der Hand (*Jänicke*; *Fiorino*). Der schwedische Ansatz, bei dem konkrete Umweltziele vom Umweltamt in Zusammenarbeit mit einer Reihe von sektoralen Fachbehörden entwickelt und vom Parlament verabschiedet werden und gleichzeitig die für die Umsetzung der jeweiligen Umweltziele zuständigen Fachressorts benannt werden (*Kahn*), bietet ein anschauliches Beispiel für diesen Zusammenhang.

Auf die potentiellen Vorteile einer verstärkten Ausrichtung der Umweltpolitik an konkreten, möglichst quantifizierten und zeitlich befristeten Zielen gehen die in diesem Band versammelten Beiträge ausführlich ein. Neben der Konkretisierung und Vergegenwärtigung des – angesichts eines fragmentierten und oft nur an Einzelproblemen ansetzenden Umweltschutzes in den Hintergrund getretenen – eigentlichen umweltpolitischen Aufgabenpensums (*Jänicke*) und einer verbesserten Überprüfbarkeit der Zielerreichung (*Wiggering/Sandhövel*) wird insbesondere die potentiell innovationsfördernde Wirkung dieses Ansatzes betont (insbesondere *Fiorino*; *Bulmahn*; *Hustedt* und *Fülgraff*). Ein einvernehmlicher Zielbildungsprozeß unter Beteiligung eines breiten Spektrums problemrelevanter gesellschaftlicher Akteure kann darüber hinaus die Bedingungen für die Umsetzung der Ziele entscheidend verbessern (u.a. *Lehrack*; *Bulmahn* und *Schuster*). In diesem Zusammenhang sieht *Foljanty-Jost* in der japanischen Tradition der Langfristplanung nahezu aller Politikbereiche auch eine generelle Erhöhung der Strategiefähigkeit des politischen Systems, die sich insbesondere am Beispiel der Erfolge japanischer Industriepolitik eindrucksvoll illustrieren läßt.

Um die hier knapp skizzierten Vorteile zu realisieren, muß eine an langfristigen Zielen orientierte Nachhaltigkeitsplanung Prioritäten setzen. Eine realistische Fokussierung der Aufgabenstellung ist von entscheidender Bedeutung, denn die Überforderung und Überschätzung der Strategiefähigkeit der deutschen Politik kann der Sache schaden. Die im vorherigen Abschnitt beschriebene Problemdiagnose kann hierzu den wissenschaftlichen Input liefern, indem sie diejenigen Problembereiche herausstellt, in denen – bei unveränderter Politik – langfristig mit den gravierendsten Verschlechterungen zu rechnen ist.

Problemdarstellung und Zielsystem sollten zudem geeignet sein, als Orientierungsrahmen für dezentrale Aktivitäten (lokale, regionale Agenda 21, freiwillige Vereinbarungen) zu dienen. Die mit der Idee des Umwelt-Barometer vorgeschlagene Veröffentlichung weniger prioritärer, hochaggregierter und leicht darstellbarer Schlüsselindikatoren (*Schuster*) kann diese Problemdarstellungen auch einer breiten Öffentlichkeit zugänglich machen. Darüber hinaus sollen mit Hilfe der Zielkataloge regionale Belastungsschwerpunkte erkennbar werden und die Beiträge der wichtigsten Verursachersektoren an den dargestellten zentralen Problemfeldern in einer Matrixstruktur verdeutlicht werden. Insbesondere die Umweltpläne der Niederlande (*Luitwieler*) und der Europäischen Union (*Donkers*) stellen systematisch den Bezug zwischen Umweltproblemen und -zielen und Verursachern her. In den Niederlanden setzen die Umweltpläne den Orientierungsrahmen für Aktionspläne auf kommunaler und Provinzebene sowie freiwillige Vereinbarungen mit den Verursacherindustrien (*covenants*), die bereits 80 Prozent der im NEPP thematisierten Umweltbeeinträchtigungen und 90 Prozent des industriellen Energieverbrauchs abdecken (*Luitwieler*).

Im Lichte insbesondere der niederländischen und schwedischen Erfahrungen sollte bei der Entwicklung einer deutschen Nachhaltigkeitsstrategie ein Verfahren gewählt werden, das konkrete Handlungsziele aus zuvor beschlossenen Umweltqualitätszielen ableitet. Die Handlungsziele sollten soweit wie möglich quantitativ formuliert und mit Umsetzungsfristen versehen werden. Sektorale Umsetzungszuständigkeiten sollten klar zugewiesen werden. Dabei sollen die Umsetzungsinstanzen einer regelmäßigen und umfassenden Berichtspflicht unterliegen. Die Beiträge in diesem Band zeigen, daß dieser hier knapp skizzierte Ansatz von einem Großteil der relevanten deutschen Akteure geteilt wird (siehe u.a. *Wiggering/Sandhövel*; *Schuster*; *Hustedt*; *Bulmahn*; *Fülgraff*).

Zur institutionellen Struktur und Kapazitätsbildung

Im Hinblick auf den hohen Schwierigkeitsgrad ihrer Aufgabenstellung und der gesellschaftlichen Anstrengung, die sie impliziert, bedarf die Nachhaltigkeitsplanung einer hochrangigen institutionellen Verankerung. Dieser Anforderung ist in einer Reihe von OECD-Ländern (Niederlande, Schweden, Portugal, Südkorea, Japan, Neuseeland) durch die gesetzliche Verankerung des Planungsprozesses Rechnung getragen worden. In Deutschland bietet das im Koalitionsvertrag vorgesehene Umweltgesetzbuch hierfür den geeigneten Rahmen. Daneben ist ein formeller Planungsauftrag durch das Parlament, zumindest aber durch das Kabinett unumgänglich. Dieser Planungsauftrag sollte eine klare Festlegung der Regierung auf die Erstellung einer Nachhaltigkeitsstrategie und die Zuweisung sektoraler Verantwortlichkeiten an die gesamte Exekutive einschließen.

Wie in allen in diesem Band vorgestellten Ländern sowie der Europäischen Union sollte die Federführung eines deutschen Planungsprozesses beim Umweltministerium liegen (vgl. *Luitwieler*; *Abildgaard*; *Kahn*; *Donkers*; *Lee*; *Foljanty-Jost*). Sinnvollerweise wird die Nachhaltigkeitsstrategie jedoch in enger Zusammenarbeit mit weiteren Ministerien (Wirtschaft, Verkehr/Bau, Landwirtschaft, Forschung, Außen oder Entwicklung) erstellt werden. Für die Organisation dieses anspruchsvollen Prozesses ist die Schaffung zusätzlicher wissenschaftlicher und organisatorischer Kapazitäten innerhalb der zuständigen Umweltministerien von entscheidender Bedeutung. Im Kern geht es darum, zurückhaltende oder widerständige Akteure in einer Weise mit Problemlagen und Handlungschancen zu konfrontieren, die einen Konsens für anspruchsvolle Ziele fördert. Umweltplanung als „Nebenamt" weniger Beamter war hingegen häufig eine wichtige Ursache unzulänglicher Ergebnisse (für Österreich siehe Payer 1997: 129f.).

Die Schaffung *neuer* Institutionen hingegen ist – wie die in diesem Band untersuchten Vorreiterländer zeigen – kein zwingendes Erfordernis einer erfolgreichen Umwelt- bzw. Nachhaltigkeitsplanung. So kommt *Meadowcroft* in seiner vergleichenden Analyse der Implementation nachhaltiger Entwicklung in Industrienationen zu dem Ergebnis, daß sich die vom Leitbild der nachhaltigen Entwicklung geprägte Umweltpolitik der neunziger Jahre – im Gegensatz zu früheren Phasen – nicht primär durch die Schaffung neuer Institutionen, sondern vielmehr durch die Umgestaltung bereits bestehender auszeichnet. Eine Ausnahme bilden eigens für den Prozeß der Nachhaltigkeitsplanung gebildete, pluralistisch zusammengesetzte Gremien, die in einer Reihe von Ländern als Organe der Konsensbildung, Vorabklärung und Abstimmung eingerichtet wurden. In Deutschland hatte das nach dem Regierungswechsel von 1998 aufgelöste Nationale Komitee für Nachhaltige Entwicklung unter anderem auch diese Funktion (*Schuster*). Solche Gremien tragen insbesondere der starken Betonung gesellschaftlicher Partizipation im Prozeß der Nachhaltigkeitsplanung (vgl. *Wiggering/Sandhövel*; *Fülgraff*; *Schuster*; *Hustedt*;

Lehrack; *Meadowcroft*) Rechnung.

Neu geschaffene Nachhaltigkeitsinstitutionen sollten jedoch auf die hier skizzierte Funktion der konsensualen Abstimmung politischer und gesellschaftlicher Ziele und Interessen beschränkt bleiben. Einer anspruchsvollen Strategie nachhaltiger Entwicklung wäre es eher abträglich, wenn die zuständigen Instanzen der Exekutive durch Schaffung tendenziell schwächerer Gremien entmachtet oder letztlich aus ihrer Verantwortung entlassen werden.

Flankierende Maßnahmen als zusätzliche Rahmenbedingungen umweltpolitischer Zielerreichung

Die Formulierung einer ziel- und ergebnisorientierten Nachhaltigkeitsstrategie macht die herkömmliche Umweltpolitik mit klassischer Regelsteuerung und allgemeinen Maßnahmen nicht überflüssig. Dies gilt insbesondere dort, wo zielorientierte Ansätze, die den Verursachern einen Spielraum für die eigenverantwortliche Umsetzung lassen – z. B. wegen der organisatorischen Unzugänglichkeit der Politikadressaten (Beispiel: Autoverkehr) – als wenig chancenreich anzusehen sind. Darüber hinaus können flankierende Maßnahmen die allgemeinen Rahmenbedingungen für die Umsetzung von Nachhaltigkeitszielen deutlich verbessern. Beispiele für solche nicht direkt zielorientierten, flankierenden Maßnahmen sind etwa die Vereinfachung des in den meisten Industrieländern stark fragmentierten Bestandes an Umweltgesetzen in einem umfassenden Umweltgesetzbuch – der 1998 verabschiedete schwedische *Environment Code*, der 15 Einzelgesetze sowie umweltrelevante Bestimmungen aus über 50 weiteren Gesetzen zusammenfaßt (*Kahn*) kann hier als Modell dienen –, die Ausweitung der gesetzlichen Umwelthaftung oder die Einführung von Umweltmanagementsystemen in Unternehmen (*Schuster*; *Rudolph*).

Erwähnenswert sind weiterhin umfassende ökologische Investitionshilfen wie das lokale Investitionsprogramm Schwedens, das den Kommunen mehr als 1,5 Mrd. DM für ökologisch nachhaltige Investitionen insbesondere in den Bereichen Wohnen und neue Energiesysteme bereitstellt. Einen ähnlichen Fokus hat das schwedische Eco-Cycle-Programm (*Kahn*). Der erste mittelfristige Umweltplan Südkoreas enthielt insgesamt 37 ökologische Investitionsmaßnahmen, die im Verlauf der Planungsperiode zu einem großen Teil umgesetzt, zum Teil sogar übererfüllt wurden (*Lee*).

Schließlich können finanzpolitische Maßnahmen wie beispielsweise die im dritten niederländischen Umweltpolitikplan als Handlungsoption erwähnte Erhöhung der Mineralölsteuer (*Luitwieler*) oder der 1999 in Deutschland begonnene Einstieg in eine ökologische Steuerreform (siehe *Bulmahn*) die allgemeinen Rahmenbedingungen für die Erreichung einer Vielzahl von Umweltzielen beeinflussen.

Ausblick

Die Beiträge in diesem Band – der sich im Kern auf die Darstellung internationaler „best practice" der strategischen Umweltplanung konzentriert – haben die erheblichen und zu Recht häufig kritisierten Schwächen nahezu aller bisher entwickelte Nachhaltigkeitsstrategien nur am Rande erwähnt. In der Literatur werden hier insbesondere die folgenden Defizite gesehen (vgl. u. a. OECD 1995; Dalal-Clayton, 1996; Jänicke/Jörgens 1998):

- Umweltziele sind häufig nur vage formuliert, d. h. sie sind nicht quantifiziert und enthalten oft keine konkreten Umsetzungsfristen.
- Die daraus resultierende Unverbindlichkeit der Umweltziele führt zu einer mangelnden Überprüfbarkeit der Zielerreichung. Eine effektive ziel- und ergebnisorientierte Steuerung ist auf dieser Grundlage kaum möglich.
- In vielen Fällen ist eine Beschränkung auf herkömmliche Umweltschutzziele, die mit dem existierenden umweltpolitischen Instrumentarium bereits relativ erfolgreich umgesetzt werden konnten, zu beobachten. Auf die Thematisierung und Bearbeitung der bisher weitgehend ungelösten „schleichenden" Umweltprobleme wurde hingegen oft verzichtet.
- Die häufig unzulängliche gesellschaftliche Verankerung der Umweltplanung macht sie anfällig für Veränderungen der politischen Prioritäten – etwa im Falle eines Regierungswechsels.
- Generell ist eine schwache Institutionalisierung des Planungsprozesses zu beobachten. Das Spektrum reicht hier von der fehlenden gesetzlichen Basis bis zur unzulänglichen personellen und finanziellen Ausstattung der federführenden Umweltbehörden.
- Schließlich ist generell ein geringer Grad der Politikintegration, d. h. der Berücksichtigung von Umweltzielen in den Entscheidungen anderer, umweltrelevanter Ressorts, festzustellen.

Die hier nur knapp skizzierten Unzulänglichkeiten vorhandener Planungsansätze veranschaulichen das enorme Pensum, das die Erarbeitung einer nationalen Nachhaltigkeitsstrategie für alle beteiligten Akteure bedeutet. Nach dem von *Simonis* in seinem Resümee der Länderberichte in Erinnerung gerufenen Schopenhauerschen „Gesetz des Glücks und der Zufriedenheit" gibt es in dieser Situation nur zwei Möglichkeiten: „Reduziere Deine Erwartungen oder erhöhe Deine eigenen Anstrengungen". Will Deutschland seinen insbesondere in den achtziger Jahren erworbenen Ruf als internationaler Vorreiter der Umweltpolitik nicht auf lange Sicht verlieren, so bleibt wohl nur die zweite Option.

Literatur

Dalal-Clayton, B., 1996: Getting to Grips with Green Plans. National-Level Experience in Industrial Countries, London.

Jänicke, M., 1998: Umweltpolitik: Global am Ende oder am Ende global?, in: Ulrich Beck (Hrsg.), Perspektiven der Weltgesellschaft, Frankfurt a. M.: 332–344.

Jänicke, M./Jörgens, H., 1998: National Environmental Policy Planning in OECD Countries: Preliminary Lessons from Cross-National Comparisons, in: Environmental Politics, Jg. 7, Nr. 2: 27–54.

Jänicke, M./Weidner, H., 1997a: Germany, in: Jänicke, M./Weidner, H. (Hrsg.), National Environmental Policies. A Comparative Study of Capacity-Building, Berlin/Heidelberg/New York: 133–155.

Jänicke, M./Weidner, H., 1997b: Zum aktuellen Stand der Umweltpolitik im internationalen Vergleich, in: Aus Politik und Zeitgeschichte, B27/97, 15–24.

Jörgens, H., 1997: Strategische Umweltplanung und umweltpolitisches Staatsversagen, in: Mez, L./Weidner, H. (Hrsg.), Umweltpolitik und Staatsversagen. Perspektiven und Grenzen der Umweltpolitikanalyse. Festschrift für Martin Jänicke zum 60. Geburtstag, Berlin: 190–196.

Kern, K., 1997: Politikkonvergenz durch Politikdiffusion – Überlegungen zu einer vernachlässigten Dimension der vergleichenden Politikanalyse, in: Mez, L./Weidner, H. (Hrsg.), Umweltpolitik und Staatsversagen. Perspektiven und Grenzen der Umweltpolitikanalyse. Festschrift für Martin Jänicke zum 60. Geburtstag, Berlin: 270–279.

OECD (Organisation for Economic Co-operation and Development), 1995: Planning for Sustainable Development. Country Experiences, Paris.

Payer, H., 1997: Österreich, in: Jänicke, M./Carius, A./Jörgens, H. (Hrsg.), Nationale Umweltpläne in ausgewählten Industrieländern, Berlin/Heidelberg/New York.

SRU (Rat von Sachverständigen für Umweltfragen), 1996: Umweltgutachten 1996. Zur Umsetzung einer dauerhaft-umweltgerechten Entwicklung, Stuttgart.

SRU (Rat von Sachverständigen für Umweltfragen), 1998: Umweltgutachten 1998. Umweltschutz: Erreichtes sichern – neue Wege gehen, Stuttgart.

UBA (Umweltbundesamt), 1997: Nachhaltiges Deutschland. Wege zu einer dauerhaft umweltgerechten Entwicklung, Berlin.

Autoren-Kurzbeschreibung

Jørgen Abildgaard, Abteilungsleiter bei der Dänischen Energie-Agentur. Zuvor im dänischen Energieministerium tätig. Mitarbeit an den dänischen Energieplänen Energy 2000 (1990) und Energy 21 (1995-1996). Tätigkeitsfelder: Energieplanung auf regionaler und Bundesebene, erneuerbare Energien, Klimawandel, internationale Zusammenarbeit und Umwelt und Energie in der EU, der UN, der Internationalen Energie Agentur (IEA) und dem Nordischen Rat.

Edelgard Bulmahn, Bundesministerin für Bildung und Forschung. Seit 1987 Mitglied des Deutschen Bundestages, 1991 Mitglied des SPD- Fraktionsvorstandes, 1993 Mitglied des SPD-Parteivorstands, 1998 Vorsitzende des SPD-Landesverbandes Niedersachsen. 1996 bis 1998 Sprecherin für Bildung und Forschung der SPD-Bundestagsfraktion. Seit 1995 Vorsitzende des Wissenschaftsforums der Sozialdemokratie.

Robert Donkers, stellvertretender Leiter der Abteilung Chemie in der Generaldirektion XI, Umwelt, nukleare Sicherheit und Katastrophenschutz der Europäischen Kommission. Leitende Positionen sowohl in der Europäischen Kommission wie auch im niederländischen Umweltministerium. Bis 1999 in der Generaldirektion XI für strategische Planung zuständig und dort u.a. Koautor des 5. Umweltaktionsprogramms und Koordinator der Überprüfung des 5. Umweltaktionsprogramms.

Daniel Fiorino, Ph.D., Direktor der Abteilung „*Emerging Strategies*" in der US-amerikanischen Umweltbehörde (*Environmental Protection Agency*). Projekte insbesondere zu den Themen nachhaltige Unternehmensführung, Umweltqualitätsmessungen und sektorbezogener Umweltschutz. *Adjunct Professor* für Public Policy an der George Manson University und der American University. Veröffentlichungen zur Politikanalyse und zu Fragen der umweltpolitischen Steuerung.

Gesine Foljanty-Jost, Prof. Dr., Universitätsprofessorin für Politik, Wirtschaft und Gesellschaft des modernen Japan an der Martin-Luther-Universität Halle-Wittenberg. Forschungsschwerpunkte: Bildungs- und Umweltpolitik, insbesondere ökologische Bewertung wirtschaftlichen Handelns sowie Perspektiven ökologischer Umsteuerung des japanischen Industriesystems. Zahlreiche Publikationen zu diesen Themenfeldern.

Ralf Fücks, Mitglied des dreiköpfigen Vorstandes der Heinrich-Böll-Stiftung. Zuvor Bundesvorstandssprecher der GRÜNEN und Senator für Umweltschutz und Stadtentwicklung in Bremen. Schwerpunkte seiner Tätigkeit liegen bei den Stiftungsthemen Nachhaltige Entwicklung, Zukunft der Arbeit und Internationale Politik.

Georges Fülgraff, Prof. Dr., Professor für Gesundheitswissenschaften/Public Health an der Technischen Universität Berlin und Ehrenvorsitzender des Berliner Zentrums *Public Health*. 1974 Präsident des Bundesgesundheitsamtes, 1980-1982 Staatssekretär im Bundesministerium für Jugend, Familie und Gesundheit. Sechs Jahre Mitgliedschaft im Rat von Sachverständigen für Umweltfragen und von 1992 bis 1998 Mitglied der Enquête-Kommission „Schutz des Menschen und der Umwelt" des Deutschen Bundestages. Veröffentlichungen u.a. zu Umwelt- und Gesundheitsschutz, Umweltmedizin, Abfallwirtschaft und *Public Health*.

Michaele Hustedt, MdB, energiepolitische Sprecherin, Umwelt-, Energie- und Wirtschaftsexpertin der Fraktion Bündnis 90/Die Grünen. Zuvor umweltpolitische Sprecherin der Grünen, seit 1994 im Deutschen Bundestag vertreten. Mitglied in den Ausschüssen für Umwelt, Naturschutz und Reaktorsicherheit und für Wirtschaft und Technologie des Deutschen Bundestages. U.a. Mitglied im Vorstand von „Eurosolar" und „Naturwissenschaftler für den Frieden".

Martin Jänicke, Prof. Dr., Professor für Vergleichende Politikwissenschaft und Leiter der Forschungsstelle für Umweltpolitik an der Freien Universität Berlin. 1974 bis 1976 externer Berater der Planungsabteilung des Bundeskanzleramtes, 1981 bis 1982 Mitglied des Abgeordnetenhauses von Berlin. Seit April 1999 Mitglied im Rat von Sachverständigen für Umweltfragen. Zahlreiche Veröffentlichungen u.a. zur Umweltpolitik und Umweltplanung im internationalen Vergleich.

Helge Jörgens, Dipl.-Pol., wissenschaftlicher Mitarbeiter an der Forschungsstelle für Umweltpolitik der Freien Universität Berlin und wissenschaftlicher Mitarbeiter beim Rat von Sachverständigen für Umweltfragen. Veröffentlichungen zu Umweltplanung und Umweltpolitik im internationalen Vergleich.

Jon Kahn, Leiter des Sekretariats des schwedischen Komitees für Umweltziele (*Committee on Environmental Objectives*). Das mit Vertretern aller politischen Parteien besetzte Komitee ist von der Regierung eingesetzt und hat den Auftrag, Ziele und Maßnahmen einer nachhaltige Entwicklung in Schweden vorzulegen. Von 1994 bis 1998 Direktor und Leiter der Abteilung für Umweltanalyse, Instrumente und Strategien beim schwedischen Umweltministerium. 1992 bis 1994 politischer Berater des Umweltministers und Teilnehmer der schwedischen EU-Beitrittsverhandlungen.

Claudia Koll, Dipl.-Pol., wissenschaftliche Mitarbeiterin und Doktorandin an der Forschungsstelle für Umweltpolitik der Freien Universität Berlin. Forschungsschwerpunkte Umweltplanung und Umweltpolitik im internationalen Vergleich, insbesondere Zielstrukturen von Umweltplänen.

Yeong Heui Lee, Prof. Dr., lehrt im Fachbereich für Umwelt und Gesellschaft der Technischen Universität Berlin. Veröffentlichungen in den Bereichen Stadt- und Regionalplanung, Umweltpolitik sowie Bodenschutzpolitik.

Dorit Lehrack, freiberufliche Politikberaterin. Bis 1998 Politische Geschäftsführerin beim Bund für Umwelt und Naturschutz (BUND). Zuvor für Greenpeace im nationalen und internationalen Bereich tätig.

Felix Luitwieler, Dr., stellvertretender Direktor für Strategische Planung bei der Generaldirektion für Umwelt des Niederländischen Ministeriums für Wohnungswesen, Raumplanung und Umwelt. Dort Projektleiter des dritten niederländischen Umweltplans. Zuvor Tätigkeit in leitender Position bei Umweltverbänden.

James Meadowcroft, Dr., *Senior Lecturer* am Fachbereich Politikwissenschaft der Universität Sheffield. Leiter eines internationalen Forschungsprojektes zur Implementation nachhaltiger Entwicklung in Industrienationen. Veröffentlichungen zu Umweltpolitik, nachhaltiger Entwicklung sowie Staats- und Demokratietheorie.

Jochen Rudolph, Dr., Leiter des Konzernbereichs Sicherheit und Umwelt der Hüls AG Marl. Vorsitzender und Mitglied verschiedener nationaler und internationaler Gremien auf dem Gebiet des Umweltschutzes, u.a. Mitglied des deutschen Umweltgutachterausschusses (UGA), Vorstandsmitglied des European Center for Ecotoxiology and Toxiology of Chemicals (ECETOC) und des Institus für Wassergüte und Wassermengenwirtschaft (IFWW).

Armin Sandhövel, Dr., wissenschaftlicher Mitarbeiter beim Rat von Sachverständigen für Umweltfragen. Lehrtätigkeit an der Universität Münster. Veröffentlichungen zu marktorientierten Instrumenten in der Umweltpolitik, Umweltzielen und Umweltplanung.

Barbara Schuster, Dr., Leiterin der Abteilung Naturschutz und nachhaltige Naturnutzung im Bundesministerium für Umwelt, Naturschutz und Reaktorsicherheit. Zuvor Leiterin der Unterabteilung „Grundsätzliche und wirtschaftliche Fragen der Umweltpolitik“. Dort mit der Erarbeitung des „Entwurfs eines umweltpolitischen Schwerpunktprogramms“ (1998) befaßt.

Udo Ernst Simonis, Prof. Dr., Professor für Umweltpolitik am Wissenschaftszentrum Berlin. Zuvor Direktor des Internationalen Instituts für Umwelt und Gesellschaft in Berlin (IIUG) und Mitglied des Wissenschaftlichen Beirates Globale Umweltveränderungen (WBGU). Mitherausgeber und Redakteur des „Jahrbuch Ökologie“ und Vorsitzender der Vereinigung Deutscher Wissenschaftler (VDW). Veröffentlichungen u.a. zu globaler Umweltpolitik und Ökologie.

Hubert Wiggering, Dr., Generalsekretär beim Rat von Sachverständigen für Umweltfragen. Lehrtätigkeit im Fach Geologie an der Universität GH Essen. Veröffentlichungen u.a. in den Bereichen Geowissenschaften, nachhaltige Entwicklung, nachhaltige Bodennutzung und Rohstoffgewinnung.

www.ingramcontent.com/pod-product-compliance
Lightning Source LLC
LaVergne TN
LVHW050652051026
849532LV00002B/617
9783540667070